Las guerrillas contemporáneas en América Latina

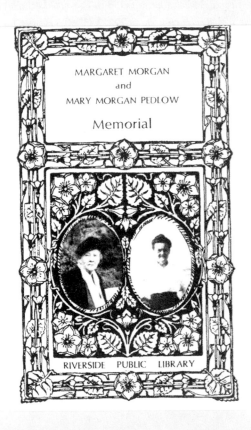

Alberto Prieto Rozos (1939). Ha brindado conferencias y cursos en: Alemania (1991); Nicaragua (1983, 1986, 1987); México (1993) y UNAM (2001, 2006); los Estados Unidos (1994, 1995, 1997, 1998) y Francia (2002).

Fue jefe del Departamento de Historia de la Universidad de La Habana de 1995 a 1998. Dirigió el grupo de Investigaciones Interdisciplinarias para América Latina, el Caribe y Cuba (GIPALC). Durante doce años, a partir de 1994, fue Director de Ciencias Sociales y Humanísticas en la Comisión de Grados Científicos de la República de Cuba.

Entre sus principales libros publicados se encuentran:

Las Civilizaciones Precolombinas y sus Conquistas (1992), *Apuntes para la Historia Económica de América Latina* (1986), *Próceres Latinoamericanos* (1981 y 1986), *Bolívar y la Revolución en su Época* (1990), *Héroes Latinoamericanos* (1987), *La Época de Juárez* (1985), *Albizu Campos y el Independentismo Puertorriqueño* (1988), *La Burguesía Contemporánea en América Latina* (1983 y 1986), *El Movimiento de Liberación Contemporáneo en América Latina* (1985), *Crisis Burguesa e Imperialista en América Latina* (1988), *Centroamérica en Revolución* (1987), *Guerrillas Contemporáneas en América Latina* (1990) e *Ideología, Economía y Política en América Latina, Siglos XIX y XX* (2005).

Alberto Prieto en la actualidad es Doctor en Ciencias (de nivel superior) (1989); Doctor en Ciencias Históricas (1983); Profesor Titular (1983); Profesor Consultante (2000); Presidente de la Cátedra Benito Juárez de la Universidad de La Habana (1992); y miembro de los Tribunales Permanentes Nacionales de Historia y de Ciencias Políticas.

Las guerrillas contemporáneas en América Latina

Alberto Prieto Rozos

ocean
sur

una editorial latinoamericana

Diseño de la cubierta: Mark Andrews

Imagen de la cubierta: Afiche de la OSPAAAL, Rafael Enríquez Vega, 1984

ISBN: 978-1-921235-54-2

Library of Congress Control Number: 2007929825

Primera edición 2007

Impreso en Colombia por Quebecor World S.A., Bogotá

PUBLICADO POR OCEAN SUR

OCEAN SUR ES UN PROYECTO DE OCEAN PRESS

México: Juan de la Barrera N. 9, Col. Condesa, Del. Cuauhtémoc, CP 06140, México D.F.
Tel: (52) 5553 5512 • E-mail: mexico@oceansur.com
EE.UU.: E-mail: info@oceansur.com
Cuba: E-mail: lahabana@oceansur.com • Tel: (53-7) 204 1324
El Salvador: E-mail: elsalvador@oceansur.com • Tel: (503) 2223 0104
Venezuela: E-mail: venezuela@oceansur.com • Tel: (58) 0412 295 5835

DISTRIBUIDORES DE OCEAN SUR

Argentina: Cartago Ediciones S.A. • E-mail: ventas@e-cartago.com.ar
Chile: Editorial "La Vida es Hoy" • Tel: 2221612 • E-mail: lavidaeshoy.chile@gmail.com
Colombia: Ediciones Izquierda Viva • Tel/Fax: 2855586 • E-mail: ediciones@izquierdaviva.com
Cuba: Ocean Sur • E-mail: lahabana@oceansur.com
Ecuador: Libri Mundi S.A. • Tel: 593-2 224 2696 • E-mail: ext_comercio@librimundi.com.ec
EE.UU., Canadá y Puerto Rico: CBSD • Tel: 1-800-283-3572 • www.cbsd.com
El Salvador y Centroamérica: Editorial Morazán • E-mail: editorialmorazan@hotmail.com
Gran Bretaña y Europa: Turnaround Publisher Services • E-mail: orders@turnaround-uk.com
México: Ocean Sur • Tel: 5553 5512 • E-mail: mexico@oceansur.com
Australia: Ocean Press • Tel: (61-3) 9326 4280 • E-mail: info@oceanbooks.com.au
Perú: Ocean Sur-Perú distribuidor • Tel: 330-7122 • E-mail: oceansurperu@gmail.com
Venezuela: Ocean Sur • E-mail: venezuela@oceansur.com

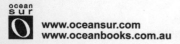

www.oceansur.com
www.oceanbooks.com.au

Índice

Introducción

La lucha guerrillera es tan antigua como la propia América Latina. Incluso antes de la Conquista, ya muchos habitantes de la región habían acudido a este recurso como forma de enfrentar a sus enemigos. Pero no fue hasta producirse la dominación europea que la presencia de los guerrilleros se generalizó por todo nuestro subcontinente.[1] Primero para resistir la opresión foránea. Después con el propósito de recuperar la independencia y hacer la revolución.

Al propio Bolívar, símbolo de la primera gesta emancipadora, no le fue ajeno este método de combatir.[2] Más tarde, vinculado con las reformas liberales, muchos integrantes de las vanguardias revolucionarias tomaron las armas y revivieron las tradiciones guerrilleras. Fue durante la época de Juárez que estas alcanzaron su clímax tanto en México como en Centroamérica.[3] Esta cima fue seguida por la epopeya mambisa de la Guerra de los Diez Años, cuya segunda fase preparó José Martí en plena etapa de dominio imperialista en el mundo.[4]

El siglo XX también se inició en América Latina con lucha armada, pues baste recordar en la Revolución mexicana las figuras guerrilleras de Pancho Villa o Emiliano Zapata, y hasta la controvertida experiencia obrera en los Batallones Rojos. Pero todo eso tuvo lugar antes del triunfo de la Gran Revolución Socialista de Octubre en la antigua Rusia zarista, que luego de estallar la Primera Guerra Mundial, empezó una era histórica nueva en la humanidad.[5]

El movimiento guerrillero contemporáneo en América Latina se inauguró con Sandino en Nicaragua, y fue casi de inmediato continuado en El Salvador y Cuba. Entonces, dado que nuestro subcontinente contaba con una población básicamente rural, el combate se dio sobre todo en los campos. Y estuvo muy cerca del éxito donde la vanguardia practicó una política de alianzas entre todos los partidarios del progreso, sin reclamar una hegemonía apriorística para nadie, la cual debía alcanzarse en el proceso de lucha.

Luego, tras la Segunda Guerra Mundial, el batallar guerrillero estuvo centrado en Colombia y Cuba. Pero en el primero la mayoría de los insurgentes combatían por simples cuestiones de rótulo, sin poner en verdadero peligro la esencia del régimen explotador; y en el caso de los revolucionarios que esgrimían la concepción científica del mundo, debido al apego por inercia a las decisiones adoptadas en la década del treinta, solo esgrimían la práctica de autodefensa de masas.

Fidel Castro fue quien rompió con los viejos postulados y se lanzó a tomar el poder con tres preceptos básicos: unidad de los revolucionarios, vínculos con las masas y armas para conquistarlo. En su victorioso empeño, hizo énfasis en el campo sin olvidar la ciudad, cuya importancia crecía debido al proceso de urbanización. Y triunfó, para dar inicio a un acontecimiento trascendental en Latinoamérica y el mundo: la Revolución cubana.

Con el propósito de repetir este éxito, múltiples revolucionarios acometieron el combate insurreccional en América Latina, al que pronto se sumaron oficiales progresistas y tendencias de avanzada, que abrazaron el marxismo-leninismo al desgajarse de viejos partidos burgueses. Pero tanto en el campo como en la ciudad este renacer guerrillero estuvo plagado de *foquismo*, vanguardismo y militarismo, casi inevitables en cualquier elite revolucionaria que se empeñe en conmover sociedades en aparente inmovilidad. Dichos combates adquirieron mayor importancia en Guatemala, Venezuela, Colombia y Perú. A la vez, en Bolivia, el internacionalista Ernesto Guevara reanimaba la gesta bolivariana para impulsar la lucha a escala subcontinental. Su pronta muerte, sin embargo, marcó el inicio del reflujo que a partir de entonces azotaría las filas insurgentes con sus problemas de divergencias ideológicas —maoísmo, trotskismo—, escisiones políticas y falta de entendimiento táctico-estratégico recíproco.

El resurgimiento del actuar guerrillero empezó con la ascendente combatividad armada urbana en Argentina que, sin embargo, no pudo movilizar a su alrededor a las amplias masas populares. En Nicaragua, sucedió lo contrario. El FSLN, guiado por Carlos Fonseca Amador, supo aglutinar a las principales clases o grupos sociales del país hacia la toma del poder, con el reclamo de un amplio gobierno democrático y antiimperialista, para reconstruir la nación. El extraordinario triunfo sandinista inauguró, a principios de los años ochenta, una década de vigorosa lucha guerrillera en El Salvador, Guatemala, Colombia y Perú, donde se multiplicaron los enfrentamientos armados por campos y ciudades.

En la década de los años noventa, sin embargo, el sectario dogmatismo maoísta de Sendero Luminoso lo condujo al aislamiento con respecto a las masas, lo cual facilitó su derrota. Al mismo tiempo, en Centroamérica, una situación de relativo y prolongado equilibrio militar entre las partes en pugna armada, incentivó la búsqueda de acuerdos de paz, que tras dilatados procesos de negociaciones fueron rubricados por los contendientes. Pero mientras que en El Salvador fueron puestos en funcionamiento con relativa rapidez, en la vecina Guatemala los entendimientos resultaron saboteados por las instancias legislativas y electorales del Estado, por lo cual nunca entraron en vigor. No obstante, dicha sociedad se había metamorfoseado durante la guerra irregular, debido a lo cual las fraccionadas poblaciones de origen maya definitivamente hicieron su entrada en la vida política del país.

En Colombia, la situación no fue igual que la de ninguna otra sociedad con movimiento guerrillero, pues una parte de los alzados —pertenecientes al M-19, EPL, PRT y Guerrilla Quintín

Lame— depusieron las armas luego de firmar, en 1989, un Pacto Político con el Gobierno. Después se estructuraron en una Alianza Democrática con el objetivo de participar en las elecciones para una Constituyente, pero no obstante haber quedado en segundo lugar por el número de votos recibidos, la nueva Carta Magna de la República no resultó muy avanzada. Tal vez por esto los combates no se debilitaron, pues los vacíos dejados por los insurgentes desmovilizados con rapidez fueron ocupados por las dos organizaciones rebeldes en acción. Entonces el Ejército incrementó sus ataques para dar una solución militar al conflicto, que sin embargo no logró. Esto condujo en las siguientes elecciones presidenciales, a que todos los candidatos hablaran de nuevas negociaciones de paz. Al ocupar el cargo, el nuevo mandatario se entrevistó personalmente con el legendario Manuel Marulanda, pero al mismo tiempo acudió a los Estados Unidos en busca de mayor ayuda. Surgió así el llamado Plan Colombia, que implicaba un mayor involucramiento imperialista contra las guerrillas.

El fin casi generalizado de los conflictos armados en América Latina, no significó que la historia se detuviese. Por el contrario, prácticamente al mismo tiempo, en Venezuela a partir de 1998 surgió un novedoso proceso revolucionario denominado Bolivariano, encabezado por Hugo Chávez. Este se caracteriza por desarrollarse mediante la vía electoral, con grandes movilizaciones de masas, y se propone, no solo transformar la sociedad de este país, sino además imprimirle un vigoroso impulso a la unidad latinoamericana. Dicha tarea estaba facilitada por semejantes triunfos electorales en otros países del subcontinente, que habían colocado en las presidencias a gentes vinculadas con elementos muy progresistas y revolucionarios. Estos nuevos mandatarios frecuentemente contaban en sus gabinetes de ministros con prestigiosos antiguos guerrilleros, que ahora compartían en los gobiernos con novedosos políticos, en la antes insospechada vía hacia la revolución.

Tal vez el caso más ilustrativo es el de Daniel Ortega, destacadísimo comandante sandinista reelecto en el 2006 para la Primera Magistratura de su República. Este introduce así a Nicaragua en el actual cauce de integración y cambios que paralelamente también se llevan a cabo en Argentina, Bolivia, Brasil, Uruguay, al frente de los cuales se encuentran verdaderos líderes populares, como el indígena boliviano Evo Morales. Todos admiradores de la gesta de la Revolución cubana y de su forjador, Fidel Castro Ruz.

Parte I
De Sandino a Fidel

1. Guerra contra los ocupantes en Nicaragua

En Nicaragua, tras décadas de gobierno conservador, el Partido Liberal encabezado por José Santos Zelaya tomó el poder el 25 de julio de 1893, mediante una insurrección mal vista por Estados Unidos. A partir de ese momento, los revolucionarios proscribieron en el país los rezagos feudales en la base económica e impusieron una legislación burguesa en la superestructura. Se pretendía dar paso al capitalismo agrícola nicaragüense, cuyos principales impulsores eran los dueños de las plantaciones de azúcar y café en la costa del Pacífico. Pero quizá el factor que más prestigio otorgó al nuevo Presidente fue la exitosa reincorporación a la República de la Costa de los Mosquitos, ocupada hacía siglos por Gran Bretaña. En 1903, Zelaya inauguró una política antiyanqui susceptible de sintetizarse en tres puntos: rechazo de las concesiones financieras antes otorgadas a capitalistas norteamericanos; suscripción de empréstitos con bancos ingleses e intentos por construir un canal interoceánico en colaboración con Japón y Alemania, la cual tenía muchos intereses cafetaleros en esta nación centroamericana. Pero esas proyecciones no tenían entonces perspectivas en el Caribe, donde los estadounidenses habían alcanzado la hegemonía. Esto se evidenció con la sublevación conservadora, apoyada por algunos liberales disidentes, de octubre del año 1909, subvencionada por las compañías yanquis. Después tuvo lugar el colofón mediante la ruptura de las relaciones de Washington con Managua, acompañada de la exigencia yanqui de que Zelaya renunciara. Aunque el Presidente aceptó sacrificarse, los estadounidenses se alarmaron con las inminentes perspetivas de que sus protegidos perdiesen la guerra civil, pues estaban acorralados en la caribeña villa portuaria de Bluefields, y las tropas gubernamentales preparaban la ofensiva final. Entonces los marines desembarcaron para defender a sus agentes locales y empujarlos hasta la capital. Allí, conservadores y estadounidenses firmaron los espurios Acuerdos Dawson.

Un levantamiento popular en reclamo de elecciones ocurrió a mediados de 1912, entre cuyos más célebres dirigentes se encontraba Benjamín Zeledón, caudillo de diversos grupos progresistas. Las derrotas militares de los conservadores allanaron el camino a una nueva intervención yanqui, cuyas tropas ocuparon a finales de agosto las ciudades de Masaya y Managua. Frente a la reeditada ocupación foránea se alzó contra los invasores la figura de Zeledón, quien pereció en la batalla de El Arroyo.

El Partido Conservador mantuvo el control del Estado nicaragüense gracias a la constante presencia militar norteamericana, que a cambio de su respaldo impuso la firma del espurio Tratado Bryan-Chamorro el 5 de agosto de 1914. Pero la inesperada muerte, en 1923, del presidente Diego M. Chamorro, entregó el poder a un menos confiable sustituto legal. Y, en efecto, al ocupar el ejecutivo, Bartolomé Martínez rompió con la política entreguista de su predecesor: canceló las deudas del país con los banqueros estadounidenses, recuperó los ferrocarriles entregados en garantía de los préstamos, adquirió el Banco Nacional de manos extranjeras y trazó una apertura democrática al decir que celebraría elecciones presidenciales honestas. En esos comicios, se impuso la candidatura «transaccionista» liberal, que venció a la de Emiliano Chamorro, y en octubre de 1925 obtuvo la total retirada del país de las fuerzas armadas yanquis. Al mes, sin embargo, el disgustado y ambicioso Chamorro se levantó en armas y se autoproclamó Presidente. La mediación norteamericana, a bordo de un acorazado, puso fin al conflicto entre ambos bandos y entregó interinamente la Presidencia al siempre fiel agente imperialista Adolfo Díaz. Pero no todos los liberales aceptaron el resultado dispuesto desde Washington, ya que Juan Bautista Sacasa organizó en el extranjero una expedición, entregó el mando militar a José María Moncada, y desató la llamada Guerra Constitucionalista.

Augusto César Sandino nació en 1895, y desde niño trabajó como obrero agrícola en las plantaciones de café. Después marchó a México, donde contactó con el proletariado de la Huasteca Petroleum Company, en Veracruz. Al tener noticias de la rebeldía liberal, Sandino regresó a Nicaragua en junio de 1926 y se dirigió a la mina de San Albino, propiedad de La Luz y Los Ángeles Mining Company. Allí esperaba formar una vanguardia que lo respaldara en la lucha por la soberanía nacional. Así, dentro del constitucionalismo surgieron dos tendencias: la encabezada por Sacasa y Moncada, que solo tenía por objetivo ocupar el poder y enriquecerse, y la democrática popular. Integraban esta última corriente, campesinos, pequeños productores expropiados, trabajadores de las plantaciones de banano y de los aserríos del litoral caribeño, así como obreros de las minas que representaban el núcleo más coherente y concientizado del incipiente proletariado nicaragüense. Y Augusto César Sandino, dirigente demócrata-revolucionario, padre del movimiento de liberación nacional contemporáneo, llegó a ser el verdadero líder de esa aguerrida masa social.

Estados Unidos, al ver en peligro la subsistencia del gobierno títere conservador, desembarcó sus tropas otra vez en Nicaragua el 24 de diciembre de 1926. Después, para simular neutralidad, los yanquis decretaron el desarme generalizado de los contendientes. Los caudillos liberales acataron la orden de los invasores mediante el Tratado de Tipitapa, firmado el 4 de mayo de 1927, pero Sandino rechazó el vergonzoso pacto, exigió la inmediata retirada de los norteamericanos y declaró:

> Los dirigentes políticos, conservadores y liberales, son una bola de canallas, cobardes y traidores, incapaces de poder dirigir a un

pueblo patriota y valeroso. Hemos abandonado a esos directores y entre nosotros mismos, obreros y campesinos, hemos improvisado nuestros jefes.[1]

Dos meses después, Sandino emitió su célebre Manifiesto Político, en el cual planteó:

> El vínculo de la nacionalidad me da derecho a asumir la responsabilidad de mis actos en las cuestiones de Nicaragua, y por ende, de la América Central y de todo el continente de nuestra habla (…) mi mayor honra es surgir del seno de los oprimidos (…) mi ideal campea en un amplio horizonte de internacionalismo.[2]

El proceso sandinista de organización autónoma de fuerzas populares logró un triunfo al estructurarse, el 2 de septiembre de 1927, el Ejército Defensor de la Soberanía Nacional de Nicaragua. Poco mas tarde, a esta fuerza se incorporó el destacado revolucionario salvadoreño Farabundo Martí, dirigente de la Federación Regional de Trabajadores de El Salvador desde 1925, quien pronto se convirtió en secretario de Sandino. Casi paralelamente se constituía (1928) el Partido de los Trabajadores de Nicaragua, que junto al Laborista, al cual se afiliaba la pequeña burguesía, y otras agrupaciones más, unificaron sus acciones con las del ejército de Sandino. Por invitación de este formaban parte, al decir suyo, «las organizaciones que hacen oposición a la política intervencionista y a cuanto venga en detrimento de la soberanía nacional». Para salvaguardarla Sandino escribió:

> Es con los pueblos de la América Hispana con quienes hablo. Cuando un gobierno no corresponde a las aspiraciones de sus connacionales, estos, que le dieron el poder, tienen el derecho de hacerse representar por hombres viriles y con ideas de efectiva democracia y no por mandones inútiles faltos de valor moral y de patriotismo que avergüenzan el orgullo de una raza. Somos

noventa millones de hispanoamericanos y solo debemos pensar en nuestra unificación y comprender que el imperialismo yanqui es el más brutal enemigo que nos amenaza y el único que está propuesto a terminar por medio de la conquista con nuestro honor racial y con la libertad de nuestros pueblos.

Los tiranos no representan a las naciones y a la libertad no se le conquista con flores. Por eso, para formar un Frente Unido y contener el avance del conquistador sobre nuestras patrias, debemos principiar por darnos a respetar en nuestra propia casa (…). Los hombres dignos de la América Latina, debemos imitar a Bolívar, Hidalgo, San Martín, y a los niños mexicanos que el 13 de septiembre de 1847 cayeron acribillados por las balas yanquis en Chapultepec, y sucumbieron en defensa de la Patria y de la Raza, antes que aceptar sumisos una vida llena de oprobio y de vergüenza en que nos quiere sumir el imperialismo yanqui.[3]

En julio de 1929, Sandino llegó a Mérida, México, en compañía de algunos miembros de su Estado Mayor. Entre sus objetivos estaba mejorar el apoyo del Comité Manos Fuera de Nicaragua. Esta organización había sido fundada en México desde 1927, y funcionaba en coordinación con el Comité Continental Organizador de la Liga de los Comunistas de las Américas y con el Partido Comunista Mexicano. En el núcleo de sus patrocinadores habían figurado el destacado muralista mexicano Diego Rivera y el joven dirigente cubano Julio Antonio Mella. Este, quien había fundado en Cuba la Federación Estudiantil Universitaria (1923) y a los dos años el Partido Comunista, había tenido que exiliarse en enero de 1926, perseguido por la tiranía de Gerardo Machado. Una vez en México, llegó a ser miembro del Comité Central del partido marxista-leninista de ese país y en febrero de 1927 asistió al Congreso Antiimperialista de Bruselas. El cónclave hizo suyas las tesis expuestas por Lenin en el II Congreso de la Internacional Comunista, las cuales integraban una admirable proyección que daba a los jóvenes movimientos comunistas de los países oprimidos la posibilidad de enfocar con sagacidad táctica sus relaciones con las clases no proletarias, en particular la burguesía nacional y la pequeña burguesía.

Muy influido por ese penetrante pensamiento, Mella propugnó la formación de un frente que agrupara en torno a un programa democrático de proyección nacional liberadora, a todas las fuerzas y tendencias revolucionarias, progresistas y antidictatoriales, como la única opción política capaz de alcanzar la emancipación y de promover las condiciones del ulterior desarrollo hacia el socialismo.[4] Mella deseaba que en el movimiento los distintos componentes preservaran su identidad, y que el Partido Comunista no exigiera como condición previa la hegemonía para el proletariado, sino que se esforzase por conquistarla en el transcurso de la lucha. Por eso acometió los trabajos preparatorios para organizar una expedición armada para liberar a Cuba de la tiranía. En esos trajines, Mella entabló relaciones de cooperación con revolucionarios venezolanos, que acopiaban armas para derrocar al déspota de su país, y fue hasta Veracruz para indagar sobre la posible navegación hacia las costas cubanas. Julio Antonio Mella, sin embargo, no relegaba la actividad del Comité Manos Fuera de Nicaragua; el 4 de julio de 1928, por ejemplo, presidió un masivo acto de solidaridad en el cual se encontraba a su lado el hermano del indómito héroe guerrillero. En la multitudinaria concentración, entre otras cosas, Mella dijo:

> …Así como la Comuna de París demostró que el proletariado era capaz de tomar el poder revolucionario y conservarlo en sus manos —cosa que después realizó la Revolución rusa— el movimiento de Sandino es precursor del movimiento revolucionario de toda la América Latina contra el imperialismo y (…) sus lacayos.[5]

Pero Sandino y Mella no pudieron llegar a reunirse; el extraordinario dirigente cubano cayó asesinado en las calles de Ciudad de México el 10 de enero de 1929. Sus últimas palabras fueron: «Muero por la revolución.»

La profundísima crisis cíclica del capitalismo, iniciada en octubre de 1929, creó una coyuntura política nueva que ayudó a Sandino a radicalizar sus postulados, lo cual se evidenció en el manifiesto que publicó en México el 26 de febrero de 1930, poco antes de retornar a Nicaragua:

> Hasta el presente nuestro ejército reconoce el apoyo que los sinceros revolucionarios le han prestado en su ardua lucha; pero con la agudización de la lucha, con la creciente presión (...) de los banqueros yanquis, los vacilantes, los tímidos, por el carácter que toma la lucha, nos abandonan, porque solo los obreros y campesinos irán hasta el fin, solo su fuerza organizada logrará el triunfo.[6]

El regreso de Sandino a Nicaragua revitalizó la lucha armada. Hacia noviembre de 1930, las columnas rebeldes avanzaban sobre el departamento de León, vecino a Managua, lo que provocó el pánico del Gobierno títere de turno. El 31 de diciembre todo un destacamento invasor yanqui fue muerto en un combate contra los sandinistas, hecho que sacudió a la opinión pública estadounidense. Frente a esa derrota, el Secretario de Estado norteamericano se vio obligado a anunciar que las tropas intervencionistas serían retiradas luego de las elecciones presidenciales de 1932 en Nicaragua. Claro, los ocupantes pensaban dejar en su puesto a la Guardia Nacional creada por ellos, en cuya oficialidad descollaba Anastasio Somoza. Pero antes de que llegara ese momento, la ofensiva guerrillera por el norte, rumbo a la costa atlántica, puso en crisis la ocupación: liquidó las propiedades de algunas compañías norteamericanas, derogó las odiadas leyes de medición que habían permitido el desalojo campesino y devolvió las tierras usurpadas a los pequeños propietarios. Aunque en lo personal Sandino decía, «soy más bien partidario [de] que la tierra sea del Estado», consciente de la realidad política que su patria vivía, orientó un proceso de gradual reconstitución del campesinado minifundista, dedicado en su mayoría a los cultivos de subsistencia.

El creciente peligro de un triunfo revolucionario indujo a los ocupantes yanquis a desconocer al incapaz detentador del Poder Ejecutivo respaldado hasta ese momento por ellos mismos, símbolo de la traidora sumisión y la existencia, de hecho, de un protectorado. Así, dado el incesante avance de las fuerzas populares, los norteamericanos prefirieron romper por completo con sus circunstanciales aliados, entregar el verdadero Gobierno a un oficial suyo, y preparar el surgimiento de un régimen que al menos fuese susceptible de aparentar un estado de cosas fidedigno para la mayoría. Sin embargo, inseguros de la posible evolución política nicaragüense, Estados Unidos se dedicó a fortalecer la oligarquía hondureña con el propósito de que se lanzara al combate contra los revolucionarios a través de la frontera, si resultaba necesario. Sandino entonces lanzó esta advertencia:

1) Si el gobierno hondureño envía sus ejércitos a combatirnos para provecho del yanqui en las Segovias, proclamaremos la Unión Centroamericana, regida la acción por obreros y campesinos de Centroamérica podremos defender [pedazo roto en el documento original]… americanos.

2) Tomaremos como campo de operaciones todo el territorio centroamericano, para combatir a los ejércitos yanquis y a los aliados de ellos en Centroamérica. También nosotros contaremos con todos los obreros y campesinos para combatir la política yanqui en Centroamérica.

3) Nuestro movimiento de Unión Centroamericana quedaría desligado de los elementos burgueses, quienes en todos los

tiempos nos han querido obligar a que aceptemos las humillaciones del yanqui, por resultarle más favorable a sus intereses burgueses.[7]

A partir de 1931, la guerra de liberación nacional adquirió dimensiones extraordinarias. Solo el departamento capitalino permanecía fuera del radio de acción directa de las columnas rebeldes, que amenazaban la supervivencia misma del sistema impuesto por los estadounidenses y sus cómplices locales. Con esas perspectivas, el 27 de agosto de 1932 Sandino emitió esta circular:

> Nuestro ejército se prepara a tomar las riendas de nuestro poder nacional, para entonces proceder a la organización de grandes cooperativas de obreros y campesinos nicaragüenses, quienes explotarán nuestras propias riquezas en provecho de la familia nicaragüense en general.[8]

La inminente posibilidad de que en Nicaragua triunfara una revolución social condujo a los norteamericanos a realizar mayores concesiones todavía. Por ello, decidieron recurrir a una figura poco mancillada con los compromisos y politiquería de las décadas de intervención. Tras las elecciones celebradas en noviembre de 1932, organizadas por los invasores en las áreas que aún ocupaban, los yanquis entregaron la Presidencia a Juan Bautista Sacasa y, en enero de 1933, retiraron de Nicaragua su último contingente militar. Detrás quedaba la Guardia Nacional bajo el mando de Somoza. De inmediato, el nuevo Gobierno del viejo Presidente liberal designó una «misión de paz», que invitó a Sandino a la capital con el propósito de discutir los términos de un acuerdo nacional. Desde hacía tiempo, este había anunciado sus condiciones para cesar la lucha armada. Los cuatro puntos mínimos exigidos eran: retiro de las tropas yanquis de ocupación, nulidad de los empréstitos leoninos impuestos por la banca de Wall Street, revocación del Tratado Bryan-Chamorro y sus derivaciones y rechazo de cualquier intromisión de Estados Unidos en los asuntos internos de Nicaragua. No había planteado, sin embargo, demanda alguna con respecto al dominio del poder político en el país.

La llegada de Sandino a Managua, el 2 de febrero de 1933, fue apoteósica. Las multitudes lo aclamaron desde el aeropuerto hasta la casa presidencial. Pocas horas después se firmaba el convenio pacificador, que además establecía el desarme total del Ejército Defensor de la Soberanía Nacional. Así, mientras Sandino emprendía el regreso a sus montañas, por doquier empezaron a llegar las interminables columnas de hombres disciplinados, cubiertos de polvo, sin zapatos, sudorosos, con la bandera roja y negra al frente, que entregaban sus armas para cumplir el pacto acordado. Pero los constantes atropellos y represiones sufridas por los antiguos combatientes rebeldes, ya desarmados, indujeron a Sandino a denunciar ante el Presidente esas vejaminosas actividades y exigir su cese. Por eso, junto a sus más íntimos compañeros, marchó a la capital. Poco antes de partir declaró: «Yo de un momento a otro muero. No cumplieron los compromisos del arreglo de paz. Nos están asesinando a nuestros hermanos en todas partes. Voy a Managua: o arreglo la situación o muero, pero esto no es de quedarse con los brazos cruzados.»[9]

Sandino tenía razón. El 21 de febrero de 1934, Somoza declaró en una reunión de altos oficiales de la Guardia Nacional:

> Vengo de la embajada americana, donde acabo de sostener una conversación con el embajador A.B. Lime, quien me ha asegurado que el Gobierno de Washington respalda y recomienda la eliminación de Augusto César Sandino, por considerarlo un perturbador de la paz del país.[10]

Ese mismo día, después de haberse entrevistado con el Presidente, Sandino fue asesinado. Cientos de sus hombres en las colonias agrícolas de río Coco le siguieron en el martirio. Empezaba el somocismo.

2. Alzamiento popular en El Salvador

En El Salvador, los liberales tomaron el poder político, seculariza-
ron los cementerios, suprimieron el diezmo, reformaron el sistema
bancario; inauguraron las primeras líneas telegráficas y vías férreas
del país; también expropiaron las tierras de las comunidades agrícolas indígenas y las de la Iglesia católica, anheladas por la burguesía agroexportadora cafetalera para expandir sus cultivos. La
miseria campesina, sin embargo, se incrementó a consecuencias de
la Reforma: poblados rurales permanecieron en el interior y bajo la
jurisdicción de las nuevas y grandes plantaciones; los minifundistas,
así como alguna gente sin tierra, tenían que trabajar en los campos
de café durante la cosecha a cambio de un escaso jornal; quienes
habitaban los rancheríos de las plantaciones y recibían del dueño
un pedazo de tierra, tenían que laborar gratis en la recolección cafetalera, pues sufrían una relación semiservil; había, incluso, quienes
habitaban barracones del plantador y recibían comida a cambio de
trabajar todo el tiempo en el café sin emolumento adicional alguno.
Este suministro de mano de obra barata y abundante a la poderosa
oligarquía nacional agroexportadora fue constante, debido a la emisión de coactivas leyes que obligaban a los humildes a trabajar bajo
las condiciones descritas. El férreo cumplimiento de estas abusivas
normas laborales era responsabilidad de un sector judicial creado
ex profeso, cuyos dictámenes entraban en estricto vigor debido a la
feroz vigilancia de cuerpos represivos especialmente constituidos al
efecto, tales como la Policía Rural y la Montada.[11]

La Reforma Liberal en El Salvador arrebató el poder político a los conservadores, pero no todo el económico, pues muchos

terratenientes laicos se adaptaron a la nueva situación y se transformaron en plantadores. Así, al lado del grupo agroexportador liberal surgió el conservador. Incluso, a veces las diferencias eran mayores entre los propios liberales, pues mientras unos poseían escasos capitales, otros los manejaban en demasía. Entre estos se encontraban quienes controlaban el negocio del «beneficiado del café», el cual implicaba la transformación del grano en producto exportable. En algunos casos los propietarios de esta actividad eran alemanes, quienes gracias al financiamiento de las casas bancarias de Hamburgo y Bremen dominaban al mismo tiempo buena parte del comercio exterior del país. Esta penetración imperialista, así como otras manifestaciones de carácter más tradicional, tomaron importancia a finales del siglo XIX, cuando también se inició la práctica de contratar empréstitos con la banca de Londres, dando en garantía los ferrocarriles del Estado. Después, al no pagarse aquellos, estos pasaron a los ingleses, que a partir de la emisión del Corolario Roosevelt los transfirieron a los norteamericanos a cambio del pago de la insatisfecha deuda externa salvadoreña. Luego, para recuperar sus desembolsos, los imperialistas yanquis ocuparon las aduanas del país, mientras la estadounidense International Railways of Central America, subsidiaria de la United Fruit Company (UFCO), reorganizaba el sistema ferroviario, que ya monopolizaba. A diferencia de otras repúblicas centroamericanas, este fue el principal negocio de la UFCO en El Salvador, pues debido a la extraordinaria concentración de tierras en manos de la oligarquía criolla, el consorcio estadounidense no logró apropiarse de suelos salvadoreños para en ellos asentar plantaciones bananeras suyas.

A partir de 1913, El Salvador padeció la llamada «Dinastía Meléndez-Quiñones», que durante tres lustros representó la cúspide visible de las «Catorce Familias», núcleo rector de la burguesía agroexportadora cafetalera. Este grupo gobernante rigió al país con puño despótico, para dificultar la organización social y política de otros intereses de clase. Sin embargo, por esos años, debido a los desajustes provocados en el comercio internacional por la I Guerra Mundial, en El Salvador brotó una incipiente pequeña burguesía industrial interesada en producir alimentos y textiles para el mercado interno. La aparición de estas manufacturas provocó también el surgimiento del proletariado urbano, que junto al numeroso artesanado salvadoreño pronto comenzó a participar en los gremios. Entre estos descollaba la Confederación de Obreros de El Salvador, la cual exigía las ocho horas de trabajo y otras mejoras materiales. Tras casi una década de existencia, en 1924, esta organización se transformó en la combativa Federación Regional de Trabajadores Salvadoreños, de la cual Farabundo Martí se convirtió en uno de sus principales dirigentes.

En 1927, un nuevo Presidente electo se negó a cumplir en esa pequeña República centroamericana las órdenes de quienes lo auspiciaran para alcanzar el Gobierno. El flamante mandatario levantó entonces el estado de sitio, propició la vigencia formal de las libertades y derechos democráticos, y propugnó algunas medidas de carácter social, aunque reprimió al ascendente proletariado. En este clima de apertura política, en El Salvador apareció una progresista agrupación opositora con popularidad entre las masas: el Partido Laborista creado por Arturo Araújo, carismático dirigente de la pequeña burguesía, quien además arrastraba a los artesanos y algunos sectores del campesinado, así como a los grupos más atrasados del proletariado. El laborismo prometía: llevar agua abundante a todas partes, en momentos en que ese precioso líquido estaba sometido al control de los dueños de las tierras; asistencia médica gratuita y generalizada, sobre todo a los niños, con entrega de medicinas sin costo alguno a los pobres; proteger a la mujer trabajadora; moralizar la vida del país mediante la lucha contra la corrupción y otros males entronizados en la administración pública; disminuir el desempleo; y otorgar créditos a los pequeños y medianos productores.

La terrible crisis de 1929 paralizó la economía monoexportadora cafetalera de El Salvador. Entonces, los grandes plantadores promovieron el paro masivo de sus trabajadores agrícolas, para disminuir los costos de producción al bajar los salarios de los pocos que no perdieron sus empleos. Debido a esta práctica generalizada, los jornales cayeron al nivel de un centavo de pago por cada hora laborada. A la vez, muchos pequeños y medianos campesinos se endeudaron, y luego empezaron a perder sus tierras a manos de los prestamistas, que las embargaban cuando no se les devolvía el dinero en los cortos plazos estipulados. En ese contexto de penuria material y desesperación moral, surgió, el 28 de marzo de 1930, el Partido Comunista, entre cuyos principales dirigentes se encontraban Farabundo Martí, quien había regresado de Nicaragua, Luis Díaz y Miguel Mármol. Desde el inicio, la nueva fuerza política desarrolló una intensa proyección transformadora, que llevó una esperanza de cambios y mejoras a los humildes y explotados. Pero debido a la fecha en que se constituyó, esta organización no pudo ya participar en los comicios programados para ese mismo año. El triunfo en las elecciones correspondió al laborista Araújo, quien ocupó la Presidencia el primero de marzo de 1931, y en breve tiempo comprendió que necesitaba mayor apoyo para enfrentar a la oligarquía y al imperialismo. De esa forma se diseñó la posibilidad de un entendimiento entre reformistas y revolucionarios.

Farabundo y Araújo no se pusieron de acuerdo ni podían llegar a entenderse; en efecto, a partir del VI Congreso de la Internacional Comunista celebrado en 1928, la línea política trazada por Lenin a la organización —y que el Congreso Antiimperialista de Bruselas había hecho suya— varió. En su lugar se lanzó la consigna de «clase contra clase» a la vez que se desarrollaba la práctica de «bolchevizar los partidos comunistas». Por ello, esta militancia no podía atraer en un frente unido a los demás sectores comprometidos con el progreso; practicaba el desconocimiento de los dirigentes de los otros partidos, con lo cual se descartaba la posibilidad de constituir gobiernos nacional-revolucionarios encabezados por figuras ajenas al movimiento obrero.[12]

Al no producirse la necesaria confluencia, el Gobierno quedó aislado, lo cual facilitó que el Ejército llevara a cabo un reaccionario golpe de Estado el 2 de diciembre de 1931. A pesar de esto, no se suspendieron los comicios parciales programados para la semana siguiente, pues los militares pensaron que su respaldo a las fuerzas oligárquicas bastaba para garantizar el éxito absoluto de sus candidatos. La irritación de la alta oficialidad fue mayúscula cuando las urnas evidenciaron que el país era proclive a los partidos progresistas. Incluso, en la capital, los votos recibidos por los comunistas disputaron hasta el último instante el segundo lugar. Entonces el Gobierno castrense anuló los resultados dondequiera que estos favorecieron a los revolucionarios. El despótico proceder concitó la ira de los pobres, cuya espontánea vehemencia se orientó a partir de ese momento hacia la insurrección.

El Partido Comunista de El Salvador comprendió que no podía abandonar al pueblo en sus propósitos de lucha armada, aunque sus propias e incipientes estructuras no estuvieran aún preparadas para abordar una de las más grandes y complejas tareas históricas: orientar la rebelión de las masas hacia la toma del poder político. El Partido experimentaba una torrencial afluencia de nuevos militantes, sobre todo en el campo, lo cual dificultaba los esforzados empeños disciplinadores de los cuadros, en momentos en que no se contaba todavía con núcleos o células sólidamente organizadas. A pesar de ello, la dirección de los comunistas salvadoreños, encabezada por Farabundo Martí, se reunió en secreto el 7 de enero de 1932 para confeccionar los planes de la sublevación. Primero, se fijó el levantamiento para el 16 del propio mes; luego, se difirió 72 horas, ante la imposibilidad de informar a tiempo a los militantes de todo el país. Por último, se acordó como fecha definitiva el 22 de enero. La reiterada postergación, no obstante, permitió a los cuerpos represivos enterarse de los preparativos y tomar la delantera. Pudieron, por ello, lanzar una oleada de arrestos que logró capturar a muchos dirigentes comunistas, incluido Farabundo Martí. Los revolucionarios, sin embargo, no se amedrentaron por los fuertes golpes recibidos y se alzaron en el momento acordado en la región occidental. En ella, durante varios días se instalaron «sóviets» de obreros y campesinos en diversos poblados como: Tacuba, Sonsonate, Juayúa, Zonzacate, Izalco, Nahuizalco y varios más. Pero esta práctica, así como la propia palabra que la designaba, empavorecían a la pequeña burguesía, fuera urbana o rural, y a no pocos campesinos, incluso, pobres; de hecho parecía transitarse de inmediato hacia la revolución socialista, aunque el proletariado salvadoreño era abrumadoramente minoritario. Al respecto, el historiador salvadoreño Benedicto Juárez escribió:

> En la década del 20 y principios del 30, el desarrollo de la clase obrera en El Salvador era sumamente débil, tanto en cantidad como en calidad. En la composición orgánica de la clase obrera, el sector obrero industrial representaba un porcentaje ínfimo. Predominaba de manera aplastante el sector de los operarios de pequeños talleres semiartesanales y, en segundo lugar, los operarios concentrados en grandes talleres manufactureros (de zapatería, carpintería, panadería, etc.) sin maquinaria industrial pero con división de las operaciones laborales que, como se sabe, es propio de la fase de transición entre el taller artesanal y la fábrica industrial. Y, en el campo, en el sector de los jornaleros agrícolas predominaba el semiproletariado (campesino pobre que vende su fuerza de trabajo durante una parte del año).[13]

Desvinculados de otras fuerzas progresistas y casi desarmados, los rebeldes fueron aniquilados por el Ejército y la Aviación. Ni siquiera los que estaban en la cárcel salvaron la vida; Farabundo Martí y algunos de sus compañeros fueron fusilados el 7 de febrero de 1932. Poco antes, Farabundo había expresado: «En estos momentos en que estoy a dos pasos de la muerte quiero declarar categóricamente que creo en Sandino.»[14] En total, 30 000 salvadoreños cayeron masacrados en la inhumana represión.

3. Planes de sublevación en Cuba

En el contexto de la gran depresión iniciada en octubre de 1929, la crisis económica de Cuba quizás haya sido una de las más profundas del mundo, y con seguridad la mayor de América Latina. La realidad material de la Isla se agravó en 1930 cuando Estados Unidos impuso el Plan Chadbourne, prohijado sin el menor titubeo por la tiranía de Gerardo Machado. Esta coyunda, que limitaba las exportaciones cubanas, contribuyó a comunicarle a la crisis una pavorosa agudeza.

A medida que la depresión avanzaba, los esfuerzos del Partido Comunista por llevar el aliento de la lucha a las masas explotadas y organizarlas para esos fines, se abrían paso. Por su parte Antonio Guiteras, joven dirigente revolucionario, se vinculó en 1931 con viejos caudillos «nacionalistas» pues compartía con ellos el criterio de que la forma de alcanzar el poder era mediante la lucha armada.[15] En específico, el grupo al cual Guiteras pertenecía proyectaba asaltar el cuartel Moncada, en Santiago de Cuba, capital de la provincia de Oriente. Pero descubierta la conspiración, intentaron sin éxito alzarse en el mes de agosto del propio año en La Gallinita. Apresado, Guiteras terminó en la cárcel por algún tiempo.

Mientras, bajo la dirección del Partido Comunista, en diciembre de 1932 se constituyó el Sindicato Nacional de Obreros de la Industria Azucarera. Este aglutinó el mayor contingente proletario de la República, y con esa fuerza estructurada, al comenzar la zafra de 1933, desató un importante movimiento huelguístico. Sus repercusiones más intensas se produjeron en la provincia de Las Villas, donde se llegaron a sostener encuentros armados con la Guardia

Rural por la zona de Nazábal, y en la oriental región de Manzanillo, en la cual se hallaban los centrales Mabay, Niquero, Isabel (Media Luna), Romelia y Esperanza. Estos éxitos permitieron que al final de la zafra el Partido Comunista llamara a hacer la revolución bajo la hegemonía del proletariado, mediante el surgimiento de un «gobierno soviético (de Consejos Obreros, Campesinos y Soldados)». En una palabra, esta organización política solo concebía la existencia de dos momentos de poder: el de la oligarquía o el de la clase obrera. Esto, porque debido a las tesis aprobadas en el Sexto Congreso de la III Internacional, dicha militancia no podía considerar la posibilidad de un gobierno de la pequeña burguesía democrática y antiimperialista.[16]

En esos momentos, Guiteras, que se encontraba ya fuera de la prisión, había roto con los viejos y vacilantes caudillos «nacionalistas» y avanzaba en sus proyectos insurreccionales, cuyo centro estuvo en Oriente. Él se encontraba entonces en conexión con el Directorio Estudiantil Universitario, que agrupaba a la porción más radical y revolucionaria de la pequeña burguesía cubana. Guiteras organizó grupos de acción en El Caney, Santiago de Cuba, Holguín, Victoria de las Tunas, Bayamo y Manzanillo, así como en otras ciudades, y llegó a tener éxito en la toma de alguna, como San Luis —donde el pueblo se sumó a su empeño. Pero en general, el alzamiento del 29 de abril de 1933 fracasó. Fue en esas circunstancias, cuando los trabajadores de los ómnibus urbanos tomaron la iniciativa en la lucha antiimperialista, al declararse en huelga el 5 de julio. Después vino la avalancha. A los doce días cerró el comercio de La Habana, Santiago de Cuba y demás ciudades; los comerciantes, unidos a grupos industriales, efectuaron una concentración en la capital para esgrimir un pedido de amnistía fiscal junto con otras reivindicaciones. El 19, los maestros se manifestaron en todo el país contra la rebaja de sueldos y el atraso en sus pagos. Siguieron protestas de empleados públicos y huelgas locales, así como demostraciones de obreros, estudiantes y hasta veteranos de la Guerra de Independencia.

Se avizoraba, en fin, una situación revolucionaria cuya posibilidad objetiva radicaba en la explosiva conjunción de la violenta crisis económica con la prolongada opresión política. Las potencialidades subjetivas se desprendían del alto grado de politización de las clases populares, especialmente urbanas —proletariado y pequeña burguesía— en las cuales los sentimientos antiinjerencistas, antiimperialistas y nacional-liberadores, habían cobrado enorme fuerza junto a la creciente conciencia de que la fuente de sus miserias materiales provenía, sobre todo, de la explotación sufrida a manos de los monopolios estadounidenses. De ese modo, la sociedad cubana se encontraba madura para la explosión revolucionaria.

La huelga general política de todo el pueblo, encabezada por la clase obrera bajo la conducción del luchador comunista Rubén Martínez Villena, paralizó al país a partir del domingo 6 de agosto de 1933. Al día siguiente tuvo lugar la más grande masacre del machadato; las masas se habían adueñado de las calles y se dirigían al Congreso, a menos de ocho cuadras del Palacio Presidencial, cuando la policía atacó de manera salvaje a la muchedumbre. Hubo dieciocho muertos y casi cien heridos. La matanza, sin embargo, enardeció los ánimos en vez de amilanarlos, y repercutió hasta en los más recónditos lugares de la República. Guiteras, por su parte, preparaba en Oriente el asalto al cuartel de Bayamo, como inicio de un proceso insurreccional en esa provincia. Pero el día 11 algunos batallones del Ejército se rebelaron para distanciarse del Presidente, cuyo régimen se desmoronaba, y el 12 de agosto de 1933 Gerardo Machado renunció y huyó al extranjero. Las masas se lanzaron entonces por toda la isla a hacer justicia por su cuenta. Tres días duró la impresionante e incontrolable situación.

El derrocamiento del tirano obligó a la nueva jefatura militar a destituir mandos, rebajar de servicio, retirar o expulsar e incluso detener y enjuiciar a decenas de oficiales, notorios por sus faenas criminales durante la dictadura. Por supuesto, la depuración quebrantó la disciplina y autoridad antes existentes en las Fuerzas Armadas; a partir de ese momento afloraron múltiples contradicciones entre la oficialidad y la tropa acaudillada por los sargentos. El Estado oligárquico y el poder político del imperialismo se debilitaron. Sobrevino entonces un período de dispersión de las fuerzas más reaccionarias, y un dominio de la escena pública por las clases populares. El efímero Gobierno Provisional, hechura grotesca de los imperialistas, era la estampa absoluta del desprestigio. En esas circunstancias el Directorio Estudiantil Universitario (DEU) representaba el movimiento político capaz de agrupar a los sectores de la población ajenos a la oligarquía y al Partido Comunista. En la dirigencia del DEU se producía una evolución hacia posiciones de izquierda, cuyo «Programa Estudiantil» también correspondía al mínimo exigido por las fuerzas proclives al nacionalismo. En resumen, esa organización esgrimía un moderado proyecto transformador democrático-burgués con matices antiimperialistas, el cual podía representar una apertura apoyable por los revolucionarios consecuentes, siempre que explicaran al pueblo sus limitaciones.

La crisis política originada en el machadato tuvo un desfogue a medias en los sucesos del 12 de agosto y días inmediatos posteriores; nadie estaba satisfecho y mucho menos la clase obrera y las masas pequeñoburguesas de las ciudades, que formaban las fuerzas sociales más politizadas y dispuestas a la acción en el país. Además, el desajuste económico era espantoso. Los campesinos pobres y medios, e incluso no pocos ricos, se debatían en la miseria o en la ruina; la débil e irrelevante burguesía nacional vivía al borde de la bancarrota; hasta los sectores menos enriquecidos de la burguesía agroexportadora habían perdido parte de sus propiedades, o pendía sobre ellos el azote de las hipotecas vencidas. En síntesis, resultaba imposible para los grupos dominantes mantener inmutable su hegemonía; los humildes y explotados padecían una agravación, fuera de lo común, de su miseria y sufrimientos; la actividad de las masas se intensificaba de manera considerable. Se había creado, en fin, una situación revolucionaria, pues ni los de abajo querían, ni los de arriba podían, seguir viviendo como hasta entonces.[17]

La insubordinación de los alistados el 4 de septiembre de 1933, expresión neta del movimiento de masas que profundizaba su influjo en las filas del Ejército y de la Marina de Guerra, se convirtió en un acto revolucionario al abrazar el programa del Directorio Estudiantil Universitario. El inopinado encuentro de ambas fuerzas sociales dio vida a un Gobierno revolucionario pequeñoburgués que dejó aislado al Partido Comunista. Este esgrimía la consigna de «Sóviets de obreros, campesinos y soldados» a pesar de que el proletariado aún no poseía la fuerza suficiente para tomar el poder político y gobernar. El gobierno colegiado de la Pentarquía, a pesar de sus inconsecuencias pequeñoburguesas, se instauró en contra de la voluntad del imperialismo y de la oligarquía. Pero su heterogeneidad, las amenazas de intervención yanqui —cuya escuadra rodeó la isla—, las conspiraciones de la desplazada oficialidad y las vacilaciones o temores de algunos pentarcas, llevaron al Gobierno colegiado a su final. Solo Ramón Grau San Martín se dispuso a jugarse el todo por el todo, por lo cual aceptó el primero de septiembre la proposición del Directorio Estudiantil Universitario de ocupar la Presidencia.

El nuevo Gobierno representó un escalón más elevado del avance revolucionario pequeñoburgués. En el Gabinete la posición más espinosa y comprometedora era la del secretario de Gobernación, Antonio Guiteras, el dirigente más definido y audaz de la extrema izquierda pequeñoburguesa, o sea, la parte nacional revolucionaria de esta clase. El primer acto gubernamental fue trascendente, al ser repudiados los preceptos de la Enmienda Platt como muestra de la voluntad antiimperialista que respondía a las más profundas aspiraciones de la nación cubana. Pero el ala derechista de la pequeña burguesía existía, y representaba la entrega a la oligarquía y al imperialismo. La dirigía Fulgencio Batista, quien había ganado el liderazgo del movimiento militar del 4 de septiembre tras arrebatarlo al honesto y revolucionario antiimperialista Pablo Rodríguez. El triunfo de aquel sargento mayor se debió a que expresaba mejor la voluntad de la masa de alistados, pues tenía todos los defectos y deformaciones de una institución concebida para reprimir, así como todos sus vicios tradicionales de latrocinio y depravación. Luego Batista alió al Ejército con los pequeñoburgueses del ABC, organización de ideología fascistoide, que en razón de malversaciones y negocios sucios cambiaron de clase y se metamorfosearon en parte del bloque encabezado por la burguesía dependiente del imperialismo.

En la puja por el poder, las fuerzas se polarizaron alrededor de las dos tendencias extremas, capitaneadas por Batista y Guiteras; Grau quedó en el medio, a veces equidistante, aunque en la mayoría de las oportunidades se dejó arrastrar por la izquierda. De este modo, se emitieron los decretos más avanzados y resueltos del Gobierno: leyes laborales que contemplaban la jornada de ocho horas, los retiros y los seguros por accidentes; así como acerca de la rebaja de las tarifas del fluido eléctrico y contra la usura. Después, se extendieron las funciones y el carácter constitucional de los Tribunales de Sanciones, para propender la expropiación de los bienes malversados por los machadistas. Por último, el 14 de enero, por orden de Guiteras, se intervino la Compañía Cubana de Electricidad, subsidiaria del monopolio norteamericano Electric Bond and Share Company. Sin embargo, el Secretario de Gobernación —que además tenía plena conciencia de la necesidad de constituir una fuerza armada verdaderamente revolucionaria y confiable para quienes perseguían objetivos nacional-liberadores— no tuvo ya tiempo para alcanzar sus propósitos. El 15 de enero de 1934, Batista conminó a Grau para que dimitiera, tras lo cual un moderado timorato asumió la Presidencia. ¡Se había producido un golpe de Estado contrarrevolucionario sui géneris! De tal modo se estrenó el batistato, caracterizado por la entrega total al imperialismo y por el más crudo terror antipopular, así como por los robos y malversaciones.

De inmediato, Guiteras se dedicó a constituir una organización revolucionaria, empresa que fructificó en octubre de 1934 al surgir la Joven Cuba cuya plataforma propugnaba: «al Estado socialista nos acercaremos por sucesivas etapas preparatorias.»[18] A la vez el joven ex Secretario de Gobernación mantenía sus concepciones insurreccionales, las cuales pensaba llevar a cabo sobre todo en las ciudades en vinculación con el estallido de movimientos huelguísticos de masa. Solo planeaba replegarse al campo en caso de un revés urbano.

Al producirse, en marzo de 1935, una huelga general de carácter político en la cual participaban diversas organizaciones, entre ellas el Partido Comunista y la Confederación General Obrera de Cuba, Guiteras se esforzó por convertirla en un proceso insurreccional.[19] Pero fracasada la huelga, que no llegó a durar ni ocho días, y frustrados sus intentos originales, Guiteras decidió marchar al extranjero. Se había propuesto organizar allá una expedición armada para luego conducirla hasta las costas de Oriente, con el fin de desatar la lucha guerrillera.

Con el propósito de salir de Cuba para iniciar sus proyectos, Guiteras se dirigió al Morrillo, vieja fortaleza aledaña a la ciudad de Matanzas, en unión de varios compañeros, entre los cuales estaba el venezolano Carlos Aponte,[20] quien había combatido al lado de Sandino. Pronto los revolucionarios se dieron cuenta de que estaban rodeados por la tropa de Batista. Para romper el cerco, Guiteras y Aponte decidieron correr hasta una cerca vecina. Nunca llegaron. Juntos cayeron acribillados a balazos, el 7 de mayo de 1935.

4. La violencia en Colombia

El Partido Liberal colombiano canalizó en su favor el descontento popular, ocasionado por la crisis de 1929, al esgrimir una plataforma en que aparecían consignas como el proteccionismo aduanero —para atraer a la burguesía nacional— y cambios sociales favorables a pequeñoburgueses y obreros. Con esa propaganda triunfó en los comicios generales de 1930. El primer Presidente liberal colombiano del siglo xx entonces propició una legislación laboral desconocida para el país: jornada de ocho horas, descanso dominical, salario mínimo, igual pago por el mismo trabajo; y fijó altos aranceles. Con este impulso Pedro Alfonso López Pumarejo, candidato liberal de la burguesía nacional a las elecciones planeadas para 1934, lanzó un avanzado programa gubernamental que recibió el apoyo del ala izquierda de ese partido, acaudillada por el carismático líder de la pequeña burguesía Jorge Eliécer Gaitán.

Aunque a esas elecciones el Partido Comunista se presentó con una candidatura propia e independiente, la celebración de la Segunda Conferencia del movimiento comunista latinoamericano, en octubre de 1934, cambió sus proyecciones políticas; en efecto, en este cónclave, la vanguardia del proletariado llegó a la conclusión —en vista de las amargas experiencias vividas— de que la revolución social en nuestro subcontinente se hallaba precedida e íntimamente vinculada a la lucha de liberación nacional. Por ello se acordó esforzarse en lo adelante por estructurar un amplio frente popular antiimperialista, destinado a combatir la opresión extranjera y lograr reivindicaciones antifeudales y democráticas.[21]

No se trataba ya, por lo tanto, de lanzarse a la inmediata toma del poder político, mediante la lucha armada o la vía electoral, sino de respaldar a las respectivas burguesías nacionales en la consecución de esos hitos; solo después de culminadas esas transformaciones se debía pensar en un proceso de contenido socialista, que entonces la clase obrera sí podía encabezar.

Dados los nuevos criterios aprobados en la referida conferencia, el Partido Comunista de Colombia pronto comenzó a apoyar el programa democrático-burgués de López Pumarejo, el cual comprendía tres reformas básicas —fiscal, educacional y agraria— que, lanzadas bajo el atractivo lema de «La Revolución en marcha», habían arrasado en las urnas.[22] El nuevo Presidente en poco tiempo cumplió el primer acápite al establecer gravámenes proporcionales a la riqueza de los contribuyentes, lo cual incrementó mucho las percepciones impositivas y permitió alcanzar el equilibrio presupuestario, a pesar de las numerosas obras acometidas. Esta mejoría en los ingresos del erario republicano también facilitó que se crearan colegios normales en muchos departamentos, se iniciara la construcción de escuelas públicas y se abrieran los primeros institutos de segunda enseñanza gratuitos y laicos en las capitales provinciales. A la vez, el Estado asumió las funciones de único refrendador de títulos de bachiller y creó la Universidad Nacional como organismo descentralizado con autonomía académica y finanzas propias. Pero el asunto agrario era el vital para el país, cuya población en un 70% vivía en el campo, y la propiedad de este se repartía en el casi exclusivo beneficio de grandes plantadores y terratenientes; más del 90% de los campesinos no poseían parcelas y tenían que arrendarlas para su cultivo. El Gobierno presentó un proyecto que planteaba el principio de solo aceptar la posesión de la tierra a partir de su puesta en uso, con el propósito de evitar la ociosidad señorial, pues planteaban considerar del Estado los suelos no explotados durante diez años y, por tanto, susceptibles de entregarse como baldíos a nuevos dueños. A pesar de este carácter moderado, los mayores propietarios de tierras hicieron abstracción de su credo político y se pusieron de acuerdo para aprobar, por mayoría en el Congreso, una legislación castrada de cualquier sentido progresista.

La debilidad de la burguesía nacional y la reticencia de la mayoría de los liberales a recurrir a las masas, facilitaron que los grandes comerciantes y burgueses del agro empujaran a ese partido hacia la derecha. Por esto, su candidato a los nuevos comicios presidenciales, una vez electo, deshizo toda veleidad reformista, aunque impulsó el desarrollo de la infraestructura e industria nacionales. Esa tendencia fue beneficiada por el estallido de la II Guerra Mundial, que propició el auge manufacturero mediante la práctica de sustituir importaciones. A la vez, el Gobierno aprovechó la circunstancial prosperidad para acometer una política divisionista del movimiento obrero, la cual logró escindir la unitaria Confederación Sindical de Colombia creada un lustro antes. Este tipo de maniobra antipopular ocasionó el disgusto de la izquierda liberal, que dirigida por Gaitán apoyó los anhelos de López Pumarejo de retornar a la Presidencia. Este volvió a ocupar el cargo en 1942, tras realizar una campaña electoral nacionalista y llena de promesas sobre inmediatos cambios sociales. Pero la derecha de su partido, aliada con los conservadores, se le opuso, y ello propició un golpe militar en julio de 1944. Aunque la movilización popular provocó el fracaso de la asonada castrense, el Presidente descubrió que no podía gobernar con la sistemática oposición de los tradicionales mecanismos del poder. Y, como no deseaba recurrir al pueblo para llevar a cabo una renovación, en 1945 renunció. En las elecciones celebradas al año siguiente, Gaitán se presentó con un avanzado programa democrático-burgués que planteaba reforma agraria, capitalismo de Estado y mejoras para los sectores urbanos humildes.[23] Esto provocó el rechazo de la aterrorizada derecha liberal, que impuso una candidatura paralela y así facilitó la victoria del reaccionario gerente de la Federación Nacional de Cafeteros, propuesto por el Partido Conservador. Este acometió la tarea de refluir el ascenso de las masas urbanas y rurales, lo cual llevó a cabo mediante el asesinato de quince mil personas en solo dos años. La cima del oligárquico proceso se alcanzó en abril de 1948, cuando en Bogotá se celebraba la Conferencia Panamericana encargada de constituir la Organización de Estados Americanos (OEA), y los dirigentes estudiantiles de toda América Latina protestaban allí por el evento. Y en ese contexto, el 9 de abril, fue asesinado Gaitán.[24]

El horrible crimen tuvo una espontánea y violentísima respuesta popular, cuya máxima expresión se alcanzó en la capital de la República.[25] El «bogotazo» entró en la historia como símbolo de la furia ciega y desesperación de las masas no conducidas por una vanguardia política hacia la revolución. Durante las heroicas jornadas de revuelta, el pueblo, a pesar de estar desorganizado, tomó el poder en la mayoría de los municipios y formó juntas locales de gobierno. Pero carente la desconcertada avalancha de rebeldía liberal de una conducción decidida a transformar la estructura socioeconómica, que disfrutaban por igual los oligarcas de ambos partidos tradicionales, los choques con frecuencia se convirtieron en feroces enfrentamientos por simples cuestiones de rótulos, sin poner en verdadero peligro la esencia de los intereses de los ricos y poderosos explotadores. Con el propósito de recuperar las posiciones perdidas, la represión conservadora fue extraordinariamente brutal en amplios territorios, lo cual condujo al fortalecimiento y proliferación de la autodefensa campesina, surgida en 1946. Se formaron de esta manera los primeros comandos liberales en las zonas de Boyacá, Santander, Antioquia, Nariño, los Llanos Orientales y las áreas del sur de Tolima; estos eran pequeños grupos de campesinos bajo el mando de un caudillo liberal de la región que en algún grado controlaba. Así, la lucha guerrillera se fue haciendo indiscriminada por todo el país; muchos se alzaban con los liberales porque era la única manera de sobrevivir a la violencia gubernamental, combatida con altas dosis de igual procedimiento. A partir de 1950, el Gobierno acentuó la política de «sangre y fuego en tierra arrasada», y al año los grandes propietarios de hatos ganaderos reunidos en Sogamoso decidieron financiar la creación de fuerzas contraguerrilleras. De esa forma, la barbarie se fue generalizando, y adquirió carácter devastador sobre todo en Tolima, Huila, Boyacá, El Meta, Casanare, San Martín, Quindio, Risaralda, norte de Chocó y sur de Córdoba, así como parte de Bolívar. Es decir, la zona andina desde el Cauca hasta la parte septentrional de Santander y el territorio de los Llanos Orientales; solo escaparon la mayoría de las áreas de la Costa Atlántica y Nariño. Los combatientes se encuadraban dentro de la guerrilla al mando de quienes habían establecido las acciones de armas, los cuales designaban jefes, otorgaban grados, castigaban, distribuían el botín, juzgaban, adoctrinaban, pactaban. Aunque en su mayoría los comandos estaban sometidos al influjo del Partido Liberal, solo en los Llanos Orientales los diferentes grupos guerrilleros realizaban acciones conjuntas. Al lado de estas fuerzas se encontraban con frecuencia las llamadas «cuadrillas», integradas por víctimas de la violencia que a su vez se dedicaban al robo y al saqueo. Solo el Partido Comunista, que en su último Congreso había proclamado la política de «autodefensa de masas», se esforzaba mucho por lograr que las guerrillas abandonaran su visión localista y sectaria de la lucha, y la elevaran cualitativamente hasta llegar a representar una fuerza decisiva. A tal efecto, los destacamentos animados por dicha militancia en la región meridional de Tolima, así como en Viotá, donde gracias a su influencia se organizó un amplio frente de masas contra la represión y el bandolerismo, colaboraron con eficacia en la realización de la Conferencia Nacional de guerrilleros efectuada en Boyacá en septiembre de 1952. Asistieron representantes de los trece principales comandos —en algunos departamentos había más de uno—, los cuales emitieron una plataforma destinada a vincular la lucha armada con la reforma agraria y con la formación de gobiernos populares en las zonas controladas por las guerrillas. Pero estos acuerdos, en definitiva, solo se aplicaron por los núcleos alzados más progresistas, pues los otros mantuvieron sus conocidos rasgos habituales. Aquellos sostuvieron el Segundo Congreso de guerrilleros el 18 de junio de 1953, nombraron a José Guadalupe Salcedo Uda comandante supremo de las fuerzas revolucionarias del Llano, reorganizaron los comandos de zonas, así como los propios núcleos armados y el servicio de estafetas. Luego se emitió una reglamentación jurídica, la cual abarcaba aspectos militares, civiles, penales, y otros muy variados.[26]

La violencia puso en crisis al tradicional sistema oligárquico en Colombia. Las inauditas bestialidades gubernamentales provocaron grandes migraciones hacia las ciudades de Bogotá, Cali, Ibagué, Medellín, Pereira, Armenia, Cartago, Palmira, Chaparral, Neiva, Líbano y Girardot, cuyo crecimiento fue descomunal y súbito, con todos los graves problemas sociales que de esto se desprenden. También esa corriente humana motivó la colonización espontánea de áreas como El Pato y Guayabero, en El Meta, o Marquetalia, en Tolima.

El golpe de Estado militar del 13 de junio de 1953 revitalizó el sistema capitalista en Colombia, puesto al borde de la catástrofe por el salvajismo del Gobierno conservador. La dictadura personal del general Gustavo Rojas Pinillas anunció el propósito de poner término final a la violencia, esgrimiendo lemas de: «¡No más sangre!»; «¡No más depredaciones!»; «Paz, Justicia y Libertad para todos». Así, bajo el manto del apartidismo, salvaba al régimen social, pues sus consignas resultaban atractivas para las agobiadas masas, que no veían perspectivas mejores en la insensata lucha entre liberales y conservadores. Por eso, mientras algunos grupos alzados degeneraban hacia el más característico bandidismo, la hábil

prédica pacifista condujo a la desmovilización de casi cuatro mil
guerrilleros en los Llanos a finales del año. El propio Guadalupe
Salcedo depuso las armas. Pero al poco tiempo, él, así como cientos de antiguos alzados, caían asesinados por doquier a manos de
bandas paramilitares. Solo el movimiento guerrillero animado por
los comunistas, al sur de Tolima, continuó la lucha, que en esta
área se hizo más aguda porque contra los revolucionarios con frecuencia combatían claudicantes destacamentos liberales junto a las
fuerzas del Ejército.

En 1954, sin embargo, el incumplimiento de las promesas gubernamentales auspició que muchos campesinos se organizaran
en comités y sindicatos, sobre todo en la región de Villarrica. La
relativa calma llegó a su fin cuando un grupo de ellos, que realizaba una pacífica manifestación de protesta, fue masacrado el 12 de
noviembre del propio año por soldados del Batallón Colombia.[27]
Cinco meses más tarde las zonas de Villarrica, Carmen de Apicalá,
Cabrera, Cunday, Ianozco, Pandi, Sur de Tolima, y Samepaz eran
declaradas «áreas de operaciones militares». Y en junio de 1955 el
primero de esos municipios caía ante el asalto de las tropas gubernamentales, en tanto buena parte de los pobladores se refugiaba
en los montes vecinos.

El renovado deterioro de la situación política colombiana disminuyó el prestigio del general-dictador ante los ojos de la oligarquía, a lo cual se añadió su empeño de formar un nuevo partido
burgués que rompiera el monopolio de los otros dos. El disgusto elitista se agudizó con la caída de los precios del café, lo cual
paralizó la economía y acicateó las luchas reivindicativas de los
sectores urbanos más expoliados. Entonces las cúpulas liberal y
conservadora se entendieron y firmaron en 1956 el llamado Pacto
de Marzo, que establecía un proyecto conjunto para derribar el
Gobierno personalista. La huelga de mayo de 1957 dio al traste
con el régimen. Una junta militar sustituyó al tirano, y pavimentó

el camino para la estructuración del Frente Nacional mediante un acuerdo duradero entre los grandes explotadores, cuyos dos partidos —Liberal y Conservador— decidieron alternarse en el ejercicio del poder y enfrentar la recuperación del movimiento guerrillero. Para alcanzar este objetivo, el Presidente liberal electo en 1958 constituyó una Comisión Nacional de Rehabilitación, que logró una «pacificación temporal». La tregua, sin embargo, a diferencia de la alcanzada cinco años antes, no implicó el desarme de las guerrillas, en momentáneo receso.

5. Del Moncada a la Sierra Maestra

Las victorias obtenidas contra el eje nazi-fascista por los países aliados, cuyo pilar básico durante la II Guerra Mundial había sido la Unión Soviética, entusiasmaron a toda la humanidad progresista y desencadenaron una oleada de luchas por la democracia en América Latina. En Guatemala, por ejemplo, la tiranía existente hacía lustros fue sacudida por el movimiento estudiantil universitario. Este arrastró a las masas urbanas y a la oficialidad progresista contra el régimen, el cual se desplomó en octubre de 1944. A los pocos meses, se convocó a elecciones presidenciales, que dieron el triunfo al candidato del Frente Popular Libertador. Se emitió entonces una nueva y progresista Constitución que planteaba, entre otras cosas: libertad de expresión, de partidos políticos, de prensa; endilgaba ingenuamente una función social a la propiedad privada, permitía las expropiaciones en beneficio público, y prohibía los latifundios. A la vez, en política exterior, el nuevo Gobierno guatemalteco se comprometió a luchar contra los regímenes tiránicos que sobrevivían en el área, cuyos principales exponentes eran el somocismo y el trujillismo, apuntalados por los imperialistas yanquis. A tal fin el Presidente de Guatemala brindó su respaldo a los emigrados nicaragüenses y dominicanos, quienes en el exilio organizaban la Legión del Caribe.

Durante 1947, estos grupos armados, que totalizaban unos mil doscientos hombres, empezaron a entrenarse en territorios apartados de Cuba, algunos de cuyos ciudadanos participaban en el democrático empeño. Entre ellos sobresalía Fidel Castro, descollante líder estudiantil en la Universidad de La Habana, quien se enroló como soldado, y después sucesivamente fue promovido a jefe de pelotón y de compañía. Hasta que llegó la hora de partir hacia Santo Domingo. En las postrimerías, sin embargo, las fuerzas armadas de Cuba se negaron a que la denominada «Expedición de Cayo Confites» se efectuara. Todos los integrantes fueron detenidos, con la excepción de Fidel Castro, quien se tiró a la bahía de Nipe y nadó en aguas llenas de escualos hasta el litoral de Saetía.

Al terminar la II Guerra Mundial, el imperialismo norteamericano se propuso establecer un sistema de dominación total sobre América Latina. Con tal propósito, el Gobierno de Estados Unidos convocó a celebrar, en 1947, una conferencia que tenía por finalidad la firma de un tratado de «asistencia recíproca» con el objetivo de enfrentar cualquier supuesta amenaza exterior. Tras vencer la oposición nacionalista argentina, los participantes en el cónclave, celebrado en Río de Janeiro, acordaron que una agresión contra cualquier territorio bajo soberanía de una república americana constituyera un ataque contra todas las demás. El acuerdo representaba una terrible trampa, puesto que Estados Unidos contaba con múltiples bases militares y posesiones coloniales fuera del ámbito continental. Pero fue aprobado así. Luego, los imperialistas yanquis decidieron completar su sistema de dominación hemisférica y, en la IX Conferencia Panamericana, celebrada en Bogotá en abril de 1948, surgió la Organización de Estados Americanos (OEA).

Fidel Castro concibió la idea de efectuar un Primer Congreso de Estudiantes Latinoamericanos paralelamente a la referida asamblea panamericanista, con el propósito de que se manifestara contra la hegemonía del imperialismo. La reunión debía esgrimir cuatro reivindicaciones básicas: el restablecimiento de la democracia en los países regidos por tiranías en el Caribe, la independencia de Puerto Rico, la devolución del Canal de Panamá y la desaparición de las colonias que subsistían en América Latina. Este último punto fue apoyado por el peronismo argentino, que reclamaba la soberanía de las islas Malvinas ilegalmente ocupadas por Inglaterra, lo cual provocó un mutuo acercamiento táctico entre las corrientes estudiantiles nacionalista y democrática.

Fidel Castro llegó a Bogotá en los dos o tres primeros días de abril del año 1948.[28] De inmediato se dirigió a los estudiantes universitarios, entre los cuales la izquierda y los liberales gaitanistas eran mayoría, con el propósito de culminar los preparativos para el congreso juvenil, que debía terminar con un gran acto de masas. Para llevar a cabo estos objetivos, el 7 de abril, Fidel se reunió con Gaitán, quien le brindó su entusiasta apoyo y le prometió clausurar el magno evento. Antes de la despedida, ambos acordaron volverse a entrevistar un par de días después, a las dos de la tarde. Los preparativos del congreso estudiantil continuaban, cuando el 9 de abril a la una de la tarde una siniestra noticia recorrió la ciudad. ¡Habían asesinado a Gaitán!

Las manifestaciones de anarquía características del «bogotazo» preocuparon a Fidel Castro, quien ya en esa época tenía ideas muy claras y precisas de lo que es una revolución, aunque no había completado todavía su madurez política ni la profundidad de sus convicciones marxista-leninistas; y aún estaba influido por las ideas y tácticas de la Revolución francesa. Fidel tuvo allí una actitud consecuente, con mucha decisión, desinterés y altruismo, esforzándose mucho por brindar alguna organización al estallido espontáneo de un pueblo oprimido que buscaba justicia. A pesar de estar en completo desacuerdo con las disposiciones militares recibidas, Fidel se quedó durante un tiempo junto a los que anhelaban la revolución, dispuesto a morir en el anonimato, impresionado por la valentía y heroísmo de un pueblo rebelde que no tenía educación política y carecía de una dirección capaz, decidida y firme.[29]

En Cuba, mientras tanto, el Gobierno del Partido Auténtico aumentaba la represión contra los trabajadores; y los principales dirigentes sindicales, con frecuencia comunistas, caían asesinados. Se clausuraron los programas de radio dirigidos por el Partido del Pueblo Cubano (Ortodoxo) y el Partido Socialista Popular, a la par que se creaba un Grupo Represivo de Actividades Subversivas (GRAS) que, bajo la fachada de combatir las actividades gansteriles, en realidad se dedicaba a perseguir a los elementos progresistas. En 1950, el Gobierno «auténtico» cerró el periódico de los comunistas, asaltó los sindicatos revolucionarios, y continuó hundiéndose en la más completa corrupción administrativa. En ese contexto, y enfrascado en una aguda polémica con notorios malversadores públicos cuya culpabilidad resultó técnicamente difícil de probar, el líder del Partido Ortodoxo, Eduardo R. Chibás, se suicidó tras pronunciar un trascendente discurso radial conocido como «El último aldabonazo».

A pesar de sus magníficas relaciones con los dirigentes comunistas de la Universidad, con quienes coordinaba todas sus acciones, y no obstante ya tener una plena formación marxista-leninista, Fidel no se inscribió en el PSP porque esta era una pequeña fuerza política aislada, y desde sus filas le hubiera sido muy difícil llevar a cabo el original plan revolucionario que había concebido. El proyecto tenía como estrategia seguir militando en la «ortodoxia», organización de masas donde participaban los campesinos, los obreros y la pequeña burguesía, para tomar sus bases —sin dirección por el vacío que se produjo a la muerte de Chibás— y gradualmente llevarlas hacia posiciones muy avanzadas, hasta el socialismo.[30] Fidel empezó su campaña denunciando la politiquería y podredumbre del Gobierno «auténtico», desde las páginas del periódico de mayor tirada en el país; contaba con aprovechar las elecciones de 1952 para, desde el Parlamento, presentar un programa revolucionario, pero realista para el momento que se vivía. Sabía que no sería aprobado por la mayoría de los congresistas, ni por muchos de los dirigentes de su propio partido —sobre todo de la parte rural de la

República, donde predominaban elementos burgueses —, pero confiaba en que la defensa de su plataforma le permitiría organizar un amplio movimiento de masas que lo respaldara hasta el triunfo.

El 10 de marzo de 1952, poco antes de las elecciones generales previstas, el ex presidente Fulgencio Batista dio un golpe de Estado en Cuba. Dos semanas después, Fidel Castro acusaba al dictador ante el Tribunal de Urgencia, pero sin consecuencia legal o práctica alguna. Entonces Fidel se vio obligado a variar sus proyectos: comenzó a organizar un movimiento dentro de las masas ortodoxas con el propósito de constituir grupos combativos de avanzada, que se prepararan a participar en la lucha general de toda la oposición tradicional contra Batista. Pero al cabo de un año, se evidenció que los partidos opositores eran incapaces de acometer una lucha armada real. Por eso Fidel llegó a la conclusión de que los revolucionarios aglutinados a su alrededor, tenían el deber de correr el riesgo de iniciar la insurrección armada.

Los jóvenes pertenecientes a la Generación del Centenario del Apóstol (José Martí), encabezados por Fidel y Raúl Castro, Abel Santamaría y Juan Almeida, elaboraron el plan de ataque al cuartel Moncada, en la región oriental.[31] El plan consistía en tomar dicha fortaleza militar, ubicada en Santiago de Cuba, y el cuartel de Bayamo, sublevar la provincia y exhortar a la huelga general aprovechando el odio del pueblo a la tiranía. Si el asalto a los cuarteles fracasaba, se proyectaba un repliegue hacia la Sierra Maestra para iniciar allí la guerra de guerrillas. El 26 de julio de 1953, Fidel Castro y un selecto grupo de revolucionarios atacaron el cuartel Moncada en Santiago de Cuba y el Carlos M. de Céspedes en Bayamo, pero por diversas circunstancias la operación no alcanzó el éxito esperado. El Ejército batistiano asesinó a decenas de participantes. El propio Fidel fue capturado en su marcha hacia las montañas vecinas y sometido a una farsa judicial. Pero el joven dirigente revolucionario aprovechó el proceso para acusar al tiránico régimen, y a la vez expuso su alegato-programa llamado *La historia me absolverá*. Este contenía ideas análogas a las que Fidel sustentara previamente,[32] y reflejaba cuestiones prácticas ajenas a los problemas teóricos, pues consideraba que su tarea entonces consistía en abrirle los ojos a las masas, a partir del grado real de desarrollo alcanzado por estas. El programa del Moncada, por lo tanto, era el máximo cumplible, y solo después de lograr objetivos como las reformas agraria y urbana, así como avances generales en la legislación social, que satisficieran las metas trazadas, podría elaborarse otro con nuevas perspectivas.

Fidel Castro fue condenado a varios años de prisión. Pero no obstante estar confinado en presidio, su popularidad se multiplicaba entre los opositores a la tiranía, que esgrimían el texto de *La historia me absolverá*, el cual circulaba clandestinamente, como programa de los revolucionarios. Fidel escribía secretamente a sus colaboradores desde la cárcel:

> La tarea nuestra ahora de inmediato es movilizar a nuestro favor la opinión pública, divulgar nuestras ideas y garantizarnos el respaldo popular. Nuestro programa revolucionario es el más completo, nuestra línea es la más clara, nuestra historia la más sacrificada; tenemos el derecho [de] ganarnos la fe del pueblo sin la cual... no hay revolución posible (...) antes éramos un puñado, ahora tenemos que fundirnos con el pueblo.[33]

En enero de 1955, se produjeron importantes manifestaciones estudiantiles contra la dictadura batistiana, que recibía el apoyo irrestricto de Estados Unidos, cuyo vicepresidente Richard Nixon visitó ese año al tirano. No obstante el respaldo imperialista, el despótico régimen tuvo que ceder, pues la presión popular obligó al Gobierno a excarcelar a Fidel Castro y a los demás asaltantes del Moncada presos en Isla de Pinos. Estos se esforzaron entonces por emplear los medios legales para luchar contra Batista, pero la represión y censura gubernamentales lo impidieron. Fidel y sus compañeros, por lo tanto, no tuvieron más camino que partir hacia México donde se les unió el joven argentino Ernesto Guevara.[34] Allí, en agosto de 1955, se dio a la organización revolucionaria el nombre de Movimiento 26 de Julio (M-26-7), al cual Fidel concebía como el cauce de un pequeño río llamado a incorporar y orientar un flujo humano similar al Amazonas, que debía brotar con el proceso revolucionario.

Mientras el M-26-7 empezaba a organizar en territorio mexicano una expedición armada que desembarcara en las costas cubanas e iniciase la insurrección en la isla, el presidente de la Federación Estudiantil Universitaria, José Antonio Echeverría, creaba el Directorio Revolucionario para luchar contra la tiranía en empeño común.

A finales de 1956, Fidel Castro y unos ochenta expedicionarios partieron a bordo del yate *Granma* para iniciar la guerra contra el régimen de Batista. Poco después, el 30 de noviembre, estalló en Santiago de Cuba un breve y violento alzamiento popular encabezado por Frank País en el que se enarboló por vez primera la bandera roja y negra del M-26-7, en una acción cuyo propósito era apoyar el desembarco de los revolucionarios. El 2 de diciembre estos llegaron, en circunstancias difíciles, a un punto cercano al inicialmente fijado. A los tres días se produjo el adverso combate de Alegría de Pío. A consecuencias de este, los expedicionarios se dispersaron, y solo un reducido grupo de doce compañeros, entre los cuales se encontraba Fidel, pudo constituir el núcleo guerrillero del Ejército Rebelde en la Sierra Maestra.

La incorporación de campesinos al ejército revolucionario permitió que Fidel pronto comenzara una ofensiva guerrillera, debido a la cual el 17 de enero de 1957 los rebeldes ocuparon ya el cuartel militar de La Plata. Mientras, el 13 de marzo, los jóvenes del Directorio Revolucionario asaltaban el Palacio Presidencial, en la ciudad de La

Habana, con el objetivo de ajusticiar al tirano. Pero la acción resultó fallida, y el propio José Antonio Echeverría caía asesinado después de dar a conocer al pueblo mediante la radio el inicio de esta operación. La dictadura batistiana desató entonces una sangrienta represión contra todos los revolucionarios, pero esto no impidió que el 28 de mayo el Ejército Rebelde alcanzara un nuevo triunfo en el combate de El Uvero. Al mes, sin embargo, los cuerpos represivos se vengaban asesinando a Frank País en las calles de Santiago. La insurrección, no obstante, avanzaba indetenible y el año terminó con sucesivos combates victoriosos en Bueycito, Palma Mocha, El Hombrito, Pino del Agua y Mar Verde.

El año 1958 comenzó tumultuoso, pues en febrero desembarcó en la Isla una expedición del ahora denominado Directorio Revolucionario 13 de Marzo. En marzo empezó a transmitir desde la Sierra Maestra la estación Radio Rebelde, y poco después se creó el II Frente Oriental Frank País comandado por Raúl Castro. El 9 de abril se frustró una huelga general revolucionaria, pero la ofensiva de verano lanzada por el Ejército de la dictadura terminó en un fracaso. Tras la decisiva victoria rebelde de El Jigüe, dos columnas al mando de los comandantes Camilo Cienfuegos y Ernesto Che Guevara iniciaron la invasión de las provincias occidentales. En este contexto, el M-26-7 juzgó apropiado convocar a la formación de un amplio Frente Cívico Revolucionario, que abrió las puertas al llamado Pacto de Caracas, firmado el 20 de julio de 1958. En este se argumentaba la necesidad de que todos los núcleos oposicionistas, fuesen militares, obreros, profesionales, empresarios, estudiantiles o de cualquier tipo, coordinaran sus actividades para derrocar la tiranía, pues se entendía que así la insurrección armada se fortalecía y toda la movilización popular podía culminar en una huelga general.

Con respecto a esta política de alianzas, Fidel Castro explicó:

> Cuando nosotros éramos 120 hombres armados, no nos interesaba aquella unidad amplia con todas las organizaciones que

estaban en el exilio y sin embargo, después, cuando nosotros teníamos miles de hombres sí nos interesaba la unidad amplia... Porque cuando éramos 120 hombres, la unidad, les hubiera proporcionado abierta mayoría a elementos conservadores y reaccionarios o representantes de intereses no revolucionarios aunque estuviesen contra Batista. En aquella unión nosotros éramos una fuerza muy reducida. Sin embargo, cuando al final de la lucha ya todas ellas se convencieron de que el Movimiento marchaba victoriosamente adelante y que la dictadura iba a ser derrotada, se interesaron por la unidad, ya nosotros éramos una fuerza decisiva dentro de aquella unidad.[35]

La conjunción de fuerzas multiplicó las perspectivas de la victoria, y ya en el mes de diciembre el Ejército Rebelde ocupaba numerosas ciudades en Oriente, mientras Camagüey quedaba aislado. Al mismo tiempo en la región central de Las Villas, Camilo Cienfuegos ganaba la importante batalla de Yaguajay, y el Che Guevara tomaba Santa Clara, la capital provincial. A la vez, Fidel impuso el sitio a Santiago de Cuba, segunda urbe del país.

El primero de enero de 1959 el tirano y sus principales colaboradores huyeron de la Isla, mientras que elementos conservadores trataban de impedir el triunfo revolucionario mediante la creación de un gobierno moderado. Fidel Castro hizo fracasar la maniobra convocando a una huelga general, en tanto el 2 de enero las tropas de Camilo y el Che entraban en La Habana. En breve tiempo se intervinieron las propiedades malversadas después de marzo 10 del año 1952; se rebajaron los alquileres en un 50%; se dictó la Ley de Reforma Agraria; se transformaron los cuarteles en escuelas; se fundaron las Milicias Nacionales Revolucionarias, integradas por obreros, campesinos, estudiantes e intelectuales. Y en respuesta a los primeros grandes actos de sabotaje realizados por la contrarrevolución, organizada por la Agencia Central de Inteligencia (CIA), la joven Revolución nacionalizó veintiséis monopolios de Estados Unidos.

Después, el 28 de septiembre de 1960 se crearon los Comités de Defensa de la Revolución, mientras las milicias populares y el reestructurado Ejército Rebelde combatían a los alzados que operaban en la Sierra del Escambray con apoyo norteamericano. Luego, antes de finalizar el año, se estatalizaron 400 empresas propiedad de la burguesía cubana, a la vez que se dictaba la Ley de Reforma Urbana. De esa manera, en la segunda mitad del año sesenta, el conjunto de medidas adoptadas impulsó a la Revolución, de su fase democrático-popular a la socialista. Este proceso se realizaba bajo la conducción de una dirigencia cada vez más unida, encabezada por Fidel, quien al respecto ha expresado:

> En el primer momento del triunfo revolucionario se produjo una gran confusión. Sin embargo las relaciones y la coordinación con la dirección del Partido Socialista Popular eran estrechas. Al punto de que en un determinado momento el compañero Blas Roca, quien era el Secretario General del Partido, me propuso encabezarlo. Poco a poco nuestras entrevistas, hasta entonces espontáneas, se hacían sistemáticas.
>
> Así se conformó nuestra dirigencia de los miembros del Movimiento 26 de Julio y del Partido Socialista Popular. En los primeros momentos el Directorio Revolucionario 13 de Marzo no participó en ella. La dirección, se formó de facto. (…)
>
> En el momento de decretarse formalmente la unidad de todas las fuerzas el «Directorio» tomó parte en ella. En otras palabras, con él se conversó, se produjo una sesión formal, donde fueron creadas las Organizaciones Revolucionarias Integradas. Cierto, hay que señalar que desde hacía mucho ya existía una dirección que se había conformado de hecho con miembros del Movimiento 26 de Julio y del Partido Socialista Popular.
>
> De tal modo, cuando el 16 de abril de 1961 después del piratesco bombardeo a Cuba por las fuerzas mercenarias estadounidenses, nosotros proclamamos a nuestra revolución socialista y

cuando al otro día se produjo la intervención por Playa Girón, esa dirección ya existía. Y los cubanos fueron a combatir en Playa Girón a los mercenarios en defensa del socialismo.[36]

Tal vez el siguiente aserto de Fidel sea el más explícito con respecto a la referida política de alianzas:

> La revolución es el arte de aglutinar fuerzas para librar batallas decisivas contra el imperialismo. Ninguna revolución, ningún proceso se puede dar el lujo de excluir a ninguna fuerza, de menospreciar a ninguna fuerza; ninguna revolución se puede dar el lujo de excluir la palabra «sumar». Uno de los factores que determinó el éxito de la Revolución cubana fue la política de unir, unir, unir. Sumar incesantemente. Y no era fácil.[37]

Parte II
Influjo de la Revolución cubana

1. Frustrados inicios del renacer guerrillero

La Revolución cubana significó un gigantesco paso en la historia de América Latina, pues se encontraban agotadas las posibilidades del nacionalismo burgués en Argentina, Brasil y México,[1] y a la vez se habían malogrado los procesos revolucionarios democrático-burgueses de Bolivia y Guatemala. El triunfo popular encabezado por Fidel Castro fue, además, un acontecimiento extraordinario en el desarrollo del movimiento revolucionario mundial.[2] Cuba demostró que al unirse con los humildes nuevos sectores sociales, no existe una barrera infranqueable entre el período democrático-popular y el socialista, pues hizo evidente que el elemento decisivo y definitivo del proceso es la cuestión de quiénes lo dirigen y en manos de cuál sector social se encuentra el poder político.

Desde los meses siguientes al triunfo de la Revolución cubana, el imperialismo yanqui comenzó la búsqueda de una alternativa burguesa para América Latina. En la Conferencia de Bogotá, en septiembre de 1960, Estados Unidos definió la colaboración entre el capital imperialista y las burguesías criollas. Estas podían participar con el 51% de las inversiones —edificios, infraestructura y otros recursos obtenibles localmente— y, en teoría, controlarían las empresas; y las transnacionales, el resto —medios de producción importantes y tecnología—. Además de las inversiones directas, se prometió a la América Latina un capital múltiples veces más grande, bajo condiciones de préstamos con intereses fluctuantes. El proyecto imperialista tomó cuerpo al año, cuando en la Conferencia de Punta del Este, en agosto de 1961, Estados Unidos auspició un programa de carácter liberal reformista enrumbado a modernizar el capitalismo latinoamericano. Nacía la Alianza para el Progreso (ALPRO).[3] Respecto a Kennedy, Fidel Castro ha dicho:

> Después de Roosevelt, fue el único Presidente de Estados Unidos que tuvo una política para América Latina, que fue la política de la Alianza para el Progreso, una política inteligente, que estuvo inspirada en la idea de frenar la revolución. A partir del trauma que produce la Revolución cubana, el hecho de que se produjera una revolución y tan próxima a Estados Unidos despertó el temor de que pudieran existir condiciones objetivas para la revolución en América Latina. Y Kennedy no concibió una estrategia de represión, sino de reformas sociales para frenar la revolución en América Latina. Entonces habló de Reforma Agraria, de Reforma Fiscal, planes de educación, planes de salud, muchas de las cosas que nosotros hemos hecho, ofreció ayuda económica, 20 mil millones de dólares. En esa época la América Latina no debía un centavo.[4]

En respuesta a la ALPRO así como a la exclusión de Cuba de la Organización de Estados Americanos, el pueblo cubano aprobó el 4 de febrero de 1962 la II Declaración de La Habana escrita por Fidel, en la cual se expresaba un posible proyecto revolucionario aglutinador de fuerzas para América Latina:

> El divisionismo, producto de toda clase de prejuicios, ideas falsas y mentiras, el sectarismo, el dogmatismo, la falta de amplitud para analizar el papel que corresponde a cada capa social, a sus partidos, organizaciones y dirigentes, dificultan la unidad de acción imprescindible entre las fuerzas democráticas y progresistas de nuestros pueblos. Son vicios de crecimiento, enfermedades de la infancia, que deben quedar atrás. En la lucha antiimperialista y antifeudal es posible vertebrar la inmensa mayoría del pueblo, tras metas de liberación que unan el esfuerzo de la clase obrera, los campesinos, los trabajadores

intelectuales, la pequeña burguesía y las capas más progresistas de la burguesía nacional. Estos sectores comprenden la inmensa mayoría de la población, y aglutinan grandes fuerzas sociales capaces de barrer el dominio imperialista y la reacción feudal. En ese amplio movimiento pueden y deben luchar juntos por el bien de América, desde el viejo militante marxista hasta el católico sincero... Ese movimiento podría arrastrar consigo a los elementos progresistas de las fuerzas armadas.[5]

El triunfo de la Revolución cubana influyó en las conciencias de los más audaces, y en el propio año 1959 hubo quienes se lanzaron a la lucha armada con el propósito de reproducir la victoria anti-llana.[6] Pero algunas de esas experiencias no pasaron de ser inten-tos frustrados, como sucedió, entre otros, en el caso de Panamá.

En la República istmeña, la agitación política se incrementaba desde 1958, cuando estudiantes universitarios colocaron banderas panameñas en la Zona del Canal, en lo que llamaron Operación Soberanía. A las dos semanas los mismos grupos de jóvenes ini-ciaron una marcha hacia el Palacio Presidencial con el propósito de entregar un pliego de demandas, pero antes de llegar fueron brutalmente reprimidos por la Guardia Nacional. Estallaron en-tonces manifestaciones populares de repulsa, que fueron enfren-tadas con gran violencia gubernamental mientras el Presidente suspendía las garantías constitucionales. No obstante, en febrero de 1959, los obreros efectuaron una huelga general contra las me-didas represivas y la corrupción administrativa. En ese contexto, el 3 de abril, un grupo de cuarenta y cinco estudiantes acaudilla-dos por Roberto Arias, hijo de un ex Presidente, se alzó en el Cerro de Tute, provincia de Veraguas. Poseían algunas ametralladoras viejas, varios fusiles y diversas armas cortas; nada sabían de arte militar y casi no tenían entrenamiento. A pesar de ello realizaron dos emboscadas, tras las cuales fueron apresados.

Dos semanas después, a mediados de abril, se produjo un desembarco en la zona de Nombre de Dios. Ninguno de sus integrantes era panameño y solo subsistieron hasta el primero de mayo, cuando se rindieron. Al respecto el comandante Ernesto Guevara explicó: «Un grupo de aventureros encabezados por un barbudo de café, que nunca estuvo en la Sierra y ahora está en Miami... logró entusiasmar a un grupo de muchachos que realizaron esta aventura. Oficiales del Gobierno cubano trabajaron conjuntamente (sic) con el Gobierno panameño para liquidar aquello.[7]»

En Haití, desde el fin de la II Guerra Mundial, las ascendentes pequeña-burguesía y burguesía negras se esforzaban por desplazar del poder político a la tradicionalmente hegemónica burguesía mulata. La pequeña burguesía negra, aglutinada alrededor del Mouvement Ouvrier Paysan (MOP), tenía como uno de sus principales líderes a Francois Duvalier, generalmente llamado Papa Doc, quien sucesivamente fue Ministro de Trabajo y de Salud Pública. En 1947, Duvalier rompió con el MOP debido a los planteamientos radicales de este, y se acercó al llamado Bloque Negro, acaudillado por los sectores más conservadores de la burguesía negra, que auspiciaban la religión vudú como manifestación ideológica de sus intereses. Pero el avance de los negros fue cortado en 1950 por el golpe de Estado del general Paul Magloire, quien representaba a la oficialidad mulata que dominaba a las fuerzas armadas.

El empuje de las mayoritarias masas negras, sin embargo, forzó al Gobierno a celebrar elecciones presidenciales a finales de 1957, las cuales fueron ganadas por Duvalier. Pronto este enfrentó el ataque al Palacio Presidencial de grupos oposicionistas, y el desembarco por la costa sudeste haitiana, en agosto de 1959, de una expedición armada. Aunque ambos empeños terminaron con la masacre de sus integrantes, Duvalier consideró entonces pertinente organizar una tropa propia, la cual garantizara la superioridad de los sectores que lo respaldaban. Surgieron así, en septiembre de 1959, los temidos Voluntarios de la Seguridad Nacional, más conocidos por el apodo de Tontons Macutes. Al mismo tiempo, Duvalier ilegalizó al marxista Parti Entente Populaire (PEP) encabezado por el dirigente revolucionario Jacques Stephen Alexis, quien se había hecho famoso en el país durante el año de 1946 al dirigir una huelga general estudiantil que terminó movilizando al pueblo, lo cual indujo a los militares a derrocar al despótico régimen de turno.

A partir de 1960, la tiranía duvalierista dio pasos adicionales en el control de la vida pública de Haití al acometer la expulsión de numerosos sacerdotes, proceso que terminó en el cercenamiento de relaciones diplomáticas con el Vaticano, pues la Iglesia católica siempre había estado muy ligada con la población mulata haitiana. En esas circunstancias, en 1961, Jacques Stephen Alexis intentó desatar la lucha guerrillera contra la dictadura, pero al igual que sus demás compañeros del desembarco, entregó su vida en el heroico esfuerzo. Dos años más tarde miembros del PEP y del Parti Populaire de Liberation Nationale crearon el Front Democratique Unifié de Liberation Nationale, del cual surgieron las Forces Armées Revolutionaires d'Haïti. Esta vanguardia preparó dos núcleos que iniciaron las actividades combativas en junio y agosto de 1964. Pero ambos fueron liquidados casi de inmediato por las hordas del reaccionario adalid de la «negritud».[8]

En Ecuador, tampoco encontraron un mejor destino los que se esforzaron por impulsar el movimiento guerrillero, tras la renuncia del recién electo presidente José María Velasco Ibarra. Casi al ocupar el cargo este había criticado la agresión mercenaria a Cuba por Playa Girón y planteado la necesidad de realizar transformaciones socioeconómicas en la sociedad ecuatoriana, por lo cual, el 7 de octubre de 1961, altos jefes militares lo obligaron a dejar la Primera Magistratura. El puesto fue ocupado entonces por un ex Vicepresidente, quien de inmediato rompió relaciones con la

Revolución cubana. Escasas semanas transcurrieron en medio de huelgas y manifestaciones, hasta que a finales de marzo de 1962 militantes de la Unión Revolucionaria de Juventudes del Ecuador, casi todos estudiantes universitarios, se alzaron al sur y al oeste de Quito, en Santo Domingo de las Coloradas, y en Los Ríos, respectivamente. Deseaban aprovechar la existencia de un incipiente movimiento campesino en el área, pero ambos grupos en breve tiempo fueron desarticulados debido a la acción del cuerpo de paracaidistas.

En Paraguay, a pesar de que en 1954 el 64% de la población vivía en el campo, solamente unas mil quinientas personas poseían las tres cuartas partes de las mejores tierras. Además, la mitad de la superficie del país estaba ocupada por bosques cuya explotación se encontraba en manos de monopolios extranjeros. Apenas la quinta parte de los campesinos eran, en general, propietarios de minifundios que no sobrepasaban las diez hectáreas; a la mitad de los demás «chacreros» se les consideraba precaristas, mientras el resto tenía carácter de aparceros. Por ello, de los tres millones de paraguayos, uno vivía como emigrado en los Estados limítrofes. En esa realidad y con solo un candidato en todo el escenario político, en las elecciones del mes de julio el Partido Colorado impuso en la Presidencia al general Alfredo Stroessner, quien se hizo reelegir en 1958 para continuar su política de entrega al imperialismo en medio del constante estado de sitio proclamado en la República.

Con el propósito de combatir la tiranía, el Partido Comunista del Paraguay y la Juventud Febrerista hicieron surgir, el 29 de abril de 1960, el Frente Unido de Liberación Nacional (FULNA), que tenía por objetivo atraer a integrantes de los partidos tradicionales e incluso a militares radicalizados. Pronto el FULNA constituyó el contingente armado Yororó, cuyos cincuenta y dos integrantes en breve lapso, desgraciadamente, fueron masacrados. A su vez, la emigración organizó en el exilio el Movimiento 14 de Mayo, el cual formó el grupo Itororo que penetró desde Posadas, Argentina, pero también fue aniquilado antes de que pasara mucho tiempo.

El Partido Comunista, a pesar del golpe recibido, insistió en su proyecto guerrillero y estructuró la Columna Mariscal López, que inició sus actividades luego de haber hecho un trabajo de captación entre las masas campesinas. Esto le permitió, incluso, ocupar la ciudad de Eusebio Ayala (Barrero Grande) en mayo de 1960, lo cual alarmó tanto al Gobierno «strosnista», que mediante el financiamiento de la ALPRO acometió la demagógica «Segunda Reconstrucción Nacional».[9] El principal objetivo de este programa era, desconcentrar a los campesinos pobres y trabajadores agrícolas del muy poblado centro de la zona oriental paraguaya. Era en dicha zona donde más operaba la guerrilla (San Pedro, General Aquino, Rosario), pues allí el descontento crecía tanto que los desposeídos con frecuencia ocupaban latifundios y tierras fiscales, en reclamo de una reforma agraria. El dictatorial régimen entonces inició el traslado de casi cien mil personas hacia la despoblada periferia del país, donde hizo surgir «colonias agrícolas» sin perjudicar a los grandes propietarios; estos vendían al Instituto de Bienestar Rural sus alejados predios, que luego se entregaban a los humildes para que los desbrozaran y cultivaran, a cambio de su pago en cuotas. Así, el régimen pudo dividir al campesinado por medio de la creación de una capa acomodada, surgida de entre los trasladados. Al mismo tiempo arrebataba a los mencionados efectivos guerrilleros, y a otros más, como el Libertad —con doscientos combatientes—, la base social de apoyo que les permitiera subsistir, primero, para crecer después. De esa forma, hacia finales de 1964, los principales contingentes armados tuvieron que cesar la lucha, pues apenas algunos pudieron persistir en ella unos meses más.

En República Dominicana, la prolongada tiranía de Rafael Leónidas Trujillo se estremeció con el triunfo revolucionario en Cuba. El dictador comenzó por ofrecer asilo al derrocado Fulgencio

Batista, y de inmediato promovió una conspiración contra el proceso dirigido por Fidel. Mientras, un antiguo exiliado dominicano y veterano de la Legión del Caribe, Enrique Jiménez Moya, quien había alcanzado el grado de comandante en el Ejército Rebelde, preparaba una expedición revolucionaria. Sus integrantes desembarcaron por la región de Puerto Plata en junio de 1959, pero casi todos enseguida fueron muertos. Unos pocos sobrevivientes luego fundaron el Movimiento Revolucionario 14 de Junio (MR-14-J).

A pesar de este revés revolucionario, el imperialismo temía que un movimiento popular derrocara al tirano, cuyo odioso régimen se le tornaba cada vez más problemático en el nuevo panorama latinoamericano que emergía. Por eso, en contubernio con sectores tradicionalistas de la burguesía conservadora, la Agencia Central de Inteligencia (CIA) estadounidense logró que se diera muerte a Trujillo el 30 de mayo de 1961, pues creían que así podrían mantener su dominio sobre el país. Pero la gran movilización antidictatorial de los sectores explotados, humildes y democráticos en la República llevó a los oligarcas a desatar de nuevo la represión. Entonces, en contra de lo pensado por los reaccionarios, el ímpetu renovador de la sociedad creció y no dejó otra alternativa a la familia de Trujillo que huir hacia los Estados Unidos. A partir de ese momento las masas se apoderaron de las calles y destruyeron todos los símbolos de la tétrica «Era del Benefactor»[10]. Aunque el experimentado imperialismo rodeó las costas dominicanas con sus amenazantes buques de guerra, el combativo ascenso popular no se detuvo, y el 28 de noviembre estalló una huelga general que puso fin al Gobierno del Presidente trujillista Joaquín Balaguer.

A principios de 1962 un Consejo de Estado asumió el poder y confiscó todas las propiedades de la familia Trujillo, paso trascendental para el surgimiento de un Estado democrático, pues solo en la industria el tirano y su parentela poseían el 51% de todo el capital invertido; el 42% pertenecía a los imperialistas yanquis; el resto a la débil burguesía nacional. Pero este progresista proceso fue de pronto cortado por la insurrección de un reaccionario general, que apresó al Gobierno y derogó las disposiciones antitrujillistas. En ese momento, las hasta entonces monolíticas Fuerzas Armadas se dividieron, ya que una parte se opuso al golpe de Estado y arrestó al cabecilla de la asonada militar. Después se convocó a elecciones, en las cuales triunfó —gracias al apoyo de la pequeña burguesía y el proletariado— Juan Bosch, candidato del Partido Revolucionario Dominicano.[11] El nuevo Presidente publicó en abril de 1963 la nueva y democrática Constitución, cuya vigencia por desgracia fue corta; el 25 de septiembre oficiales golpistas ocuparon el poder e instituyeron un reaccionario triunvirato.

Tras violentas manifestaciones estudiantiles, el MR-14-J inició la guerra de guerrillas en noviembre de 1963.[12] Se establecieron entonces los frentes: Francisco del Rosario Sánchez, en las lomas del extremo sur; el Mauricio Báez, en las del este; el Hermanos Mirabal, en las montañas de Nagua y San Francisco de Macorís; el Juan de Dios Simo, en las cercanías de San José de Ocoa y en los Quemados; el Gregorio Luperón, en la provincia de Puerto Plata; y el Enrique Jiménez Moya, en las Manaclas, al mando de Manuel Tavares Justo, máximo dirigente del MR-14-J. Pero la falta de experiencia militar, la dispersión de los frentes, y el desconocimiento de las diferentes zonas por los insurrectos, permitieron que a las pocas semanas las tropas gubernamentales liquidaran el loable empeño.

Cuando parecía no haber perspectivas progresistas, un grupo de jóvenes oficiales encabezados por el coronel Francisco Caamaño Deñó se sublevó el 24 de abril de 1965, en defensa de la derogada Constitución democrática. A la vez, en contra de ellos, los militares conservadores se levantaron en armas. Para mantener el régimen constitucional, Caamaño y sus compañeros tomaron la revolucionaria decisión de entregar armas a las masas populares respaldadas por los antiguos guerrilleros. Con estas fuerzas se ganó el 28 de abril la batalla decisiva frente a la reacción, cercada en la base militar de San Isidro. El imperialismo, sin embargo, no estaba dispuesto a permitir otro triunfo revolucionario en América Latina. Y en la propia noche del 28, el Presidente de Estados Unidos anunció el envío de fuerzas de ocupación hacia República Dominicana.

El 29 de abril de 1965, Caamaño llamó a luchar contra los invasores, en los momentos en que desembarcaban los primeros miles de marines. Luego, el 5 de mayo, las dos Cámaras del Congreso eligieron Presidente constitucional del país al indomable coronel. Pero la correlación de fuerzas se tornó adversa al nacionalismo revolucionario dominicano, cuando la espuria Organización de Estados Americanos bendijo la intervención de los 42 000 soldados estadounidenses. A partir de ese momento la resistencia de los patriotas se hizo desesperada, y no se encontró más alternativa que aceptar un cese del fuego el 20 de mayo. A los tres meses, el 31 de agosto, un «Acta de Reconciliación» se firmó entre ambas partes. Luego de entregar la Presidencia Provisional a un dócil elemento moderado, los invasores desarmaron a las milicias constitucionalistas. Quedaba abierto de esa forma el camino para que los reaccionarios desataran una cruel represión contra los demócratas.

El rumbo político de la sociedad dominicana se tornó tan conservador, que al poco tiempo el defenestrado Joaquín Balaguer volvió a ocupar la Presidencia. Su régimen, sin embargo, a principios de la década de los años setenta, disfrutaba de un impresionante crecimiento del producto interno bruto, superior al 10% anual. Además, en 1972, gracias al respaldo financiero de la Alianza para el Progreso, Balaguer anunció el inicio de una reforma agraria. No obstante, a finales de ese año, empezaron a recorrer los montes quisqueyanos miembros del futuro grupo armado Los Palmeros, quienes preparaban condiciones para un próximo desembarco revolucionario. Encabezado por Francisco Caamaño Deñó, este se efectuó el 3 de febrero de 1973 sin que el incipiente movimiento guerrillero hubiera logrado establecer verdaderas relaciones de colaboración con algún partido u organización de masas. Al respecto, el ex Presidente Juan Bosch dijo: «Cuando Caamaño vino al país contaba con Peña para llevar a cabo sus planes guerrilleros, y eso no lo sabía nadie en la dirección del PRD y yo menos que nadie.»[13]

La expedición dirigida por Caamaño tocó tierra por Playa Caracoles, y de inmediato sus integrantes marcharon hacia el norte, hasta adentrarse en la despoblada zona montañosa de Ocoa. El grupo, aislado y hambriento entabló combate con las tropas gubernamentales el 16 de febrero, específicamente en la loma de Mono Mojao; donde fue herido y capturado Francisco Caamaño. Después se le asesinó.

Sobre Caamaño, Fidel Castro dijo:

> Él era un hombre muy valiente. Y yo pienso que, desde luego, en cierto sentido temerario… Este tipo de hombre muy combativo, muy temerario… tiene más probabilidades de un revés que si fuera más prudente. Tal vez en una primera fase habría sido más táctico rehuir el combate y ganar tiempo para movilizar fuerzas. Pero él evidentemente no rehuyó el combate. Busca el combate y el número de sus hombres todavía era muy reducido para buscar el combate.[14]

respondía a sus orientaciones. Con ese nuevo respaldo político, el proletariado llevó a cabo el Primer Congreso Obrero Nacional, que decidió crear la Confederación de Trabajadores de Venezuela. Al cabo de pocos meses, sin embargo, la CTV fue prohibida y disuelta la Asamblea del Segundo Congreso Obrero Venezolano.

Durante la II Guerra Mundial, en Venezuela se vio definitivamente obnubilada la importancia del café, así como la del cacao y el azúcar, por la del petróleo; el país se convertía en el segundo productor mundial del crudo, al casi duplicar su extracción en el período. Pero no obstante su florecimiento económico, la República vivía bajo un constante régimen opresivo, lo cual pugnaba con el ambiente democrático que prevalecía en toda la humanidad. Entonces surgió en el país, como en otros de América Latina, una poderosa oleada progresista.

En dichas circunstancias, en octubre de 1945, el coronel Marcos Pérez Jiménez, quien dominaba políticamente al Ejército, derrocó al general-Presidente de turno y abrió el camino para el establecimiento de una junta provisional. Este Gobierno de siete miembros tenía carácter colegiado y estaba presidido por Rómulo Betancourt, fundador, en la década anterior, del Partido Acción Democrática.

En un ambiente de optimismo generalizado, se formaron los partidos Comité Organizador Pro Elecciones Independientes (Socialcristiano) y el Unión Republicana Democrática. Después la Junta emitió leyes favorables a la inversión de capital foráneo y convocó a una Asamblea Constituyente. Más tarde, en diciembre de 1947, fue electo Presidente el escritor Rómulo Gallegos, quien superó al candidato del COPEI y al comunista Gustavo Machado. El nuevo mandatario, sin embargo, no llegó a gobernar ni un año, pues otro pronunciamiento castrense lo derrocó.

La Junta Militar, de la que formaba parte Marcos Pérez Jiménez, desató de inmediato una gran represión contra el movimiento obrero, acorde con los cánones trazados por Estados Unidos desde tirano del poder, lo cual facilitó estructurar en 1957 una clandestina Junta Patriótica encabezada por el joven periodista Fabricio Ojeda, perteneciente al partido URD. En ella, sin embargo, se aglutinaba también a militancias tan diversas como adecos, copeis y comunistas. Al mismo tiempo el estudiantado cerraba filas en torno al llamado Frente Universitario, dirigido por el adeco Américo Martín y el comunista Germán Lairet. Aunque el Partido Comunista colaboraba con ambas organizaciones, a la vez se esforzaba por crear en su interior una estructura insurreccional propia, que bajo el mando de Douglas Bravo y Eloy Torres, así como de los hermanos Luben y Teodoro Petkoff, comenzó a realizar acciones armadas urbanas en Caracas a principios de 1958. Pero su desarrollo ulterior fue cortado por el desplome de la tiranía, que se derrumbó a las tres semanas de haber aplastado, ese fin de año, una sublevación de oficiales demócratas en la base aérea de Maracay. En efecto, convocada por la Junta Patriótica, el 20 de enero estalló una huelga general que a las setenta y dos horas terminó con la fuga de Pérez Jiménez.[15]

Un Gobierno Provisional presidido por el almirante Wolfang Larrazábal excarceló a los presos políticos, legalizó todos los partidos y elevó los impuestos a las grandes empresas. Pero quizás su mayor relieve lo alcanzara con motivo de la visita a Venezuela del vicepresidente norteamericano Richard Nixon, cuyo auto fue vapuleado por manifestantes hostiles. Estados Unidos entonces amenazó con la intervención de sus soldados, ante lo cual Larrazábal protestó. Luego este sofocó, con el respaldo del movimiento sindical, dos intentonas golpistas de oficiales conservadores, lo que incrementó su aureola de hombre comprometido con el progreso y le propició el apoyo de la URD y el PCV en las elecciones presidenciales de diciembre, contra los candidatos de COPEI y AD. Poco antes de dichos comicios, estas dos organizaciones políticas y la URD firmaron el llamado pacto de Punto Fijo, mediante el cual todos se comprometían a respetar el resultado de las urnas y a go-

el inicio de la Guerra Fría. A la vez, otorgó importantes conce
nes a monopolios yanquis, con el deseo de activar la econor
a pesar de que se había logrado cierto crecimiento industrial
rante la II Guerra Mundial, debido a un espontáneo proceso
sustitución de importaciones, en centros urbanos como Carac
y Maracay. En 1950, en Valencia y Maracaibo, el 80% de la pr
ducción fabril lo representaba aún alimentos y bebidas, y text
leras que procesaban el algodón venezolano. Durante su tiraní
personal (1952-1958), Pérez Jiménez también adoptó medidas que
facilitaron la metamorfosis de la vieja banca usurera y comercial,
en moderno sector inversionista con alto índice de concentración,
pues por sí solas tres instituciones agrupaban casi dos tercios del
capital suscrito. Esa meteórica centralización bancaria, respaldada
por los enormes ingresos petroleros, produjo un salto de calidad
en la economía, por lo cual en breve tiempo se pasó de las arte-
sanías a la mediana y gran industria, a la vez que tenía lugar un
veloz proceso de urbanización. Se alcanzó así una extraordinaria
polarización de medios productivos, pues surgieron poderosas sociedades financieras que disfrutaban del control de bancos, industrias y servicios. Este notorio impulso a los empresarios privados,
nacionales y extranjeros, fue respaldado por un vigoroso capitalismo de Estado en la generación de energía eléctrica, plantas quími-
cas y sectores manufactureros de cierta complejidad.

Dispuesta a luchar enérgicamente contra la nueva tiranía, el ala
izquierda de Acción Democrática se negó a marchar al exilio, como
hizo Betancourt, y preparó ya en 1951 una sublevación. Pero fracasó. Desde entonces se reprimió con saña a este sector, así como a
los comunistas, lo cual provocó cierto reflujo opositor. A los cuatro
años, no obstante, los estudiantes volvieron a animar las calles de
las ciudades con sus demandas de libertad, lo que a los pocos meses
se unió con una merma coyuntural de los precios del petróleo. Las
nuevas circunstancias acicatearon a quienes buscaban expulsar al

bernar sin hegemonías partidistas, así como a llevar a cabo reformas socioeconómicas en el país.

Después de la popularísima visita de Fidel Castro a Caracas, en enero de 1959, Rómulo Betancourt ocupó el Poder Ejecutivo de Venezuela. Había ganado por estrecho margen debido al voto del interior, pues en la capital del país Larrazábal arrasó. El nuevo mandatario gobernó unos meses en democracia, pero ya en agosto suspendió las garantías constitucionales para luchar contra quienes protestaban por sus arbitrariedades. Un buen ejemplo de esto se produjo a mediados de 1960, cuando el Presidente aprobó la Declaración de Costa Rica que, auspiciada por Estados Unidos, condenaba a Cuba revolucionaria. Esto provocó la renuncia de su Ministro de Relaciones Exteriores, y generó una profunda crisis política. Entonces grandes manifestaciones recorrían Caracas, en tanto el propio partido Acción Democrática se escindía, al fundar su ala progresista, encabezada por Domingo Alberto Rangel y Américo Martín, el Movimiento de Izquierda Revolucionaria, que se proclamó marxista. Pronto diversos militantes de la nueva fuerza política fueron arrestados, mientras la URD se distanciaba rápidamente del Gobierno. A las multiplicadas manifestaciones estudiantiles, el régimen de Betancourt respondió con la clausura de las universidades y otros institutos de educación superior, a la vez que se lanzaba en diatribas contra la Revolución cubana. Al respecto de la situación creada, uno de los dirigentes de la novedosa organización dijo: «El MIR se había definido como una "alternativa constitucional", lo cual significaba que se había establecido claramente por la vía pacífica. Pero frente a los abusos y las arbitrariedades, comenzó a reconsiderar su respuesta a esos ataques cotidianos.»[16]

A finales de 1960, la vida política venezolana se complicó aún más al declararse ilegal una huelga telefónica y reprimirse con violencia a sus participantes. Estos hechos llevaron a la dirección del MIR a clamar por un levantamiento masivo, acompañado de un paro general que derrocase a Betancourt. Este llamado fue oído por muchos oficiales progresistas, algunos de los cuales promovieron el alzamiento del 21 de diciembre en La Guaira, así como el también fracasado de Caracas el 20 de febrero de 1961. En este clima de represión generalizada y de atmósfera insurreccional, el Partido Comunista celebró su Tercer Congreso, en el cual prevaleció el criterio de que la lucha armada resultaba la vía menos objetable para promover la revolución. A partir de entonces, algunos dirigentes del PCV como Jesús Faría, los Machado y Pompeyo Márquez, respaldaron a oficiales nacionalistas en sus proyectos de llevar a cabo nuevas sublevaciones; así tuvo lugar la de la guarnición de Barcelona el 26 de junio de 1961, así como las protagonizadas por miembros de la Armada al año siguiente, en Carúpano el 4 de mayo y Puerto Cabello el 2 de junio. Aunque ambas fueron derrotadas en medio de verdaderos baños de sangre, ellas tuvieron un significado conmocionador para la sociedad. En especial la última, que liberó a los presos políticos y les entregó armas, algo que repitió con los contingentes de vecinos que se les unieron, con lo cual empezó una lucha popular de tres días. Para reprimirla, la Fuerza Aérea bombardeó la ciudad en tanto el Ejército la cañoneaba con artillería pesada y cohetes. La victoria gubernamental se alcanzó al precio de quinientas vidas humanas. Otra consecuencia de estos fallidos intentos fue la ilegalización del PCV y del MIR, no obstante lo cual, los representantes en el Congreso de esas dos fuerzas políticas mantuvieron sus escaños debido a la inmunidad parlamentaria de que disfrutaban.

En las filas revolucionarias, sin embargo, no todos confiaban en que el triunfo popular sería susceptible de alcanzar por medio de una escisión en las fuerzas armadas. Por eso, desde mediados de 1961, militantes del PCV e integrantes del MIR habían decidido trasladar el peso de las acciones armadas a las áreas rurales, a pesar de que el campesinado solo representaba ya el 28% de la población del país y era objeto de los desvelos de una oportunista y demagógica reforma agraria gubernamental, financiada con los dineros de la ALPRO.[17] No obstante, esa decisión se tomó porque en las ciudades, sobre todo en Caracas, los destacamentos de las Unidades Tácticas de Combate sufrían excesivas pérdidas a causa de las exitosas acciones de las fuerzas represivas. Luego de un breve período de preparación, el actuar guerrillero empezó el primero de abril de 1962 con un ataque del Frente Simón Bolívar en el estado de Lara, cuyos efectivos estaban al mando de Argimiro Gabaldón y Germán Lairet. Pero la táctica de acometer la lucha simultáneamente en distintas áreas montañosas de la República dispersaba los escasos recursos revolucionarios, que tenían en las ciudades sus principales fuentes de abastecimientos en hombres y recursos; de las urbes llegaban de manera desordenada, sobre todo, estudiantes no entrenados, que se aglomeraban en diferentes destacamentos, carentes de mando único, acorde con los criterios de relativa espontaneidad que entonces prevalecían en la izquierda. Por ello, mientras unos dispersos «frentes» surgían en estados tan distantes como Yaracuy, Miranda, Zulia, Mérida, Carabobo, otros simultáneamente desaparecían por la represión gubernamental; solo algunos lograban sobrevivir. Entre estos, se destacaba el de Falcón, llamado José Leonardo Chirinos —al que en julio del propio año, se unió Fabricio Ojeda—, comandado por Douglas Bravo. Este dijo:

> Desde el punto de vista militar, nuestro error más grave fue ser demasiado arriesgados. Aunque hablábamos todo el tiempo de una guerra prolongada, en esa época empleábamos tácticas de choque, como para un golpe. Queríamos derrocar a Betancourt en unas cuantas horas, en una o dos batallas. Esto daba como resultado derrotas de vasto alcance, y nos impedía dedicarnos a construir un ejército guerrillero.[18]

El otro frente que más resistió fue el de El Charal, en Portuguesa, donde se encontraba Luben Petkoff, quien escribió:

> Cuando nos fuimos a las montañas por vez primera estábamos bastante prendados de la idea de que nuestra guerra iba a ser una guerra al estilo cubano, o muy parecida a la guerra de guerrillas cubana. Pensábamos que la solución a nuestros problemas se hallaba a no más de dos o tres años de distancia, y que las guerrillas iban a resolver los problemas de la revolución venezolana a corto plazo.[19]

A fines de 1962, una vez que el IV Pleno del PCV adoptó formalmente la política de lucha armada, los tres núcleos guerrilleros sobrevivientes se estructuraron en el Ejército de Liberación Nacional, compuesto por militantes de los partidos Comunista, MIR y URD. Pero la incorporación a sus filas de oficiales nacionalistas que habían participado en las precipitadas sublevaciones militares de ese año, cambió bastante la correlación de fuerzas en el seno del movimiento rebelde. Se planteó entonces crear una estructura parecida a la del Ejército tradicional, que incorporase también a las UTC urbanas y cuyos objetivos fueran similares a los de la institución armada gubernamental. Surgieron así, el 20 de febrero de 1963, las Fuerzas Armadas de Liberación Nacional (FALN), al mando de un ex oficial de carrera, dotadas de un estricto Código de Honor.[20] Las FALN, a pesar de sus concepciones militaristas del proceso revolucionario, asumían una posición defensiva ante los efectivos del Ejército tradicional; se planteaba solo combatir con las tropas del Gobierno cuando estas los atacaran. Ello se debía a la confianza aún existente entre los ex miembros de la vieja oficialidad, acerca de las posibilidades de captar para su causa a los antiguos hermanos de casta. El Partido Comunista, sin embargo, de inmediato comprendió el peligro de semejante proyección para el futuro del proceso revolucionario, y planteó la necesidad de crear un órgano de dirección política para el movimiento guerrillero. Por ello, en 1963 se organizó el Frente de Liberación Nacional, que orientaría las actividades de las FALN. A pesar del surgimiento de la nueva instancia, la persistente confianza en la posible incorporación de más militares de carrera a las filas rebeldes se mantuvo, como demuestran los siguientes párrafos de su Programa de Acción:

> El FLN facilita la conversión de aliados y de nuevos combatientes que pertenecen al frente enemigo, acelera los cambios en las Fuerzas Armadas, abre una perspectiva clara para oficiales y soldados, otorga a los soldados la oportunidad de redimirse ante la historia, desterrando la tradición represiva al servicio de la tiranía y de los intereses foráneos, que hace surgir el odio popular justamente contra los traidores corrompidos que dirigen las Fuerzas Armadas.[21]

El criterio generalizado existente en el FLN-FALN acerca de evitar choques con el Ejército tradicional, condujo a los revolucionarios a dirigir sus actividades contra intereses de los monopolios norteamericanos. Fueron entonces atacados oleoductos pertenecientes a esos consorcios —Mobil Oil, Texas Oil, Gulf—, almacenes de la Sears Roebuck and Co., y las oficinas de la misión militar estadounidense. También se ocupó una exposición de Cien Años de Pintura Francesa, se capturó al buque Anzoátegui, se secuestró a una estrella del fútbol argentino, se apresó al jefe adjunto de la ya mencionada misión militar norteamericana, y se desvió un avión de su ruta para lanzar panfletos sobre Caracas. Operaciones todas concebidas para atraer la atención mundial hacia la lucha en Venezuela. Pero ni esas acciones quebraban al régimen ni la actividad de la guerrilla rural se incrementaba. Solo en las ciudades, y sobre todo en la capital federal, impactaba la lucha; en los Cerros de Caracas se llegaron a ocupar barrios enteros durante la noche que, sin embargo, debían evacuarse antes del amanecer. Estas operaciones, en cambio, sí permitieron que el Gobierno obtuviera en el Congreso el retiro de la inmunidad parlamentaria a los veintitrés delegados miembros del PCV o del MIR, los cuales fueron arrestados.

A finales de 1963, terminaba el período presidencial de Betancourt, por lo que se convocaron nuevas elecciones. En esa coyuntura, las FALN decretaron el abstencionismo y orientaron un paro general, en el cual —a pesar de haber sido acatado parcialmente— unas veinte personas fueron asesinadas por las fuerzas represivas, empeñadas en evitar las manifestaciones populares. Pero, no obstante el repudio generalizado a esos crímenes, el 90% de la población votó el primero de diciembre.[22] Y, aunque obtuvo menos respaldo electoral que su predecesor, el candidato de Acción Democrática, Raúl Leoni, ocupó la Presidencia el 11 de marzo de 1964 con el 32% de los sufragios. El nuevo mandatario anunció de inmediato que si las organizaciones políticas que cooperaban con los insurgentes abandonaban su respaldo a la lucha armada, el Gobierno auspiciaría su reincorporación a las tradicionales actividades partidistas legales. A partir de entonces algunos de los que hasta ese momento estuvieron vinculados con el movimiento guerrillero comenzaron a separarse del camino insurreccional. El primero en tomar la decisión, escindiendo al MIR, fue Domingo Alberto Rangel, quien desde la cárcel se manifestó en ese sentido; señaló que la lucha armada se había iniciado de forma prematura, afirmaba que las guerrillas no podrían sobrevivir con el exclusivo apoyo del campesinado y clamaba por un enfático retorno al bregar político en las ciudades.

En contraste, en julio de 1964, en el distrito de Bachiller, estado de Miranda, se inauguró un foco guerrillero. Paralelamente, sin embargo, muchos dirigentes del PCV se volvían críticos de la lucha armada, y favorecían la creación de un Comité Nacional Pro Amnistía de los Presos Políticos. Hasta que el Séptimo Pleno del Comité Central del PCV, en abril de 1965, priorizó el combate político en detrimento del insurreccional, al promover la consigna de Paz Democrática, dirigida a obtener la legalización del Partido Comunista y del MIR. Esta instancia emitió un documento en el que se afirmaba:

> No hemos logrado la aceptación ni la realización de la lucha armada como una solución para el pueblo en su totalidad, como una lucha del país entero contra el imperialismo y sus acólitos dentro del país. Hasta aquí, la guerra revolucionaria ha aparecido como una lucha sectaria realizada por una vanguardia.[23]

Acerca de esta decisión, Douglas Bravo más tarde comentó:

> El movimiento revolucionario se encontró entonces ante una grave crisis. Los dirigentes del Partido Comunista y del MIR que siguieron esta línea no estaban en contacto con lo que sucedía en Venezuela y no estaban a la cabeza de unidades militares. De hecho, muchos de ellos estaban presos, y esto les hizo dar mayor peso a sus problemas personales que a los problemas políticos del pueblo venezolano. Y podríamos decir que la derrota del movimiento guerrillero, que el Gobierno no había podido obtener por la vía militar, casi la desencadenó la directiva con su política derrotista.[24]

Los partidarios de mantener el combate armado, asentados sobre todo en las tierras de Falcón, desarrollaron entonces una línea estratégica nueva denominada Insurrección Conjunta, que diseñaba una especie de lucha combinada entre los factores de insurrección a corto plazo y los de una guerra larga. Se analizaron, a la vez, los errores cometidos en el proceso revolucionario, entre los cuales sobresalieron la promulgación de frecuentes treguas, la ausencia de operativos militares de importancia, la subordinación a órganos políticos ajenos a la guerrilla, la indefinición de objetivos y la desarticulación entre combatientes urbanos y rurales. Todo esto, en realidad, podía resumirse en dos puntos: insuficiente vinculación con las amplias masas populares y empleo de las FALN como elemento para presionar a la burguesía. Poco después se reestructuraron los órganos de dirección político-militar; Fabricio Ojeda quedó como presidente del FLN, mientras Douglas Bravo y Américo Martín fungirían, respectivamente, de primer y segundo comandantes de las FALN. Se pretendía así transformar al FLN en verdadero eje que lograra combinar todas las fuerzas políticas interesadas en llevar a cabo la revolución venezolana; al mismo tiempo se deseaba transformar las FALN en verdadero Ejército Popular, con sólida implantación urbana y rural, cuyos efectivos engrosados al unificar la lucha económica con la sociopolítica, se encauzasen hacia el combate armado.

Ante la disyuntiva planteada en el seno del dividido movimiento revolucionario, el Gobierno actuó decidido a forzar los acontecimientos. Con este objetivo, a principios de 1966 fueron excarcelados Jesús Faría, Domingo Alberto Rangel y los hermanos Machado, abanderados del cese de la lucha armada. Para discutir con ellos, Fabricio Ojeda y Douglas Bravo bajaron de la montaña, pero al poco tiempo al primero lo detuvieron y murió asesinado en la cárcel, mientras que el segundo tenía que regresar a las montañas de Iracara excluido de la Comisión Política del PCV.[25] Esta fuerza política celebró en abril de 1967 su Octavo Pleno, que decidió abandonar la lucha armada y participar en la vida electoral venezolana; concluía que las fuerzas revolucionarias se encontraban aisladas y desunidas, y argumentaba que al ser la población del país urbana en sus tres cuartas partes, los esfuerzos fundamentales debían concentrarse en las ciudades. Por lo tanto, afirmaba, las guerrillas rurales solo tendrían un carácter complementario. A la vez, el cónclave expulsó del Partido a Douglas Bravo.

El frente José Leonardo Chirinos, único realmente operacional, recibió por esos tiempos el refuerzo de un grupo de revolucionarios al mando de Luben Petkoff, quienes habían desembarcado en las costas de Falcón, territorio estadual donde los hombres de Bravo resistían una violenta ofensiva gubernamental que ya había deshecho los efectivos urbanos armados. Fue en una operación semejante, el 8 de mayo de 1967, cuando cayó combatiendo en las arenas de Machurucuto el internacionalista cubano Antonio Briones Montoto. Al parecer, él y su grupo habían desembarcado por el litoral del estado de Miranda para dirigirse a la zona de El Bachiller, donde Américo Martín estaba empeñado en mantener la lucha guerrillera. Pero la propia captura de este, a mediados de 1967, fue un indicador de cómo se encontraban las menguantes fuerzas insurreccionales. Al respecto Teodoro Petkoff emitió el siguiente criterio:

> Lo que tenemos hoy día no es lucha armada en el sentido cabal de la palabra, sino solamente unidades armadas: dos bajo la directiva comunista, las cuales, por decisión del Partido, no se hallan por el momento comprometidas en acciones militares; también hay una encabezada por Douglas Bravo, que solo actúa en forma esporádica, hay dos del MIR, que están prácticamente en la misma posición. Pero esto en lo que se refiere a las zonas rurales. La situación en la ciudad es peor. Aquella porción del aparato urbano que se unió a Douglas Bravo ha sido casi totalmente aniquilada por las represalias del Gobierno. El MIR está en la misma posición. Las fuerzas urbanas que sobreviven son extremadamente débiles y permanecen en la inactividad.[26]

En 1968, se acentuó el deterioro de las fuerzas partidarias de la guerra revolucionaria. Y durante el año siguiente se produjo su debacle; el MIR inició conversaciones oficiales con el Gobierno para proceder a la pacificación del país, en tanto el PCV disolvía sus unidades armadas al serle restituida su legalidad. Solo quedó la columna integrada por los partidarios de Bravo, en creciente parálisis, debido al aumento de sus pugnas políticas internas motivadas por la diversidad de criterios acerca de la lucha armada. Así, en Venezuela, el combate guerrillero entró en disolución.

3. Concepciones políticas sobre la lucha armada

La Revolución cubana representó un avance extraordinario en la evolución de América Latina, y dio innegable respuesta al problema no resuelto por la Segunda Conferencia de los Partidos Comunistas de América Latina (Montevideo, 1934), concerniente a quién debería encabezar el combate por las transformaciones democráticas, agrarias y antiimperialistas, que luego de ser culminadas podrían enrumbarse hacia el socialismo.[27] Como se sabe, tras el Séptimo Congreso de la III Internacional, que trazó la estrategia del surgimiento de los Frentes Populares —los cuales, bajo diversos nombres y formas, siempre dirigió la burguesía en América Latina, en las pocas oportunidades en que se constituyeron—, nunca se orientó alterar ese rumbo. Y al ser disuelta la Komintern el 8 de junio de 1943, por inercia, se siguieron considerando como válidos estos postulados, cuyos atractivos crecían acicateados por las consecuencias que tenía para los partidos comunistas latinoamericanos la Guerra Fría desatada por el imperialismo. Pero con la extraordinaria victoria de Fidel Castro, algunas dirigencias de las referidas organizaciones políticas reconsideraron la futura conducta de sus partidos hacia los procesos revolucionarios en sus respectivos países. Así, en Colombia, la lucha armada fue reactivada por las guerrillas que animaban los comunistas, en tanto en Venezuela y Guatemala, la militancia del PCV y del PGT se sumaban a los combates guerrilleros. Sin embargo, incluso en estos dos últimos países, con el tiempo se demostró que las dirigencias partidistas tradicionales utilizaban fundamentalmente los enfrentamientos armados como elemento de presión, para arrebatar concesiones a los gobiernos burgueses de turno. Por ello, en el seno de ambas organizaciones, así como entre las demás defensoras del comunismo opuestas al combate guerrillero, se desataron profundas polémicas que terminaron con frecuencia en el surgimiento de corrientes escisionistas.

Además de los problemas inherentes a los partidos comunistas latinoamericanos provocados por los debates sobre la lucha armada, las tensiones internas de las organizaciones políticas se agravaron por el estallido del cisma chino-soviético, impulsado con vigor por la dirigencia maoísta de Pekín a partir de la publicación, el 14 de junio de 1963, de su Propuesta de Línea General para el Movimiento Comunista Internacional.

Con el propósito de abordar la solución de cuestiones de tanta trascendencia y complejidad, en 1964 se celebró en La Habana la Tercera Conferencia de los Partidos Comunistas de América Latina, que trazó una sinuosa línea conciliatoria entre quienes rechazaban la lucha armada y los que defendían el combate guerrillero; gracias al empuje de estos, se vislumbraba con criterio optimista el desenlace de los referidos enfrentamientos en Colombia, Guatemala, Haití y Paraguay, aunque no en todos esos países se desarrollaban empeños revolucionarios de igual envergadura.[28]

El avance de quienes insistían en impulsar la lucha guerrillera recibió un gran estímulo con la publicación en Cuba de la obra *Revolución en la Revolución,* del filósofo francés Régis Debray, en enero de 1965. Pero nada puede compararse con el respaldo que significó la celebración en 1967, en La Habana, de la Conferencia de Solidaridad de América Latina, más conocida por las siglas OLAS. En ella participaron los abanderados del combate armado, quienes concluyeron que en nuestro subcontinente existían condiciones socioeconómicas y políticas susceptibles de crear, con el desarrollo

de la guerra popular, situaciones revolucionarias, en dependencia
de las concepciones ideológicas y capacidades organizativas de las
vanguardias. En la clausura del evento, el 10 agosto de 1967, el
Comandante en Jefe Fidel Castro dijo:

> Este continente trae en su vientre una revolución, tardará más
> o menos en nacer, tendrá un parto más o menos difícil; pero in-
> evitable. Nosotros no tenemos la menor duda. Habrá victorias,
> habrá reveses, habrá avances, habrá retrocesos; pero el adven-
> imiento de una nueva era, la victoria de los pueblos frente a la
> injusticia, frente a la explotación, frente al imperialismo, cua-
> lesquiera que sean las concepciones equivocadas que puedan
> tratar de entorpecer el camino, es inevitable.[29]

Los Partidos Comunistas de América Latina y del Caribe sostuvieron en Cuba una trascendental conferencia a mediados de 1975. En
la reunión se concluyó que el proceso económico latinoamericano
estaba caracterizado por una vinculación tan estrecha de las altas
burguesías criollas con el imperialismo que, de hecho, se integraban a su mecanismo de dominación. No obstante, en el cónclave
se aclaró que esa realidad histórica no implicaba la inexistencia de
sectores de la burguesía capaces de tener intereses contradictorios
con los imperialistas y que pudieran adoptar posiciones conver-
gentes con las del proletariado, los campesinos y demás grupos
explotados de la población en lucha por la conquista de la independencia económica y la completa soberanía nacional. Por lo tanto, estos sectores burgueses pudieran participar en la unidad de
acción democrática y antiimperialista junto con las fuerzas populares, aunque sería erróneo ignorar sus límites y vacilaciones en lo
concerniente a cualquier participación suya en el enfrentamiento
contra el imperialismo.

En América Latina, la burguesía perdió hace tiempo la posibilidad de desempeñar el papel dirigente, que ya pertenece al

proletariado, pues los opulentos no pueden conducir hasta el final la nueva batalla independentista. La incorporación de fuerzas y organizaciones representativas de estos burgueses al amplio frente de lucha antiimperialista y antioligárquica posee una considerable importancia, pero jamás se debe realizar a expensas de la alianza esencial de obreros, campesinado trabajador y capas medias ni sacrificando la independencia de clase del proletariado en beneficio de compromisos coyunturales.

Es posible que en el contexto de las batallas que libran los pueblos latinoamericanos en defensa de las instituciones democráticas, los referidos sectores se unan al frente progresista; la plena liberación nacional, que entraña la derrota y eliminación de las oligarquías dominantes, está vinculada de manera indisoluble al esfuerzo por la conquista de una democracia auténtica. La abolición de los derechos democráticos de la clase obrera y del pueblo, el empleo de las tropas contra el movimiento proletario, la implantación de brutales tiranías, han sido ingredientes consustanciales a la táctica seguida por el imperialismo y las oligarquías en la lucha por mantener su dominio en el subcontinente. En consecuencia, no se puede manifestar indiferencia ante toda suerte de situaciones relativamente democráticas, aunque no se correspondan con esa verdadera y más profunda democracia que los revolucionarios desean conquistar. Al mismo tiempo, los combatientes por el progreso no deben aceptar que la defensa de la democracia burguesa frente a la amenaza fascista implique la renuncia al avance social ni la aprobación de un injusto estado de cosas.

La unidad en la lucha democrática, más amplia en sus límites que la unidad antiimperialista, se enlaza de manera dialéctica con ella. Por eso el camino de las transformaciones revolucionarias de América Latina supone una lucha conjugada y constante, en la cual el combate al fascismo, la defensa de la democracia y la batalla contra el imperialismo aliado de las oligarquías, así como por la participación efectiva del pueblo en la definición de la vida política, deben desarrollarse como partes de un mismo proceso. En este, se aclaraba en el documento emitido al final de la conferencia, el movimiento revolucionario debe usar las más diversas formas y métodos de lucha, incluso la acción armada, adecuando acertadamente su localización y el momento de su empleo a las condiciones de cada país.[30]

La dirigencia maoísta del Partido Comunista Chino realizó su primera manifestación escisionista de importancia al publicar, en 1960, una recopilación de artículos de Mao Tsé-Tung titulada *Viva el leninismo*. En la obra, veladamente se negaba la necesidad de que existieran premisas económicas para la revolución socialista, y se reconocía al heterogéneo movimiento de liberación internacional el carácter de fuerza dirigente del proceso revolucionario mundial. Esta concepción solo reflejaba, en un contexto diferente, una exacerbación simplificada de las condiciones específicas que habían existido en China antes del triunfo del proceso revolucionario. En este enorme país asiático, el Ejército Popular de Liberación había alcanzado primero la supremacía en las extensas y apartadas áreas rurales en su prolongada guerra contra los terratenientes, la burguesía compradora y el imperialismo japonés, ya que en las ciudades perduró más el predominio del conservador partido Kuomintang. Por eso los comunistas chinos habían concluido entonces, con acierto, que la revolución se llevaría del campo a la ciudad.

Años más tarde, intentando extrapolar la experiencia concreta china para proyectarla sobre la generalidad del orbe, Mao equiparó Europa Occidental y Estados Unidos a las «ciudades mundiales» del capitalismo, cuyas «aldeas» revolucionarias serían Asia, África y América Latina. El maoísmo, además, afirmaba que al abrazar los principios de la coexistencia pacífica, los países socialistas propugnadores de esa línea se convertían en colaboradores del capitalismo, razón por la cual perdían su carácter revolucionario. Esta concepción maoísta se recogió, en 1963, en la Propuesta de Línea General para el Movimiento Comunista Internacional, o Documento de los Veinticinco Puntos, el cual provocó la ruptura con la mayoría de los países socialistas. A la vez, su publicación suscitó importantes discusiones en el seno de los partidos comunistas del llamado Tercer Mundo, las que se insertaron con especial relieve en la realidad latinoamericana, donde se polemizaba mucho sobre la lucha armada luego del triunfo de la Revolución cubana. La médula del planteamiento «tercermundista» de Mao radicaba en su afirmación de que, en las «aldeas» del mundo bastaba que un núcleo inicial comenzara la lucha guerrillera y estuviera decidido a sostenerla con carácter prolongado, para que se produjese la revolución. Esos postulados atrajeron a parte de la militancia comunista en América Latina, la cual se empeñó en dominar o escindir esos partidos. Y cuando así sucedía, los maoístas casi siempre se diferenciaban añadiendo al nombre de sus organizaciones de origen, el término de «marxista-leninista». De esa forma surgieron nuevas agrupaciones políticas en varios países latinoamericanos. En Perú, por ejemplo, la escisión se produjo en el IV Congreso del PCP (1964), dirigida por José Sotomayor y Saturnino Paredes; en Bolivia sucedió en la VII Conferencia del PCB (1965), encabezada por Oscar Zamora; en Paraguay ocurrió en 1965, acaudillada por Oscar Creydt y Raúl Ramírez; en Colombia, en el X Congreso del PCC, celebrado el 20 de julio de 1965, tuvo lugar la división que dio vida al PCC-ML, el cual defendía la guerra popular prolongada mediante una fuerza armada constituida en Ejército Popular de Liberación.

El trotskismo representaba un fenómeno mucho más antiguo y complejo, acorde con las características de su fundador. León Trotsky, en eterna rivalidad teórica con Lenin, antes de la Gran Revolución Socialista de Octubre planeaba tomar el poder mediante la huelga general del proletariado; estimaba que la insurrección armada solo debía ser un recurso extremo y defensivo. Tampoco consideraba al campesinado una fuerza revolucionaria, por lo cual se oponía al postulado leninista de forjar la alianza obrero-campesina. Trotsky también rechazaba el criterio de construir el socialismo en un solo país, y pensaba que el proletariado ruso únicamente podría mantener el poder con la ayuda de triunfantes revoluciones en los Estados vecinos. Por eso planteaba, con opiniones militaristas, extender el socialismo por medio de las armas a las naciones colindantes. Estaba convencido, por lo tanto, de que resultaba posible y, más aún, necesario, saltar etapas en los procesos transformadores de la sociedad, mediante una revolución permanente que aplicase métodos militares de gestión.

Expulsado del Partido Bolchevique, Trotsky se estableció en el mundo capitalista desde el cual impulsó su política antisoviética, que además contenía críticas profundas a las brutales y personalistas prácticas de Stalin. Esto último permitió crear una corriente de simpatía hacia sus prédicas por alguna gente progresista, muchos de los cuales incluso se consideraban marxistas, pero aborrecían los métodos despóticos del stalinismo. En abril 6 de 1930, los grupos trotskistas de Francia, Estados Unidos, Alemania, Bélgica, España, Italia, Checoslovaquia y Hungría se reunieron en París, donde se proclamaron fracción de izquierda de la III Internacional, la cual aspiraban controlar. Fracasado ese intento, Trotsky orientó en 1936 crear el Buró y el Secretariado de la IV Internacional, que llevó a cabo su Conferencia Constitucional el 3 de septiembre de 1938.

Tras la II Guerra Mundial, una vez muerto Trotsky, la IV Internacional decidió desplazar sus principales esfuerzos hacia los países subdesarrollados, con población mayoritariamente campesina. No obstante contravenir los postulados tradicionales del trotskismo, se pasó entonces a defender una concepción según la cual podía obviarse la colaboración de la clase obrera, y llegar de todas formas a la revolución socialista con el exclusivo apoyo del campesinado. Este debería ser el objeto fundamental del desvelo trotskista, para organizarlo en sindicatos agrarios que luego dirigirían movilizaciones permanentes, con el propósito de ocupar tierras y lograr las demás reivindicaciones históricas de los campesinos. La cuestión de la toma del poder se abordaba de manera nebulosa, aunque se planteaba para un futuro una súbita lucha armada, que en breves combates debería triunfar sin alianza alguna con otras clases o grupos sociales. De esta manera, la dirigencia trotskista seguía rechazando, aun para los países subdesarrollados, la necesidad de una etapa antiimperialista y antioligárquica, que satisficiera las tareas democráticas y populares no específicamente socialistas.

En América Latina, la IV Internacional creó una oficina o buró conocido por el nombre de Secretariado Latinoamericano del Trotskismo Ortodoxo (SLATO), que atendía las organizaciones generalmente surgidas bajo las denominaciones de: Partido Obrero Revolucionario, Palabra Obrera, Partido Revolucionario de los Trabajadores. Estas tenían alguna influencia, de diversa importancia, en Argentina, Chile, Uruguay, Venezuela, así como en Bolivia, Brasil, México y Perú. El primer grupo estaba compuesto por países en los cuales la población rural constituía una minoría demográfica y, además, buena parte de esta no era campesina, pues el desarrollo de las relaciones capitalistas de producción había generado en ellos un importante proletariado agrícola. En los otros cuatro, preponderaba la población rural, pero en Bolivia y México se habían llevado a cabo reformas agrarias democrático-burguesas que endilgaban al campesinado un carácter moderado, y a veces hasta conservador.[31]

En Brasil, existía una situación diferente, pues en el campo nunca se habían alterado las tradicionales formas de propiedad. Hubo, por lo tanto, condiciones objetivas para que surgieran reivindicaciones agraristas. Esa realidad fue aprovechada por los trotskistas, quienes influyeron para que se iniciara un movimiento organizador de la población rural. En 1955 se constituyeron las Ligas Campesinas, orientadas por un abogado de Recife llamado Francisco Juliao, quien estructuró la primera de ellas en Galilea, estado de Pernambuco, desde donde se extendieron a casi todo el país aunque su mayor fuerza la alcanzaron en el Nordeste y en Minas Gerais. Así, los dispersos luchadores por la tierra se aglutinaron en sindicatos campesinos que exigían la reforma agraria y desataban importantes huelgas, de gran repercusión.[32] Pero la típica carencia trotskista de una estrategia de lucha que abarcara a las demás clases y grupos, mantuvo confinados a los sindicalistas «camponeses» dentro de sus tradicionales y estrechos límites, sin crear un amplio movimiento revolucionario nacional. Por eso, cuando los militares dieron el golpe de Estado fascista de 1964, las Ligas Campesinas fueron desarticuladas con facilidad por las fuerzas represivas, sin que pudieran fructificar los esfuerzos de algunos por transformarlas en base de sustentación para la lucha guerrillera.

En Perú, a la centenaria explotación sufrida por los campesinos se añadía la opresión cultural padecida por la población quechua, casi toda rural. Fue sobre esta base social que el Partido Obrero Revolucionario (POR) empezó a realizar trabajo político en 1958, en especial en las zonas de Arequipa y Puno, así como en los valles cuzqueños de la Convención y Lares. En estos operaba Cóndor, seudónimo de Hugo Blanco, cuyas concepciones tal vez sean bien reflejadas por estas líneas que escribió desde Chaupimayo:

> El espíritu aislacionista y antirrevolucionario de la teoría estalinista del «Socialismo en un país» es peligroso y suicida. Es por esto que el camarada Trotsky combatió esta aberración teórica, y es por esto que fue asesinado. Debemos ocuparnos de difundir el movimiento en lugar de profundizarlo.

Perú es un país atrasado, semicolonial, capitalista con algunas características feudales; es por esto que su revolución debe ser una mezcla de democracia burguesa y socialismo.[33]

La tenacidad de Blanco pronto dio resultados y los campesinos afluyeron hacia su sindicato, en el cual no solo se concientizaban sino que aprendían acerca de sus derechos, aumentaban su cultura y mejoraban su salud. Ya en 1959, Cóndor orientó las primeras huelgas campesinas, las cuales se convirtieron en su principal forma de lucha. Mediante ellas, los «inquilinos» (aparceros) se negaban a pagarle al patrón la renta de la tierra en trabajo, lo que en tiempo de cosechas resultaba muy dañino. Esto llevó a los hacendados a pactar, prestigió a Blanco y multiplicó los sindicatos agrícolas. En medio del éxito alcanzado, en noviembre de 1960 el POR celebró en Arequipa un Congreso que censuró la coexistencia pacífica aprobada por el PCUS, y llamó a «todos los partidos realmente revolucionarios a abrir otros frentes de lucha armada aprovechando los aportes de la Revolución cubana». A la vez, en el referido cónclave se acordó la formación de un Frente Único que uniese a toda la izquierda peruana alrededor de un programa revolucionario. Después el POR impulsó una reunión del SLATO, celebrada en Buenos Aires en abril de 1961, que aprobó lo convenido por los asambleístas en Arequipa. Aunque al mencionado reclamo unitario no se le prestó atención por los tradicionales partidos progresistas de Perú, hubo algunos revolucionarios que sí respondieron. Entre ellos se encontraba Juan Pablo Chang, el *Chino*, quien animaba un grupo de jóvenes sin partido que formaron la Asociación para Unificar la Izquierda Revolucionaria (APUIR), y luego se unieron al POR en el Frente de Izquierda Revolucionaria (FIR). Todo esto demostraba que el trotskismo peruano se apartaba cada vez más de los convencionales postulados ortodoxos de esa corriente política, lo cual se reafirmó con la siguiente plataforma del FIR:

Apoyo incondicional a la ocupación de tierras; reorganización de la Conferencia de Trabajadores del Perú (CTP) y lucha por un pliego único de reivindicaciones; amnistía para todos los presos y perseguidos políticos y sociales; defensa incondicional de la Revolución cubana; confiscación de todos los latifundios y distribución gratuita de la tierra a los campesinos; nacionalización de las empresas imperialistas; reforma urbana; gobierno de los trabajadores.[34]

El conocido revolucionario peruano Héctor Béjar, en su libro *Apuntes sobre una experiencia guerrillera* señala:

El llamamiento fue escuchado por las fracciones trotskistas, excepto el Posadismo, y por el Partido Comunista-Leninista, agrupación de discrepantes del PCP. La gran mayoría de la izquierda ignoró el llamado y el apoyo a Blanco fue, en el mayor de los casos, puramente declarativo. Sin embargo, lo que Blanco necesitaba no eran declaraciones, sino dinero, hombres, armas.[35]

En poco tiempo, el FIR se convirtió en la principal fuerza política del agrarismo en el Cuzco, desde donde extendió su actividad hacia otras regiones del Perú. Pero en el seno de este Frente pronto surgieron tendencias. Una, llamada «masista», partidaria de que los sindicatos campesinos ocuparan tierras y formasen milicias de autodefensa contra cualquier enemigo; pensando que de esta forma surgiría un «poder dual» que podría coexistir con los tradicionales órganos de gobierno. La otra vertiente del FIR defendía la necesidad de acometer de inmediato la lucha armada. Al respecto, Hugo Blanco respondió:

Siempre insistimos en que había que iniciarla lo más urgentemente posible, que para eso era indispensable un partido que comprendiera lo del poder dual. Justamente nuestra crítica a los putchistas[36] era porque ellos supeditaban la lucha armada a una preparación, organización, y planificación completamente independiente del movimiento de masas y del desarrollo del partido. Nosotros planteamos justamente lo contrario: inmediata preparación de la lucha armada y del aparato que la llevará a cabo partiendo de un partido fuertemente organizado en íntima ligazón al movimiento campesino y sus organizaciones.[37]

Pero en tanto los esforzados militantes peruanos se acercaban cada vez más a la realidad del país con criterios prácticos para avanzar hacia la revolución, la dirigencia del SLATO se dedicaba a entorpecerla con sus postulados dogmáticos. Por ello, esta envió a Lima un desconfiado miembro europeo de la organización, el cual debía preparar un grupo guerrillero según los criterios ortodoxos. Así, aunque había sesenta jóvenes peruanos preparados para acometer la lucha armada, se dispuso que su núcleo director se formara con extranjeros de confianza para el SLATO, quienes llevarían a cabo escrupulosamente las directrices de la superioridad trotskista internacional. Además el SLATO no cumplió su promesa de entregar dinero al FIR, ni siquiera el suficiente para celebrar los congresos de las Federaciones Sindical Campesina de la Convención y Lares, así como del Cuzco. Estalló de esa forma el conflicto entre Hugo Bressano, jefe del SLATO, con sede en Buenos Aires, y Hugo Blanco, exigiendo aquel la destitución de este. La cuestión se complicó a mediados de 1962, cuando la policía peruana arrestó a algunos trotskistas extranjeros, lo cual provocó la estampida de los demás supuestos internacionalistas hacia sus lugares de origen. De esa manera terminaron los vínculos de la tendencia representable en Blanco y el trotskismo internacional. Poco después, el 18 de julio de 1962, tuvo lugar un golpe de Estado reaccionario, uno de cuyos objetivos principales era poner fin a las ocupaciones de tierra por los campesinos. Entonces, Hugo

Blanco recurrió a la lucha guerrillera con un pequeño grupo de revolucionarios, quienes llegaron a combatir con la Policía en Pucyura, pero fueron capturados después, el 29 de mayo de 1963. Al mismo tiempo, el Ejército invadía los valles de la Convención y Lares, masacrando campesinos con el propósito de refluir la política de ocupar tierras.

Régis Debray en su *Revolución en la Revolución*,[38] reflejaba el surgimiento de una multiplicidad de grupos insurgentes, con frecuencia adeptos a la teoría científica sobre la sociedad, debido al influjo del exitoso proceso cubano encabezado por Fidel Castro, que pugnaban con los tradicionales partidos revolucionarios de sus respectivos países por constituirse en fuerza de avanzada. Debray, en el referido ensayo, planteaba:

No hay revolución sin vanguardia y esta vanguardia no es necesariamente el partido marxista-leninista; y que los que quieren hacer la revolución tienen el derecho y el deber de constituirse en vanguardia independientemente de los partidos (...) no hay pues equivalencia metafísica vanguardia-partido marxista-leninista —hay conjunciones entre una función dada «la de vanguardia en la historia y una forma de organización dada» la de partido marxista-leninista— conjunción que resulta anterior, de lo cual depende. Los partidos están en la tierra y sometidos a las durezas dialécticas de aquí abajo. Si han nacido pueden morir y renacer bajo otras formas (...) los partidos comunistas latinoamericanos (...) cada uno tendrá su historia pero se asemejan, en que no han vivido hasta el mismo punto el problema de la conquista del poder desde su fundación, que no han tenido la ocasión de situarse a la cabeza de una guerra de liberación nacional en países dotados de una independencia formal y no han podido pues realizar la alianza obrero-campesina (...) el resultado es una cierta conformación de las organizaciones dirigentes y de los partidos mismos adaptados a las circunstancias en que han visto la luz y han crecido.[39]

Al mismo tiempo, Debray negaba la necesidad de una alianza antiimperialista y antioligárquica, aun dirigida por las fuerzas revolucionarias, como escribió en el siguiente párrafo:

> Un frente nacional heteroclítico por naturaleza es el lugar de desavenencias políticas sin fin y de compromisos momentáneos. No puede unirse y vivir sino frente al enemigo (…) y aun los medios de encararlo descansarán en la acción separada de las fuerzas que lo componen dotadas cada una de su unidad propia. Estas fuerzas recobrarán su libertad después de la victoria resurgiendo entonces sus antagonismos.[40]

En lugar de una política de alianzas, Debray propugnaba la exacerbación de la lucha de clases, lo cual parecía recordar las orientaciones de la III Internacional en 1928. Juzgando que la correlación de fuerzas en América Latina había cambiado desde entonces sustancialmente, el referido filósofo francés afirmaba que se vivía «el fin de una época: la del equilibrio relativo de las clases y principio de otra: la de guerra total de clases, que excluye las soluciones de compromisos y repartos de poder.[41] Para alcanzar los inmediatos objetivos socialistas de esta lucha, Debray era del criterio de que la vanguardia debía estructurarse en organizaciones político-militares, compuestas sobre todo por combatientes capaces de realizar acciones armadas, aunque sus componentes no fueran muchos. Y concluía: «La ironía de la historia ha querido que la situación social propia de muchos países latinoamericanos delegó precisamente ese papel de avanzada en estudiantes e intelectuales revolucionarios que han tenido que desatar o más bien comenzar las formas más elevadas de la lucha de clases.»[42]

En virtud de que en *Revolución en la Revolución* se obviaba cualquier análisis acerca de las condiciones objetivas y se absolutizaba la lucha guerrillera de pequeños contingentes armados, sus afirmaciones facilitaron la desvinculación de dichas vanguardias con respecto a las masas. Debido a ello, quienes se guiaron por sus postulados sufrieron en breve tiempo rotundos fracasos.[43] Esto llevó a Debray a reconsiderar su obra, tras lo cual escribió *La crítica de las armas*, sobre cuyo contenido dijo:

> Hemos sido obligados a volver a las enseñanzas fundamentales de la teoría marxista-leninista, no se ha podido encontrar un camino más correcto, no se ha podido evitar el penoso trabajo de aplicar los principios fundamentales del leninismo, no se podía saltar por encima de ellos. De modo que mi libro [*La crítica de las armas*] es (…) el regreso al clasicismo o a cierta ortodoxia ideológica (…) porque después de todo parece ser la forma más económica de hacer la revolución (…) evidentemente porque no hemos transformado el mundo. Hemos partido para transformar el mundo, pero el mundo se resiste y no se resiste mal, no es que permanezca inmóvil: las cosas cambian mucho, pero un poco al margen de nuestra crisis.[44]

4. Proyecto continental del Che

Ernesto Guevara de la Serna, arquetipo de revolucionario internacionalista, se sumó en México al empeño liberador de Fidel Castro,
y junto a él navegó en el *Granma* para iniciar la exitosa gesta guerrillera de la Sierra Maestra. Sus narraciones de la guerra son insu-
perables, con una impresionante profundidad de pensamiento e,
incluso, algunos de sus escritos han pasado a la posteridad como
documentos clásicos del ideario comunista.

El Che afirmaba que donde un gobierno hubiera subido al poder mediante alguna forma de consulta popular y mantuviese al
menos una apariencia de legalidad constitucional, el brote guerrillero resultaba imposible, al no haberse agotado las posibilidades
de la contienda cívica. Y acotaba: «Sería error imperdonable deses-
timar el provecho que puede obtener el programa revolucionario
de un proceso electoral»,[45] aunque subrayaba que por esa vía «lo
más que se lograría sería la captura formal de la superestructura burguesa del poder»,[46] tras lo cual —afirmaba— el «ejército to-
mará partido por su clase y entrará en conflicto con el gobierno
constituido. Puede ser derribado ese gobierno mediante un golpe
de Estado más o menos incruento y volver a empezar el juego de
nunca acabar.»[47]

En el contexto de haber sido rota la legalidad burguesa por las
fuerzas opresoras, Ernesto Guevara insistía en que era posible, y más
aún, necesario, que los revolucionarios forjaran la alianza obrero-
campesina y asimismo establecieran algún vínculo con sectores pe-
queño-burgueses radicalizados y hasta con determinados elementos

progresistas de la burguesía antiimperialista. Todos, bajo la dirección de la ideología científica del proletariado, debían lanzarse hacia el poder mediante el combate armado, para transformar la vieja sociedad subdesarrollada y construir un mundo nuevo. Por eso decía: «Las condiciones objetivas para la lucha están dadas por el hambre del pueblo, la reacción frente a esa hambre, el temor desatado para aplazar la reacción popular y la ola de odio que la represión crea.»[48]

En esas circunstancias, el Che consideraba:

> Primero: las fuerzas populares pueden ganar una guerra contra el Ejército.
>
> Segundo: no siempre hay que esperar a que se den todas las condiciones para la revolución; el foco insurreccional puede crearlas.
>
> Tercero: en la América subdesarrollada, el terreno de la lucha armada debe ser fundamentalmente el campo (...)[49] que tome las ciudades desde el campo.[50]

Pero advertía:

> La guerra de guerrillas es una guerra del pueblo, es una lucha de masas. Pretender realizar este tipo de guerra sin el apoyo de la población, es el preludio de un desastre inevitable. La guerrilla es la vanguardia combativa del pueblo (...) dispuesta a desarrollar una serie de acciones bélicas tendentes al único fin estratégico posible: la toma del poder.[51]

Debido a estos bien fundamentados criterios, Ernesto Guevara censuraba a quienes, en las condiciones de opresión descritas, solo se empeñaban por retornar a la tradicional legalidad, manteniendo intacto el aparato coercitivo burgués. Por eso escribió:

En los lugares donde ocurren estas equivocaciones tan graves, el pueblo apronta sus legiones año tras año para conquistas que le cuestan inmensos sacrificios y que no tienen el más mínimo valor. Son pequeñas colinas dominadas por el fuego de la artillería enemiga. La colina parlamento, la colina legalidad, la colina huelga económica legal, la colina aumento de salarios, la colina constitución burguesa, la colina liberación de un héroe popular. (…) Y lo peor de todo es que para ganar estas posiciones hay (…) que demostrar que se es bueno, que no se es peligroso, que no se le ocurrirá a nadie asaltar cuarteles, ni trenes, ni destruir puentes, ni ajusticiar esbirros, ni torturadores, ni alzarse en las montañas, ni levantar con puño fuerte y definitivo la única y violenta afirmación de América: la lucha final por su redención.[52]

Admirador de la gesta del gran Bolívar, el Che Guevara compartía su criterio, esta vez aplicado al siglo xx, de que la lucha revolucionaria debía adquirir un carácter continental en América Latina. Y afirmaba que en ella «la cordillera de los Andes está llamada a ser la Sierra Maestra, como dijera Fidel.»[53] Para alcanzar los nuevos objetivos libertarios, el Che propugnaba la creación simultánea de varios focos de guerra, que de ser llevados con suficiente destreza política y militar se harían prácticamente imbatibles.[54] Añadía que los referidos grupos armados debían «formar algo así como Juntas de Coordinación para hacer más difícil la tarea represiva del imperialismo yanqui y facilitar la propia causa».[55] Defendía el desarrollo de verdaderos «ejércitos proletarios internacionales, donde la bandera bajo la que se luche sea la causa sagrada de la redención de la humanidad, de tal modo que morir bajo las enseñas de Vietnam, de Venezuela, de Guatemala, de Laos, de Guinea, de Colombia, de Bolivia, de Brasil, para citar solo los escenarios actuales de la lucha armada, sea igualmente gloriosa y apetecible para un americano, un asiático, un africano y, aun un europeo».[56]

Comandante del Ejército Rebelde, Presidente del Banco Nacional de Cuba, Director de la Junta Central de Planificación, Ministro de Industrias, Jefe de delegaciones políticas y económicas, el revolucionario internacionalista Ernesto Guevara escribió a Fidel Castro en 1965:

> Siento que he cumplido la parte de mi deber que me ataba a la Revolución cubana en su territorio y me despido de ti, de los compañeros, de tu pueblo que ya es mío. Hago formal renuncia de mis cargos. (…) Nada legal me ata a Cuba, solo lazos de otra clase que no se pueden romper como los nombramientos.
>
> Haciendo un recuento de mi vida (…). Mi única falta de alguna gravedad es no haber confiado más en ti desde los primeros momentos de la Sierra Maestra y no haber comprendido con suficiente celeridad tus cualidades de conductor y de revolucionario (…) me enorgullezco también de haberte seguido sin vacilaciones, identificado con tu manera de pensar y de ver y apreciar los peligros y los principios.
>
> Otras tierras del mundo reclaman el concurso de mis modestos esfuerzos. Yo puedo hacer lo que te está negado por tu responsabilidad al frente de Cuba y llegó la hora de separarnos.[57]

Luego de una estancia en África, Ernesto Guevara regresó a la América Latina. Deseaba crear un destacamento guerrillero en Bolivia, en el cual participaran combatientes de distintos países latinoamericanos, en una especie de escuela revolucionaria para la lucha armada. Con el propósito de acometer su empeño internacionalista, el Che escogió un pequeño grupo de compañeros suyos con experiencia en la Sierra Maestra, cuya capacidad, valor y espíritu de sacrificio conocía. Al mismo tiempo, activó sus relaciones con dirigentes y militantes del Partido Comunista de Bolivia, con los cuales, mediante Tamara Bunke, *Tania*, tenía relaciones desde 1964.[58] Recababa de ellos solidaridad para el movimiento insurreccional en América del Sur, pues en la fase de preparación de su base guerrillera, el Che sabía que dependería fundamentalmente de la ayuda de los revolucionarios bolivianos, aunque su propósito era organizar una fuerza armada a la que pudieran incorporarse todos los que desearan luchar por la liberación de América Latina.

Cuando Ernesto Guevara llegó a Bolivia, hacía catorce años que en ese país andino se había producido la gran insurrección de los mineros, el 9 de abril de 1952. Entonces esos obreros habían derrotado a las fuerzas armadas profesionales, tras lo cual entregaron el poder al llamado Movimiento Nacionalista Revolucionario encabezado por Víctor Paz Estenssoro. La primera medida del nuevo Gobierno fue disolver el tradicional Ejército para sustituirlo por uno propio, integrado por las milicias obreras y campesinas, así como por los militares que se sumaron a las filas del pueblo. Luego, se dictaron leyes de beneficio social tales como un aumento salarial del 40%, precios máximos para los productos de primera necesidad, y congelación de alquileres. También el triunfo popular permitió alcanzar la ansiada unidad sindical: se creó un solo sindicato por fábrica o mina, una federación proletaria en cada industria, y una central única de trabajadores: la Confederación Obrera de Bolivia. Esta poderosa organización clasista exigió la nacionalización de la gran minería, que entonces fue estatalizada. Luego, la agitación revolucionaria se extendió a las zonas rurales, donde los campesinos aparceros y siervos comenzaron a ocupar las haciendas de los feudales. La incontrolable efervescencia solo se pudo calmar en agosto de 1953, al emitirse la Ley de Reforma Agraria. Aunque se formaron algunas cooperativas sobre la base de las antiguas comunidades agrícolas, el proyecto distribuidor de tierras era típicamente minifundista, y ni siquiera afectaba a las grandes propiedades cuyos dueños hubieran invertido capitales. De esa forma se creó un amplio sector de la población que tendió al autoconsumo, pues poco producía para el mercado y menos aún compraba en él.

La transformación de la sociedad acometida por el MNR no tuvo un carácter democrático-popular, pues el área de propiedad estatal surgida no se creó en interés de los trabajadores ni para contrarrestar el desarrollo del capitalismo. Fue un proyecto peque-ñoburgués que, una vez eliminadas las reminiscencias feudales, expropiada la cúpula burguesa de la minería, establecido el voto universal, reconocida la existencia legal de los idiomas quechua y aimará, consideró terminada la revolución.

A partir de entonces, las tareas de los dirigentes del MNR fue-ron: contener la rebeldía obrera, mantener la alianza con el vasto y dócil campesinado minifundista, enriquecerse aunque fuera mediante malversaciones o negocios sucios y peculado, ya que anhelaban transformarse en burguesía propiamente dicha. ¡Una de las peculiaridades del proceso transformador democrático-bur-gués boliviano fue el no estar dirigido por una burguesía nacional, pues esta, en la República del Altiplano, nunca ha existido! Por eso tampoco alcanzaron profundidad los aspectos nacionalistas de esa atemperada revolución, dado que la referida pequeña burguesía no pugnaba con los imperialistas por el mercado interno, y pronto hubo una confluencia entre ambos intereses.

La visita de Milton Eisenhower, hermano del Presidente nor-teamericano, a Bolivia en 1953 inició el entendimiento entre la di-rigencia del MNR y el imperialismo yanqui. Se firmó entonces en Washington un llamado Convenio de Asistencia Económica, gra-cias a cuyos subsidios se llegó a sufragar el 40% de los gastos del presupuesto boliviano. Luego el MNR votó contra la Guatemala de Árbenz en la OEA, y al año quebró el monopolio estatal sobre el petróleo para brindarles una participación en esas riquezas a los imperialistas.

El claudicante proceso entreguista se aceleró durante la presidencia de Hernán Siles Suazo (1956-1960), pues se aceptaron las condiciones exigidas por el Fondo Monetario Internacional. Estas implicaban prácticas económicas neoliberales como autorizar inversiones extranjeras, cesar el control estatal sobre el comercio exterior y congelar los salarios de los proletarios. No podía sorprender, por lo tanto, que la Central Obrera Boliviana pasara a la oposición, y desatara en 1959 las primeras grandes huelgas desde el triunfo insurreccional. Para enfrentar la renovada combatividad de los trabajadores, el MNR auspició la enemistad hacia estos de los campesinos minifundistas, que mantuvieron sus milicias armadas; mientras, planeaba el despojo a los mineros de sus viejos fusiles, y se apresuraba a reconstruir el Ejército profesional susceptible de aplicar violentas medidas contra las masas populares. Después, Paz Estenssoro retornó a la Presidencia, rompió relaciones diplomáticas con la Revolución cubana, rechazó una oferta de ayuda soviética, integró la Alianza para el Progreso y reprimió con crueldad las manifestaciones de los obreros.

En 1964, para aspirar a la reelección, Paz Estenssoro escogió como acompañante de candidatura a su antiguo piloto, el ya general René Barrientos, con el propósito de que le garantizara la fidelidad de las reconstituidas fuerzas armadas. El binomio alcanzó la victoria debido a los votos mayoritarios de los medios rurales, todavía bajo la influencia del MNR. Pero de inmediato la inestable situación del país puso al Gobierno en medio de dos fuegos; tanto la derecha, muy poderosa en Cochabamba y Santa Cruz, como la izquierda, influyente entre los estudiantes y en los distritos mineros, lo atacaban. Para amedrentar a la oposición Paz Estenssoro decretó el estado de sitio, movilizó a las milicias campesinas, acusó a los comunistas de ser responsables de los disturbios, rompió relaciones diplomáticas con Checoslovaquia. En ese momento, el vicepresidente Barrientos se marchó a la ciudad de Cochabamba donde organizó un mal llamado «Comité Revolucionario Popular», y con el apoyo del Ejército se instaló en el poder el 6 de noviembre de 1964.

Con el propósito de crearse una base política, el demagógico Barrientos formó el Frente de la Revolución Boliviana y realizó constantes giras por el interior del país pronunciando fogosos discursos en idioma quechua, pues anhelaba presentarse como continuador del proceso que le había dado la tierra al campesino. En virtud de esa táctica, Barrientos logró forjar una alianza con dirigentes agrarios en lo que se llamó Pacto Militar-Campesino,[59] el cual le dio el control de zonas rurales, sobre todo en el Valle de Cochabamba. A la vez, el general-Presidente rebajaba los salarios de los trabajadores a la mitad, desarmaba las milicias obreras, intervenía los sindicatos y decomisaba sus estaciones de radio, masacraba a los proletarios que protestaban, ocupaba las minas y perseguía a los comunistas. Todo ese empeño culminó en 1966, con una farsa electoral que pretendía legitimarlo en la Presidencia.

En noviembre de 1966, Ernesto Guevara llegó a Bolivia, y de inmediato se trasladó de La Paz a Ñancahuazu, donde se encontraba el campamento guerrillero establecido por la vanguardia de cubanos y bolivianos. Los cubanos eran tres: José María Martínez Tamayo, *Ricardo*, Harry Villegas, *Pombo,* y Carlos Coello, *Tuma;*[60] y entre los segundos, descollaban dos militantes del Partido Comunista de Bolivia, los hermanos Guido *Inti* y Roberto *Coco* Peredo Leigue. Esta organización política presentaba un panorama complejo; se había escindido en su Séptima Conferencia y mayoritariamente el Comité Central presionaba contra la lucha armada, pues en las recientes elecciones convocadas por Barrientos los candidatos comunistas habían obtenido treinta y dos mil votos, y eso lo consideraban un gran éxito. Contra esa tendencia se alzó la acaudillada por Oscar Zamora, quien añadió a la suya el patronímico de «marxista-leninista», y decía apoyar las concepciones guerrilleras. Pero como esto se reveló falso, con él rompió el grupo encabezado por Moisés Guevara, el cual sí probó que estaba decidido a hacerlo. Ese divisionismo provocó la dispersión de los vinculados con el proyecto concreto del Che, que según Régis Debray tenía el siguiente propósito:

> El foco boliviano funcionaría (…) como un centro de adiestramiento militar y de coordinación política de las diversas organizaciones revolucionarias nacionales de América Latina. Los elementos más avanzados de cada país serían sustraídos de sus bases de origen e incorporados por un momento al foco boliviano (…) y devueltos después a su base nacional como cuadro político militar (…) una red internacional homogénea y flexible a la vez, que cubriera las diversas partes de la nación latinoamericana compuesta por organizaciones nacionales político-militares, dotada de una estructura común, la del ejército guerrillero, una sigla idéntica ELN, casi una doctrina de guerra única…con un estado mayor políticamente coherente (…) y con una visión política global. La columna mandada por el Che hubiera sido la columna vertebral de esa red.[61]

Aunque tras el escisionismo en el partido, los comunistas bolivianos comprometidos con el proyecto del Che quedaron tanto en una como en otra fracción, mayoritariamente permanecieron en la tendencia al frente de la cual estaba Mario Monje. Por deferencia con esa militancia, el Che invitó en primer término a este a visitar su campamento, a pesar de no experimentar hacia él ninguna simpatía. Al reunirse ambos a finales de año, Monje planteó tres puntos: 1) él neutralizaría la hostilidad del Comité Central, extraería cuadros para la lucha y luego renunciaría a la dirección del partido; 2) la dirección político-militar de la lucha le correspondía a él, mientras la revolución tuviera un ámbito boliviano; 3) él manejaría las relaciones con otros partidos sudamericanos, tratando de llevarlos a una posición de apoyo a los movimientos de liberación como el de Douglas Bravo.

Pero el Che no estaba dispuesto a entregarle el mando de un núcleo guerrillero destinado a desarrollar una amplia lucha en toda América Latina, a un inexperto seso-hueco de estrechas miras chovinistas,[62] por lo cual escribió después:

> Le contesté que el primer punto quedaba a su criterio, como secretario del partido, aunque yo consideraba un tremendo error su posición. Era vacilante y acomodaticio y preservaba el nombre histórico de quienes debían ser condenados por su posición claudicante. El tiempo me daría la razón. Sobre el tercer punto no tenía inconveniente en que tratara de hacer eso, pero estaba condenado al fracaso. Pedirle a Codovila[63] que apoyara a Douglas Bravo era tanto como pedirle que condonara un alzamiento dentro de su partido. El tiempo también sería juez. Sobre el segundo punto no podía aceptarlo de ninguna manera. El jefe militar sería yo y no aceptaba ambigüedades en esto.[64]

Al respecto, Fidel Castro más tarde opinó:

> Monje pide mando, y el Che era muy recto, rígido. (...) Yo pienso que el Che debió hacer un mayor esfuerzo de unidad. (...) Pienso que realmente no había ninguna razón para exigir aquel mando, simplemente tal vez hubiera hecho falta un poco, digamos, de mano izquierda. Porque, en realidad, si Monje lo pide, el Che le podía dar el título de General en Jefe, de lo que quisiera, sin mando de tropa.[65]

Cuando se produjo el muy perjudicial rompimiento de vínculos con el PCB, los Peredo y demás militantes bolivianos que estaban en la guerrilla decidieron quedarse en ella, mientras observaban con rabia e impotencia cómo Monje impedía en La Paz que hombres bien entrenados se unieran al Ejército de Liberación del Che. Luego, este invitó a Moisés Guevara,[66] quien le prometió ayuda. Al poco tiempo llegaron algunos hombres enviados por él, así como, por otros conductos, dos internacionalistas: el francés Régis Debray y el peruano Juan Pablo Chang Navarro, el *Chino*. Aunque en el fondo el Che seguramente deseaba que el primero permaneciera en la guerrilla, le encomendó una importante misión en Europa, hacia el cumplimiento de la cual se dirigía cuando fue capturado por las fuerzas de Barrientos.[67] El segundo permaneció en las filas guerrilleras hasta su asesinato el 9 de octubre de 1967 en la escuela de La Higuera.

Al respecto, el Guerrillero Heroico plasmó en su *Diario*:

> Este tipo de lucha nos da la oportunidad de convertirnos en revolucionarios, el escalón más alto de la especie humana, pero también nos permite graduarnos de hombres; los que no puedan alcanzar ninguno de estos dos estadíos (sic) deben decirlo y dejar la lucha.[68]

A finales de marzo, comenzaron de los combates, con un golpe preciso y espectacular, tras lo cual el Gobierno lanzó una contraofensiva dirigida a lograr el aislamiento de la guerrilla. Entonces se organizaron las fuerzas en tres grupos: la vanguardia, en la que se destacaba Roberto *Coco* Peredo; el centro, en el cual se encontraba el Che, así como Tania, y debía contar con la mayor cantidad de hombres; la retaguardia, al mando del cubano Juan Vitalio *Joaquín-Vilo* Acuña Núñez, con la que se perdió el contacto al poco tiempo. A pesar de esto, la inmensa incapacidad del Ejército de Barrientos permitió que en unas cuantas semanas, el puñado de guerrilleros decididos le infligiera incontables derrotas y le capturase en combate cerca de doscientas armas. De esta forma, la presencia de la guerrilla conmocionó al país. En el mes de junio, por ejemplo, la ilegalizada Federación Sindical de Trabajadores Mineros de Bolivia apoyó en un congreso obrero clandestino la iniciativa de la mina Catavi, de donar al movimiento guerrillero un día de salario y enviarle medicamentos. Al enterarse el Ejército del cónclave celebrado y de sus acuerdos, efectivos suyos atacaron los campamentos mineros luego de la tradicional fiesta de San Juan, al amanecer del 24 de junio. Solo en el yacimiento conocido por Siglo xx murieron 87 personas, entre las cuales estaban veinte hombres decididos a unirse a la guerrilla. Con esta masacre, la imagen del régimen boliviano se deterioró aún más, y los signos de su debilidad se multiplicaron, al punto de que el Che llegó a pensar: «El gobierno se desintegra rápidamente. Lástima no tener 100 hombres más en este momento.»[69]

Pero no obstante el sugerente comentario, Régis Debray precisó:

> El objetivo de Ñancahuazu no fue jamás ni a corto ni a mediano plazo, la toma del poder en La Paz. Más aún, el Che consideraba una verdadera catástrofe que a consecuencia de un encadenamiento precipitado de circunstancias, un desenlace prematuramente victorioso hiciera abortar su proyecto histórico, que no podía dar sus frutos sino a largo plazo y difiriendo al máximo sus efectos. Un régimen popular en Bolivia del que hubiese tenido directa o indirectamente que asumir la responsabilidad habría sido para él, puede decirse, como arrastrar un grillete. (…) La lenta creación de una vanguardia político-militar latinoamericana, o más exactamente de un plantel de vanguardia, destinada por destacamentos sucesivos a irradiar hacia los países vecinos del continente. La empresa exigía tiempo, paciencia y en los participantes cierto espíritu de abstinencia, exentos de apetitos políticos inmediatos. No habría sido prudente acercarse a las ciudades o señalarse como objetivo táctico la entrada en los centros urbanos, ya que esta vanguardia con la forma y el contenido de una columna guerrillera (…) no podía crecer y consolidarse más que evolucionando en el campo. En un primer estadío (sic) Bolivia no debía, no podía por tanto, ser

otra cosa que el lugar de implantación y crecimiento del núcleo central que al desarrollarse llegaría un día a multiplicarse por división natural.[70]

En agosto, sin embargo, el contexto alentador empezó a cambiar. El Che lo enjuició como «el mes más malo que hemos tenido en lo que va de guerra. La pérdida de todas las cuevas con sus documentos y medicamentos fue un golpe duro, sobre todo psicológico . (…) La falta de contacto con el exterior y con Joaquín y el hecho de que prisioneros hechos a este hayan hablado, también desmoralizó un poco a la tropa. Mi enfermedad sembró la incertidumbre en varios más. (…) Por otra parte la difícil marcha por las lomas sin agua, hizo salir a flote algunos rasgos negativos de la gente».[71] No obstante, nada tenía tanta incidencia adversa como la pérdida gradual de hombres y la falta completa de incorporación campesina, pues esto resultaba nocivo para la capacidad de la guerrilla de ejercer una acción permanente en el territorio sobre el cual operaba. El Che concluyó: «Estamos en un momento de baja de nuestra moral y de nuestra leyenda revolucionaria. Las tareas más urgentes siguen siendo las mismas del mes pasado, a saber: Restablecer los contactos, incorporar combatientes, abastecernos de medicina y equipo.»[72] En septiembre, la guerrilla estuvo a punto de lograr su recuperación. Además, aunque el número de hombres en sus filas aún era muy reducido, los combatientes mantenían su capacidad de desarrollo, y algunos cuadros bolivianos como los hermanos *Inti* y *Coco* Peredo, se iban destacando con magníficas perspectivas de jefes. Pero una emboscada en la cual cayeron miembros de la vanguardia, el día 26, dejó a los revolucionarios en una posición peligrosa. También la retaguardia acababa de ser liquidada por las fuerzas del Ejército, que mostraban más efectividad. Para colmo, en la masa campesina —que no ayudaba en nada—,[73] comenzaban a surgir delatores.[74] Por eso el Che decidió que en octubre se buscaran otras zonas, de mayor desarrollo político.[75] Para alcanzar este objetivo la guerrilla decidió pasar por la Quebrada del Yuro, donde sin saberlo, la aguardaba una tropa numerosa del Gobierno. El reducido núcleo revolucionario se defendió heroicamente hasta el anochecer del 8 de octubre. En el combate el Che fue herido en las piernas, lo cual le impidió caminar, aunque siguió disparando hasta que su fusil fue roto por un proyectil enemigo y quedó desarmado por estar su pistola sin «magazine». Solo así, inmovilizado e indefenso, Ernesto Guevara pudo ser capturado vivo. Entonces los soldados lo trasladaron al pueblo de Higueras. Allí el Che se negó a discutir una sola palabra con sus captores. Incluso a un oficial del Ejército que, borracho, intentó vejarlo, le propinó una bofetada en pleno rostro.[76] Mientras, en La Paz, Barrientos y otros altos jefes militares tomaban la decisión de asesinarlo. El suboficial encargado de darle muerte en la escuelita, el día 9, completamente embriagado, vaciló en cumplir la orden. Entonces la entereza del Che se mostró a plenitud: «¡Dispare! ¡No tenga miedo!»[77] fueron sus últimas palabras, antes de que una ráfaga de metralleta lo ultimara.

Empezaba a cumplirse el vaticinio histórico que el propio Ernesto Che Guevara formulara:

En cualquier lugar que nos sorprenda la muerte, bienvenida sea, siempre que este, nuestro grito de guerra, haya llegado hasta un oído receptivo, y otra mano se tienda para empuñar nuestras armas, y otros hombres se apresten a entonar los cantos luctuosos con tableteo de ametralladoras y nuevos gritos de guerra y de victoria.[78]

5. Inicio y fin de las guerrillas en Argentina

El agotamiento del nacionalismo burgués populista, simbolizado por la caída del régimen de Perón en 1955, inauguró en Argentina una época de profunda inestabilidad.[79] Mientras la gran burguesía marchaba hacia la monopolización y se aliaba a las transnacionales, el proletariado y la pequeña burguesía clamaban por la defensa de sus reivindicaciones, que en diversos grados el peronismo había satisfecho. En ese contexto, el Gobierno electo del desarrollista Arturo Frondizi implantó, en 1959, el llamado Plan de Austeridad, que dejó sin empleo a miles de trabajadores. Entonces, en las ciudades, en donde vivía más del 80% de la población del país, la lucha de clases se acicateó, a la vez que el peronismo agudizaba su división en tendencias. Una de estas era la Juventud Peronista, que agrupaba a jóvenes en creciente proceso de radicalización. Algunos de ellos luego se escindieron de esa corriente y organizaron el Movimiento Peronista de Liberación e, influidos por los éxitos de la Revolución cubana, defendían la lucha armada para tomar el poder. Así, el 24 de diciembre de 1959, se formó un grupo guerrillero al mando de Juan Carlos Díaz, conocido bajo el seudónimo de Comandante Uturunco. Sus integrantes, unas dos docenas de jóvenes, se alzaron en la región boscosa de los cerros de Cochuma y El Calao, en la parte septentrional de la provincia de Tucumán. Al poco tiempo, se apoderaron de la pequeña comisaría de Frías, villa cercana de la capital provincial, y se retiraron después a su campamento. Pero allí sus efectivos fueron dispersados el 10 de enero de 1960 por las fuerzas del Ejército.[80]

Un origen diferente tuvieron las denominadas Fuerzas Argentinas de Liberación (FAL), conformadas a partir de las escisiones de diversas organizaciones adeptas al marxismo, entre las cuales preponderaban los maoístas. Aunque reconocían la importancia del peronismo por representar la irrupción de las masas en el proceso político argentino, lo censuraban por la herencia paternalista que había dejado en el movimiento obrero, y rechazaban por ello colaborar con sus integrantes. Partidarias de la instauración inmediata del socialismo en el país, las FAL realizaban sobre todo acciones armadas urbanas con fines propagandísticos, sin mayor repercusión entonces sobre el aparato de dominio político burgués.

Jorge Ricardo Masetti, a su vez, fue el impulsor del surgimiento del Ejército Guerrillero del Pueblo (EGP), en junio de 1963. Había alcanzado notoriedad internacional cinco años atrás, cuando como periodista viajó a la Sierra Maestra para entrevistar a Fidel y al Che. Luego del triunfo del Primero de Enero colaboró en la creación de la agencia de noticias Prensa Latina, hasta que renunció para organizar un movimiento guerrillero rural en Argentina. Bajo el nombre de Comandante Segundo, al principio Masetti se estableció en Bolivia, cerca de la frontera con Argentina, con una treintena de hombres, entre los que se destacaba el joven internacionalista cubano Abelardo Colomé Ibarra *Furry*, y de los cuales la mayoría eran estudiantes provenientes de Córdoba y Buenos Aires. A los dos meses, en septiembre de 1963, los integrantes de esa fuerza revolucionaria penetraron en Salta, donde se estableció una base preparatoria de futuras operaciones, pues se proyectaba realizar primero trabajo político con el campesinado de esa provincia y el de Jujuy, antes de comenzar la lucha guerrillera. El EGP se encontraba aún en esa fase inicial cuando, a principios de marzo de 1964, la gendarmería atacó al·campamento conocido como La Toma o El Mole, y dispersó a quienes no asesinó. Algunos resultaron desaparecidos como Masetti, cuyo cadáver no se ha encontrado.

El Gobierno constitucional de Arturo Illía fue derrocado en junio de 1966, mediante el golpe del general Juan Carlos Onganía, quien tenía por objetivo poner en práctica el capitalismo monopolista de Estado. Con el propósito de imponer en el país los nuevos planes socioeconómicos, entonces se ilegalizaron los sindicatos que exigían reivindicaciones, se intervinieron las universidades y se clausuró el Poder Legislativo. Después se acometió la consecución de los proyectos tendentes a convertir a Argentina en exportadora de productos industriales, por medio de la importación de insumos externos, de costo inferior a los elaborados en la República. Esta reestructuración de la economía en favor de los monopolios criollos asociados con las transnacionales, requería el aniquilamiento de ciertas ramas económicas y el desarrollo especializado de otras, para alcanzar niveles más competitivos. Con esa política se devaluó el peso argentino en un 40%, se incrementaron las quiebras comerciales y los cierres de establecimientos fabriles, lo cual perjudicó mucho a diversos grupos de la pequeña y hasta de la mediana burguesía, así como a los proletarios. En estas circunstancias surgieron dos nuevas organizaciones guerrilleras. La primera, Fuerzas Armadas Rebeldes, se constituyó por revolucionarios de variada procedencia, pues mientras unos habían estado vinculados con el proyecto continental del Che, muchos eran de la izquierda tradicional, algunos defendían al peronismo, y hasta hubo gentes sin previa filiación partidista. Sus acciones militares estaban destinadas a lograr un impacto político y a obtener fondos mediante expropiaciones a bancos y a grandes entidades monopolistas, con el propósito de captar nueva militancia y entrenarla. El otro grupo guerrillero recibió el nombre de Fuerzas Armadas Peronistas (FAP), que empezaron sus actividades en el campamento de El Plumerillo, en el área rural de Taco Ralo, provincia de

Tucumán, al mando de Raúl Verdinelli, con una docena de hombres. Pero al cabo de varias semanas, en septiembre de 1968, se descubrió el foco y sus efectivos resultaron diezmados. Entonces las FAP decidieron trasladar sus operaciones a las ciudades.

A mediados de 1969, la oposición contra la política represiva del régimen militar se producía de dos formas: las guerrillas urbanas y la movilización obrera. Esta última llegó a su clímax en mayo, cuando proletarios y estudiantes ocuparon los barrios céntricos de la ciudad de Córdoba. Luego, el movimiento se extendió a Rosario, Mendoza y Tucumán. Con vistas a mantenerse en el poder, Onganía decretó el estado de sitio, intervino la Confederación General de Trabajadores y clausuró órganos de prensa, lo cual solo provocó la multiplicación de la lucha armada. Se aceleró entonces el surgimiento del Movimiento Peronista Montoneros (MPM), estructurado con la fusión de varias tendencias revolucionarias; aunque en el MPM preponderaban los adeptos al justicialismo, como los miembros del grupo Descamisados, o de la antirreformista CGT-Independiente, también se aglutinaban en él marxistas y cristianos. Estos provenían de los Comandos Camilo Torres, del Ateneo de Santa Fe y de algunos otros núcleos menores. No obstante su heterogénea composición, los Montoneros aceptaban la tradicional estructura partidista del peronismo, a pesar de que decían ser su vanguardia revolucionaria.

Los postulados de los Montoneros se proyectaban hacia una amplia alianza social antioligárquica, que respetara el pluralismo político y estuviese encabezada por los sectores populares. Esta novedosa organización pensaba que tras su victoria surgiría una Argentina nueva y antiimperialista, cuya estabilidad impulsara un desarrollo planificado y democrático, pues tenían previsto realizar una reforma agraria que modificase el régimen de propiedad de los grandes latifundios. Sus militantes creían que este programa representaba una especie de síntesis modernizada de las tres banderas históricas del peronismo —independencia económica, justicia social y soberanía política—, mediante el cual se llegara a construir un socialismo nacional en marcha hacia la gran patria latinoamericana.

El Movimiento Peronista Montonero se dio a conocer el 29 de mayo de 1970 al ajusticiar al general Pedro Eugenio Aramburu, quien había sido adalid del antiperonismo a mediados de los años cincuenta. Esta primera acción armada de dicha organización puso en crisis a Onganía, finalmente separado del poder por oficiales que lo acusaron de incapacidad. Pero el relevo de generales no detuvo la lucha guerrillera, cuyo auge se alcanzó durante el trienio comenzado en 1970. Una evidencia de esto fue el surgimiento en ese año del Ejército Revolucionario del Pueblo, comandado por Mario Roberto Santucho, quien en mayo de 1965 había fundado, junto a Nahuel Moreno, el Partido Revolucionario de los Trabajadores. Aquel provenía del Frente Indoamericano Popular, con fuerte arraigo en el proletariado azucarero de Tucumán, y era un ferviente admirador de la Revolución cubana; este pertenecía a la organización Palabra Obrera, de influencia entre estudiantes y ferroviarios, y logró afiliar el PRT a la IV Internacional. Pero desde 1967, Santucho comenzó a defender la lucha armada como vía para derrocar al régimen de Onganía, a la vez que censuraba cada vez más los postulados sectarios de los trotskistas, cuyos dogmas impedían un efectivo acercamiento al proletariado. Moreno rompió en 1968 con el PRT y fundó el grupo La Verdad, en tanto Santucho fortalecía sus posiciones políticas en esa organización revolucionaria. Hasta que el 29 de julio de 1970, en el V Congreso de dicho partido, se anunció la creación del ERP como brazo armado del PRT. La nueva fuerza guerrillera planteaba llegar al socialismo bajo la conducción de la clase obrera, en alianza con el semiproletariado, los campesinos pobres y la pequeña burguesía urbana; consideraba que sus enemigos principales eran el imperialismo norteamericano y sus emanaciones

—FMI, BID—, la oligarquía latifundista y la burguesía criolla monopolista, cuyos intereses debían ser expropiados de inmediato al triunfar la revolución.

La ineficacia represiva del general-presidente Roberto Marcelo Levingston se evidenció en el segundo «Cordobazo», en marzo de 1971, el cual provocó su destitución por la oficialidad. Su lugar lo ocupó el general Alejandro Lanusse, quien comprendía el peligro de recrudecer la persecución política, pues esta solo facilitaría la vinculación del movimiento de masas con las ascendentes fuerzas guerrilleras, en una confluencia que podría resultar explosiva para el régimen burgués. Por lo tanto, se levantaron las prohibiciones que recaían sobre los partidos políticos, se suprimió el odiado Ministerio de Economía, se eliminaron los topes salariales para amortiguar el descontento de los trabajadores y se anunció el regreso a la constitucionalidad mediante elecciones. En contraste, la actividad guerrillera extendía sus operaciones por todos los centros de importancia en el país, pues Buenos Aires, Mendoza, Santa Fe, Rosario y Tucumán, eran escenarios constantes de espectaculares acciones de audaces grupos revolucionarios. Los Montoneros, por ejemplo, atentaban contra importantes jefes militares, ajusticiaban a corruptos peronistas de la burocracia sindical, recuperaban fondos en los bancos, atacaban guarniciones militares, realizaban sabotajes y acciones de propaganda, trataban de crear «guerrillas industriales» para boicotear la producción, distribuían alimentos entre los marginados de las ciudades y hasta ocupaban poblados de mediano rango. El ERP, por su parte, tomaba fábricas para explicar a los obreros sus objetivos revolucionarios y distribuirles la prensa clandestina, ocupaba determinados cuarteles para proveerse de armas, protegía manifestaciones convocadas por organizaciones populares, ajusticiaba a esbirros y torturadores, incautaba alimentos que luego distribuía en las villas miseria,[81] y expropiaba dinero a los grandes bancos.

Pero esas acciones guerrilleras no representaban la vanguardia de insurrecciones populares; solo eran súbitos ataques sorpresivos que momentáneamente paralizaban a las fuerzas represivas. Después, venía el obligado repliegue con su costoso saldo social: muertes, desapariciones y torturas infligidas a quienes se hubieran solidarizado con los revolucionarios. Las organizaciones armadas no tenían todavía la capacidad de arrastrar a la mayoría de la población tras sus objetivos. Carecían de una hábil política de alianzas que englobara a las principales clases y grupos sociales, así como a sus representantes; solo agrupaban a los elementos más esclarecidos del proletariado y de la pequeña burguesía triturada por el proceso monopolizador de la economía. Tal vez la acción que mejor caracterice la forma de operar de estas organizaciones guerrilleras sea la vinculada con la excarcelación de los revolucionarios retenidos en el presidio de Rawson, considerado por el Gobierno como de «máxima seguridad». Esta se realizó el 15 de agosto de 1972, y se llevó a cabo mediante un audaz operativo, asombroso por su precisión y sincronismo; en menos de una hora, los guerrilleros secuestraron un avión y un primer comando junto a los rescatados despegó del aeropuerto civil de Trelew. Por causas imprevistas, un segundo comando no pudo tomar la nave aérea, y durante cuatro horas rechazó el ataque del Ejército, hasta que se rindieron ante la presencia de un juez, un médico y periodistas, lo cual no impidió que una semana después dieciséis de ellos fueran masacrados en la prisión.

El relativo éxito de esta operación realizada en conjunto por el ERP, las FAR y los Montoneros, llenó de optimismo a los revolucionarios, pues se comentó que era el inicio de acciones mancomunadas. Pero la anhelada colaboración anunciada nunca llegó. Al revés, el ascendente proceso unitario se detuvo e, impulsado por la compleja realidad política argentina, pronto dio marcha atrás.

A finales de 1972, el partido peronista constituyó el Frente Justicialista de Liberación (FREJULI), integrado además por diversas organizaciones políticas. Su candidato era Héctor Cámpora, quien defendía la nacionalización de la banca y el comercio exterior, así como realizar una reforma agraria y el regreso de los recursos naturales a la exclusiva propiedad estatal. Con este programa triunfó en las elecciones de marzo del año siguiente. De inmediato se derogaron las disposiciones anticomunistas que ilegalizaban las actividades del Partido, y se enviaron al Congreso importantes leyes concernientes a las inversiones extranjeras, los bancos y la «reargentinización» de la industria. A la vez, el pueblo sacó de las cárceles a los presos políticos y se restablecieron relaciones con Cuba socialista.

El proyecto electoral que acometió el Gobierno de Cámpora provocó el reacomodo del movimiento guerrillero; la mayoría de los miembros de las Fuerzas Armadas Rebeldes, y una parte de las Fuerzas Armadas Peronistas —la tendencia «de base»— se fusionaron con los Montoneros, cuya directiva se unió al FREJULI. Pero esto provocó en esa organización armada la escisión de dos grupos discrepantes. Uno, integró la Columna Sabino Navarro, compuesto por enemigos de cualquier participación en la vida electoral, quienes acusaban de «elitistas» a todos los dirigentes del peronismo. Otro, formó la corriente Lealtad, que deseaba mantener su carácter militar, pero supeditado solo al propio Perón. Mientras, algunos ex miembros de las FAR creaban los Comandos Populares de Liberación, para continuar la lucha armada. El ERP, por su parte, adoptaba una posición intermedia dada a conocer mediante un comunicado, cuya esencia decía:

> El propósito (…) es detener el proceso revolucionario en curso, engañar a las masas, aislar a la vanguardia sindical clasista y a la guerrilla, para poder reprimirla con fuerza militar y/o engaño. No desconocemos que en el seno del peronismo existen importantes sectores populares, progresistas y revolucionarios que lo hacen explosivo, pero esto no debe engañarnos, porque

lo predominante en el peronismo, más aún en el FREJULI representará esencialmente intereses burgueses y capitalistas.[82]

El ERP, sin embargo, precisaba:

> Creemos que el Gobierno de Cámpora representa la voluntad popular. Respetuosos de esa voluntad nuestra organización no atacará al nuevo Gobierno, mientras este no ataque al pueblo ni a la guerrilla. Nuestra organización seguirá combatiendo militarmente a las grandes empresas explotadoras, principalmente imperialistas y a las FF.AA. contrarrevolucionarias, pero no dirigirá sus ataques contra las instituciones gubernamentales ni contra ningún miembro del Gobierno del presidente Cámpora.[83]

Esta postura, así como la decisión de Santucho de romper con la IV Internacional en 1973, captaron las simpatías de las FAL y de los restos de las FAP, que terminaron uniéndose con el ERP. Este, sin embargo, sufrió el desprendimiento del Grupo 22 de Agosto, decidido a apoyar al FREJULI.

La continuación del tipo de acciones anunciadas por el comunicado del ERP provocó que el Gobierno ilegalizara su Frente Antiimperialista por el Socialismo, creado para participar en la vida constitucional. En tanto, los Montoneros y, sobre todo, la Juventud Peronista alcanzaban una influencia notable durante la presidencia de Cámpora, pues ocupaban sindicatos dirigidos por la burocracia, lograban importantes posiciones en el movimiento estudiantil, y comenzaban a crear una estructura organizativa propia dentro del Partido Justicialista, la cual respondía de forma directa a los jóvenes con criterios políticos más avanzados.

La derecha peronista se aterrorizó con lo que estaba sucediendo bajo el Gobierno de Cámpora, y reaccionó de manera violentísima, ya que obligó al recién electo mandatario a renunciar, y forzó la convocatoria de nuevos comicios. En estos, celebrados durante el mes de septiembre de 1973, triunfó el binomio compuesto por Perón y su tercera esposa, en una candidatura que había recibido el apoyo de múltiples organizaciones populares, entre las cuales se encontraba el Partido Comunista. Una vez en la Presidencia, en lugar de acercarse a los Montoneros, como estos esperaban confiados, el anciano y proverbial dirigente del justicialismo hizo lo contrario, pues lanzó fuertes críticas a la Juventud y sobre todo a las organizaciones guerrilleras, invectivas que fueron facilitadas por el sorpresivo ataque del ERP a la guarnición del Regimiento Azul, el 19 de enero.

El mandato de Perón, sin embargo, duró poco, ya que su precaria salud lo envió a la tumba el primero de julio de 1974. Entonces ocupó el cargo María Estela Martínez, *Isabel*, quien se encontraba dominada por la extrema derecha peronista. Esto significó la ruptura entre el justicialismo y los Montoneros, aliados con la Juventud Peronista. Dicha militancia decidió entonces crear:

> Una nueva estructura de conducción estratégica que supere las limitaciones de la conducción unipersonal. Esta estructura debe ser una organización política que exprese los intereses de los trabajadores, dado que como hemos dicho, son estos los que deben tener la hegemonía del proceso. Se trata entonces de la necesidad de un partido revolucionario que con la ideología de la clase trabajadora, conduzca la guerra popular integral y que a nuestro juicio debe constituirse a partir de nuestra organización político-militar Montoneros.[84]

Surgió así el 11 de marzo de 1975, el Partido Peronista Auténtico, que defendía la lucha revolucionaria contra el Gobierno de la viuda Presidenta. Esta respondió ilegalizando al PPA y a Montoneros, a la vez que lanzaba al Ejército a la represión y a la batalla contra la Compañía de Monte denominada Ramón Rosa Jiménez, que el ERP había creado en Tucumán a principios de 1975. A la vez, se generalizaron los combates entre las bandas paramilitares de la corrupta derecha peronista y las organizaciones guerrilleras, en un baño de sangre no comprendido bien por gran parte de la población. Hasta que el 24 de marzo de 1976 las fuerzas armadas volvieron a ocupar el poder.

Al respecto, Jorge Schafik Handal escribió:

> El golpe militar en Argentina, inicialmente dirigido, al menos en apariencia, contra la derecha peronista, no tardó en virar también contra la izquierda peronista y se ha ocupado, sobre todo, de bloquear y someter a control al movimiento obrero, de inmovilizar a los partidos políticos y ha iniciado el desmantelamiento de las organizaciones juveniles y organismos para la solidaridad internacional, al tiempo que el Gobierno de Videla adopta más y más el programa económico brasileño y las bandas asesinas procreadas por la CIA incrementaban impunemente su dantesca cosecha sangrienta, golpeando no solo a la izquierda argentina, sino también a toda la emigración de la izquierda del Cono Sur concentrada en Buenos Aires en los últimos años. Toda esta derechización progresiva se adopta bajo el pretexto de la lucha contra las guerrillas (…) a las cuales ha asestado golpes mortales, y no pensamos que, una vez terminada esa tarea, retornará fácilmente la nave del gobierno argentino a un puerto democrático, sino que continuará su marcha hacia el fascismo.[85]

El equipo gubernamental de los militares fascistas argentinos compartía el criterio del imperialismo norteamericano con respecto a que un nuevo conflicto mundial estaba ya en curso, sobre el eje de fronteras ideológicas sintetizadas en el lema «contraposición Este-Oeste». Dentro de estas concepciones se inscribía también la sucia guerra contra la «subversión interna», que originó el asesinato o la desaparición de más de treinta mil personas en ese país. Pero el propio pueblo de la Argentina puso en jaque a los sucesivos generales que fueron ocupando la Presidencia. Y, a finales de 1981, la nación se encontraba sumergida en la mayor crisis socioeconómica y política de su historia. Además, ya ni siquiera la violentísima represión lograba aplastar la creciente movilización popular, que alcanzaba escalones superiores de unitaria combatividad en fábricas, barrios, iglesias, grupos juveniles, universidades, e incorporaba hasta algunos sectores de la burguesía. En dicho contexto, la ilegalizada CGT llamó a los asalariados a desfilar bajo la consigna de «Paz, Pan y Trabajo», por lo cual, el 7 de noviembre de 1981, en Buenos Aires, se realizó una impresionante marcha de decenas de miles de personas, lo que significó el mayor desafío contra las fuerzas armadas en los siete años y medio transcurridos desde el golpe militar.

La magnitud de la protesta obligó al Presidente de turno a entregar el mando a otro general, quien de inmediato anunció el congelamiento de todos los salarios; la entrega a las transnacionales de las riquezas del subsuelo; el traspaso al sector privado de empresas estatales —como las de petróleo, ferrocarriles, telecomunicaciones, agua y energía—, o de organismos públicos tales como la Banca Nacional, la Junta Nacional de Granos y Carnes y el Instituto Nacional de Reaseguros.

Con el objetivo de pronunciarse contra el entreguismo gubernamental, al grito de «Se va a acabar la dictadura militar», las masas convocadas por la CGT fueron a la huelga y se lanzaron a las calles el 30 de marzo de 1982. En la capital, por ejemplo, los manifestantes se enfrentaron durante cinco horas a las brutales fuerzas represivas, que arrestaron a dos mil personas e hirieron de gravedad a varios cientos. Se evidenciaba el abismo existente entre pueblo y Gobierno, tal vez ni siquiera salvable por algún suceso que produjese una conmoción nacional.

El 2 de abril de 1982, ocho mil infantes de marina argentinos realizaron un precipitado desembarco en el enclave colonial inglés formado por las Islas Malvinas y sus dependencias. La maniobra, en realidad, estaba verdaderamente destinada a desviar la atención popular de la crisis interna hacia los asuntos exteriores; se estimaba que si la ocupación se realizaba con un mínimo de violencia y contaba al menos con la neutralidad de los Estados Unidos, la arriesgada aventura pudiera haber tenido éxito y prestigiar al desacreditado régimen, por haber satisfecho un justificado e histórico anhelo del país. Pero desde el principio, la posición del imperialismo norteamericano fue de apoyo a Gran Bretaña. Además, el enfrentamiento bélico representó un desastre para Argentina; aunque sus pilotos hundieron unos buques de guerra ingleses y averiaron otros, el Ejército no disponía de un plan concreto para la defensa de las islas recién ocupadas; los soldados fueron enviados al archipiélago mal equipados y peor entrenados; la infantería solo llevó alimentos para cinco días y sus morteros no tenían proyectiles; la oficialidad se mostró reacia a abandonar sus comodidades y enfrentar los sacrificios propios del combate; el 60% de las bombas de la aviación no estalló; la Marina de Guerra se retiró del campo de batalla y se refugió en aguas seguras; los tres cuerpos armados se desempeñaron de acuerdo con concepciones totalmente distintas, y sin la menor voluntad de mutua cooperación.[86]

El desprestigiado equipo militar gobernante, en junio, se vio obligado a entregar el mando del Ejecutivo al general Reynaldo Benito Bignone, quien de inmediato anunció el retorno a un régimen civil constitucional mediante elecciones en octubre de 1983. En estas venció el candidato de la Unión Cívica Radical, Raúl Alfonsín, quien había acercado su partido a posiciones socialdemócratas. Tras ocupar el cargo, el nuevo Presidente estableció la indiscutible supremacía del poder civil sobre el militar, reorganizó las fuerzas armadas, enjuició a los tres jefes de la antigua Junta Militar, ratificó las condenas a cadena perpetua de varios oficiales de alto rango acusados de violación de los derechos humanos y realizó una visita de amistad a Cuba socialista.

6. Limitaciones de los combates urbanos en Uruguay y Brasil

La extraordinaria estabilidad burguesa de Uruguay estuvo representada por el Gobierno del Partido Colorado, que tuvo noventa y tres años ininterrumpidos de duración. Durante ese período se produjo el proceso industrializador mediante la sustitución de importaciones, que llegó a su final por la saturación del mercado interno a mediados de la década de los años cincuenta. Esto se reflejó en las elecciones de 1958, en las que el Partido Nacional (Blanco) triunfó, con lo cual la burguesía industrial perdió el poder político. Los victoriosos latifundistas y comerciantes portuarios imprimieron entonces al Estado una orientación favorable a sus intereses, cuyos postulados económicos planteaban restablecer por completo el libre juego de la oferta y la demanda, liberalizar el intercambio comercial al poner fin a las prácticas de trueque con el exterior y auspiciar la inversión en el país de capitales extranjeros. Para llevar a cabo estas concepciones, se firmó un primer acuerdo con el Fondo Monetario Internacional y se emitió una ley de reforma fiduciaria, medidas que reorientaban la política financiera del país. La aplicación de estos preceptos a la economía dio resultados funestos, pues en solo dos años la balanza comercial Régistró grandes saldos negativos, y la deuda externa aumentó en más de cien millones de dólares, ya que las grandes empresas privadas de Uruguay incrementaron con rapidez sus compras foráneas a crédito. De esta manera, la espiral inflacionaria experimentó un súbito ascenso y se deterioró el poder adquisitivo real de los asalariados. Entre estos, uno de los sectores más perjudicados fue el de los jornaleros agrícolas, que a pesar de no tener gran importancia en el país, representaban la columna vertebral de la producción de arroz, remolacha y caña de azúcar, en el norte uruguayo, así como el pilar laboral de la cuenca lechera de Montevideo. Al comenzar en esas zonas los conflictos sociales, debido a la creciente crisis económica, los comunistas se afanaron por politizar a los trabajadores de las vaquerías cercanas a la capital, en tanto el Partido Socialista envió a cuadros suyos a realizar trabajo político en la región septentrional del país.

Raúl Sendic descolló entre todos, al organizar la Unión de Trabajadores Azucareros de la norteña provincia de Artigas (UTAA), que protagonizó la célebre marcha del proletariado cañero sobre Montevideo en 1962. Luego recabó el apoyo de los tradicionales partidos de izquierda, para ocupar los latifundios sin cultivar. Pero, aunque estos formalmente se lo otorgaron, empleaban todas sus energías en participar en las elecciones programadas para aquel mismo año. Muchos socialistas se indignaron con semejante postura y, junto a elementos de otra filiación, decidieron crear el Movimiento de Apoyo al Campesinado (MAC) en respaldo a los sindicalistas de la UTAA. Encabezado por Sendic, el MAC al poco tiempo se propuso pasar a la acción directa, por lo cual un grupo de sus integrantes penetró en el Club de Tiro Suizo de Colonia Helvecia y se apoderó de una docena de fusiles.

Al respecto, el conocido dirigente Eleuterio Fernández escribió: «Luego de muchos meses de teoría y preparación habíamos pasado a la acción. (…) Había por lo menos cuatro grupos distintos que tenían entre sí una cosa en común: haber demostrado en la práctica su decisión.»[87]

En el Partido Comunista, la audaz operación también tuvo importantes consecuencias: mientras la mayoría de la militancia defendía el criterio de continuar su fuerte proselitismo entre los obreros industriales, e incluso ampliarlo hacia los empleados administrativos con el propósito de crear una central sindical única, la minoría se escindió en el propio 1963. Esta corriente abrazó el maoísmo y fundó el Movimiento de Izquierda Revolucionaria, que al año se dividió en tres tendencias. Una, afirmaba que las condiciones no estaban aún dadas para la revolución; otra, decía que sí y que la lucha se llevaría del campo a la ciudad; la tercera, estaba de acuerdo con el primer planteamiento de la segunda, pero afirmaba que el combate guerrillero sería preponderantemente citadino, por ser Uruguay un país con más del 80% de su población urbana, aglomerada sobre todo en la hipertrofiada capital. En medio de la polémica, el PCU se anotó un relevante triunfo cuando, en 1964 logró que se creara la unitaria Confederación Nacional de Trabajadores (CNT), cuya directiva este partido controlaba.

El MAC, por su parte, adoptó una estructura organizativa sui géneris, acorde con la cual todos los grupos que lo formaban tenían independencia, salvo en lo que hubieran resuelto coordinar con los demás. Así, cualquier agrupación podía hacer acuerdos con una o más de las otras, sin implicar al resto; todos mantendrían en secreto lo referente a miembros, recursos y demás cuestiones que deseara, pues solo era obligatorio compartir cualquier información concerniente a la seguridad; cada uno mantendría su filiación partidista en caso de desearlo o podría tener su propia línea política; los ingresos al MAC tenían que ser por unanimidad, y para aspirar a hacerlo se debía haber participado por lo menos en una acción guerrillera. Este ideal proyecto organizativo no funcionó, por supuesto, en la práctica; la ausencia de criterios centralizadores condujo al fraccionamiento operativo y a la ulterior ruptura. De los restos de ese empeño revolucionario surgió, en 1965, el Movimiento de Liberación Nacional, que utilizó el apellido de Tupamaros,[88] en honor al patronímico empleado por los combatientes del prócer José Gervasio Artigas, quienes lo habían adoptado en recuerdo a la gesta acaudillada por Tupac Amaru. Entonces se integraron al MLN (T) revolucionarios provenientes del MAC, así como disidentes anarquistas, trotskistas, la tercera corriente del MIR, grupos católicos radicalizados y hasta gente sin filiación partidista alguna. En sus filas se aglutinaban estudiantes, intelectuales, técnicos, profesionales, así como elementos avanzados de la pequeña burguesía urbana, progresivamente en ruina debido al creciente proceso monopolizador de la economía. También hubo obreros industriales y hasta jornaleros agrícolas, con los cuales se intentó organizar una guerrilla rural. Pero el predominio de grandes haciendas ganaderas y enormes terrenos baldíos no facilitaba el surgimiento de un foco insurrecto en el campo. Por ello, finalmente los Tupamaros escogieron a Montevideo como el territorio fundamental para sus actividades de propaganda armada.

En noviembre de 1966, en vísperas de los comicios generales, en Uruguay se derogó la vieja Constitución democrática y se adoptó una que imponía un Poder Ejecutivo fuerte en lugar del precedente, colegiado. Al votar, en rechazo a la política seguida casi durante un decenio, los electores escogieron al general retirado Oscar Gestido, quien tenía como vice al «colorado» Jorge Pacheco Areco. Este ocupó la Presidencia a la muerte de aquel, en diciembre de 1967, y de inmediato dio vigoroso impulso a la monopolización económica, a la vez que dictaba «medidas prontas de seguridad» para reprimir al ascendente movimiento guerrillero.

EL MLN (T) se caracterizaba entonces por efectuar operativos destinados a conseguir armas —como el ataque a un cuartel de la Marina— y, sobre todo, financiamiento. Carente de un amplio soporte de masas que pudiera subvencionarla, mediante la compra de bonos o con donaciones, la guerrilla asaltó casinos y sucursales bancarias en acciones no siempre bien comprendidas por la mayoría de la población. También realizaba atentados a filiales de compañías estadounidenses, o contra empresas criollas que mantenían una política antiobrera; asimismo, repartía ropas y alimentos entre los habitantes de los barrios marginales. Sin embargo, tal vez su actividad de mayor resonancia haya sido la fugaz toma de la ciudad de Pando, en homenaje al segundo aniversario de la caída de Ernesto Che Guevara. Luego de esta audaz acción, alcanzaron relevancia las masivas fugas de revolucionarios llevadas a cabo en la Cárcel de Mujeres, en julio de 1971, y del presidio de Punta Carretas, dos meses después. Estos hechos, de gran impacto, solo fueron posibles debido al extraordinario nivel de organización alcanzado por los Tupamaros.

Al respecto, el destacado Leopoldo Madruga escribió:

> Podríamos decir que la compartimentación, la discreción para el guerrillero urbano son lo que la senda secreta en la selva para el guerrillero rural. El no saber más de lo que debe saber, el no comentar, el no conocer más locales que los necesarios para sus movimientos, el no saber más nombres que los de sus compañeros de célula, que los que tiene que conocer, la utilización de nombres supuestos y nunca de los verdaderos, son las garantías de que el movimiento cuando es golpeado en alguno de sus cuadros, lo que caiga atrás sea siempre poco o nada.[89]

La oposición al Gobierno de Pacheco Areco se manifestó, asimismo, en el plano partidista, al convergir comunistas, socialistas, demócrata-cristianos, facciones izquierdistas de los partidos «blanco» y «colorado», así como elementos independientes, en el Frente Amplio, creado en febrero de 1971. Este positivo fenómeno político fue bien estimado por el MLN (T), que emitió el siguiente comunicado:

> Mantenemos nuestras diferencias de método con las organizaciones que forman el Frente Amplio y con la valoración táctica del mismo: las elecciones. Sin embargo, consideramos

conveniente plantear nuestro apoyo al Frente Amplio. El hecho de que este tenga por objetivo inmediato las elecciones, no nos hace olvidar que constituye un importante intento de unir a las fuerzas que luchan contra la oligarquía y el capitalismo extranjero. El frente puede constituir una corriente popular capaz de movilizar importantes sectores de trabajadores en los meses próximos, y después de las elecciones. (…) Al apoyar al Frente Amplio lo hacemos en el entendimiento de que su tarea principal debe ser la movilización de las masas trabajadoras y de que su labor no empieza ni termina con las elecciones.[90]

La victoria electoral de la tendencia «colorada» más reaccionaria, encabezada por Juan María Bordaberry, vinculado a los monopolios criollos en asociación con las transnacionales yanquis, significó un viraje gubernamental aún más hacia la derecha, pues se decretó el estado de guerra interno, se incrementó la represión y se multiplicaron los asesinatos. Se asaltaron, incluso, locales del Partido Comunista con el saldo de varios militantes ametrallados, a cuyo sepelio asistió el Arzobispo de Montevideo. Entonces, mientras huelgas y manifestaciones de protesta tenían lugar por doquier, el Parlamento se convirtió en trinchera desde la cual se denunciaban torturas y crímenes. Esta dramática realidad indujo al MLN (T) a considerar finalizada su etapa de propaganda armada, para dar un salto de calidad en sus actividades con el propósito de colocar al país en una situación de guerra revolucionaria. Se inició así, en abril de 1972, una batalla total entre la guerrilla y las fuerzas del Ejército, que solo en dos meses infligieron golpes mortales a los grupos revolucionarios armados urbanos; se capturó o asesinó a numerosos combatientes clandestinos, se descubrieron refugios, depósitos y casas de seguridad. Hasta que en julio, los Tupamaros pidieron una tregua para sacar a sus principales efectivos del país. Se evidenció de esta forma, que la proclama emitida hacía tres meses había sido triunfalista, y que la organización guerrillera no representaba todavía una fuerza capaz de arrastrar a la mayoría de la población tras sus objetivos ni había tampoco vínculos eficientes entre la militancia del Frente Amplio y los insurrectos. En síntesis, se había subestimado la capacidad represiva del régimen, al endilgarle al conjunto de las fuerzas armadas las características de relativa ineficacia mostrada hasta entonces por la Policía.

La derrota de los guerrilleros abrió el camino a la oficialidad golpista, que exigía medidas aún más reaccionarias. Hasta que, en febrero de 1973, el gabinete civil renunció y, de acuerdo con Bordaberry, la Junta de Comandantes se convirtió en el centro del Poder Ejecutivo. Los nuevos gobernantes evidenciaron un completo desprecio por las tradicionales instituciones democráticas de Uruguay cuando, el 27 de junio, fuerzas del Ejército ocuparon las radiodifusoras y periódicos al mismo tiempo que se decretaba la disolución del Parlamento. Entonces, para resistir, la CNT apoyada por el Frente Amplio y el Partido Nacional (Blanco) anunció una huelga general indefinida con ocupación de fábricas y oficinas por los asalariados. Nadie imaginaba entonces la magnitud de la represión. Se disolvió la central de trabajadores, apresaron a las principales figuras políticas nacionales, intervinieron la Universidad de Montevideo, proscribieron al Partido Comunista junto con el Frente Amplio y otras trece organizaciones partidistas, convirtieron el estadio deportivo El Cilindro en monstruosa cárcel. Se implantaba en el país un régimen fascista, que impuso plenamente el capitalismo monopolista de Estado.

En Uruguay, pocos años más tarde, la represión del Ejército se puso en jaque con el reinicio de las movilizaciones populares, en parte impulsadas por el proscrito Frente Amplio. Con el objetivo de brindar una salida política al régimen que se deterioraba, la cúspide militar decidió, en 1980, legalizar los tradicionales partidos «blanco» y «colorado», a la vez que elaboraba una Constitución nueva. Pero esta fue rechazada en un referendo, por lo cual hubo que realizar un recambio en la cúpula gobernante. El general Gregorio Álvarez, sustituto-designado del Ejecutivo, convocó entonces a elecciones para 1984, en las cuales, sin embargo, las fuerzas armadas se reservaban la posibilidad de vetar a los candidatos que no fueran de su agrado. En esas condiciones, en marzo de 1985, el «colorado» Julio María Sanguinetti ocupó la Presidencia, y pronto dictó una ley de amnistía para los militares que hubieran atropellado los derechos humanos durante los años de dominio castrense. Así, con muchas penas y sin glorias, terminaba en este país el fascismo.

En Brasil, las elecciones celebradas a finales de 1960 dieron el triunfo al candidato de la Unión Democrática Nacional, Janio Quadros, quien ocupó la Primera Magistratura el 31 de enero siguiente.[91] Casi de inmediato, el nuevo Presidente planteó la necesidad de emprender una reforma agraria para ampliar el mercado interno y anunció sus intenciones de establecer relaciones diplomáticas con los países socialistas, medida con la cual pretendía contribuir a fortalecer el intercambio comercial brasileño con el exterior. Desde entonces, la oposición conservadora abrumó a Quadros, obligado a renunciar al poder en agosto del propio año tras anunciar que había sido «vencido por la reacción». El Vicepresidente electo, el *trabalhista* Joao Goulart, se vio impedido de ocupar el ejecutivo debido al rechazo experimentado hacia él por los sectores monopolistas y agroexportadores. Estos controlaban las fuerzas armadas y exigían un cambio en la Constitución antes de que el aspirante ocupara el cargo, para así disminuir las prerrogativas presidenciales e instituir un régimen parlamentario. Aunque esa innovación tuvo lugar, una vez en la Primera Magistratura, Goulart pudo reimplantar el sistema presidencialista gracias al apoyo de los sectores medios de la burguesía industrial, del proletariado y de otras fuerzas progresistas. Después, estableció relaciones diplomáticas con la Unión Soviética y anunció una política de no intervención en los asuntos internos de los demás países.

En el año 1963, para hacer frente a la crisis cíclica interna de sobreproducción capitalista, el Poder Ejecutivo brasileño ordenó estructurar un amplio programa de gobierno. Este debía incluir mayores salarios para los obreros, reforma agraria, aumento de impuestos a los grandes capitalistas y control de las inversiones extranjeras. Por esa misma época, el Presidente autorizó también la realización de un Congreso de Solidaridad con Cuba en la ciudad de Niteroi. La reacción no esperaba otra señal para desbocarse contra el régimen democrático imperante en el país.

En relación con estos acontecimientos, Luis Carlos Prestes escribió:

> En marzo de 1964 se configuró en Brasil una situación tal que solo había dos alternativas a la crisis: o la destrucción del sistema de dominación existente por medio de una revolución que abriese el camino al socialismo, tarea, para cuya solución no había, evidentemente, condiciones ni fuerzas necesarias; o el reagrupamiento de las fuerzas dentro del bloque socioeconómico dominante por medio de la aplicación de una política contrarrevolucionaria que en aquellas condiciones concretas solo podría ser realizada por el Ejército, única institución de Estado que podía responder, organizadamente, por los intereses y planes del gran capital internacional.[92]

Luego, el secretario general del Partido Comunista concluyó:

> Para alcanzar el éxito en la realización de semejantes aspiraciones, la oligarquía utiliza, en general, la sorpresa y, como sucedió en Brasil en 1964, la ceguera subjetivista de la vanguardia proletaria revolucionaria, que no supo analizar correctamente la situación concreta y la evolución de los acontecimientos y, en particular, la transición realizada por la burguesía, aliada del proletariado dentro del «movimiento nacionalista y democrático» de aquel entonces, para el lado

de las fuerzas más reaccionarias de la oligarquía económicamente dominante, directamente ligada a los intereses del imperialismo norteamericano. Como resultado de los cambios en la distribución de las fuerzas de clase cambió también su posición la pequeña burguesía, lo que condujo al aislamiento de la clase obrera y de las masas trabajadoras del campo, que recientemente comenzaban a organizarse.[93]

Al tomar las riendas del Gobierno, la jefatura militar auspició la interconexión de los monopolios criollos con las transnacionales, y la de ambos con las empresas estatales; el régimen fascista impulsó así el surgimiento del capitalismo monopolista de Estado, el cual logró en una década más que duplicar la producción de la industria en el país, gracias a elevadas y sostenidas tasas de desarrollo de la economía. Crecieron sobre todo a ritmo acelerado, la electroenergética, la metalurgia, las construcciones mecánicas, la química y el cemento. Pero el llamado «milagro económico brasileño» solo fue posible mediante la extracción de mayor plusvalía al proletariado, con más inversiones directas extranjeras y con la meteórica ascensión de la deuda externa.

El golpe militar-fascista de 1964 agudizó las contradicciones en la izquierda del Brasil, desde antes en proceso de fraccionamiento, pues en 1962 ya habían surgido las primeras escisiones en el Partido Comunista Brasileño. La primera fue la del grupo conocido como Política Obrera (POLOP), que discrepaba del apoyo político brindado por el Comité Central al Gobierno de Goulart; después, los disidentes maoístas Joao Amazonas y Muricio Grabois fundaron el Partido Comunista de Brasil. A la vez, núcleos revolucionarios de la Juventud Católica Universitaria creaban la Acción Popular. Y, aprovechando una extrema legalidad burguesa, en 1963, el líder nacionalista revolucionario del *trabalhismo*, Leonel Brizola, quien había sido Gobernador de Rio Grande do Sul y era ya diputado federal, comenzó a vertebrar células armadas en la región meridional del país. Con el golpe de Estado, las Ligas Campesinas de Juliao fueron disueltas y el Partido Comunista sufrió nuevas escisiones, como las siguientes: Agrupación Comunista de Sao Paulo, Corriente Minas Gerais, Disidencia de Bahia, Partido Comunista Brasileño Revolucionario —de Mario Alves, Jacob Gorender y Apolonio de Carvalho—, las cuales se encontraban entre los principales grupos fraccionalistas de las más variadas tendencias políticas. También dentro de las nuevas organizaciones surgieron otros grupúsculos; así, por ejemplo, POLOP sufrió diversos desgajamientos, de los cuales el más importante fue el del Partido Obrero Comunista. A su vez, en el Partido Comunista de Brasil se desarrolló la línea Ala Roja, proclive a la lucha armada. Esta vía también era compartida por el Movimiento Nacionalista Revolucionario, que en 1966 había fundado Brizola con el apoyo de algunos militares separados del Ejército por los fascistas. Aquel orientó al año el establecimiento de un foco guerrillero en la Sierra de Carabao, que fracasó en poco tiempo. Entonces, el MNR entró en disolución; surgieron, en su lugar, el Movimiento Armado Revolucionario y el Movimiento Revolucionario 26. Casi al mismo tiempo, jóvenes maoístas de Acción Popular y de la corriente denominada Ala Roja se unieron en el Partido Revolucionario de los Trabajadores, el cual proyectaba un empeño guerrillero rural que nunca fructificó.

En 1968, sin embargo, el heterogéneo movimiento revolucionario brasileño pareció empezar a alcanzar visos de organización. En efecto, en ese año, a partir de la Disidencia Paulista, que se oponía al apoyo dado por el PCB al Frente Amplio Opositor, creado por viejos políticos burgueses, y del PCBR, Carlos Marighela[94] y Joaquin Camara Ferreira organizaron la Alianza de Liberación Nacional (ALN), que se proponía desatar la lucha guerrillera. Aunque el ALN defendía el criterio de tomar el campo como área fundamental de sus actividades, empezó a operar en las ciudades debido a necesidades inmediatas, por lo que inició sus acciones combativas en el llamado triángulo Río de Janeiro-Sao Paulo-Belo Horizonte, con el objetivo de proveerse de armas y dinero. Así, expropiaron capitales a bancos, industrias y comercios; y atacaron pequeñas unidades militares y estaciones de Policía. También ajusticiaron esbirros. El ALN, sin embargo, no pudo reponerse de las muertes de Marighela, ocurrida el 19 de febrero de 1969, y de Camara Ferreira, el 24 de octubre de 1970, tras las cuales desapareció. Durante ese tiempo, esta organización había colaborado con el Movimiento Revolucionario 8 de Octubre (MR-8), creado a partir de las disidencias juveniles del PCB en Sao Paulo y Guanabara, encabezadas respectivamente por José Dirceu y Vladimir Palmeira, quien además era presidente de la Unión Metropolitana de Estudiantes. Pero el MR-8 tampoco logró resistir la ofensiva de las fuerzas fascistas y dejó de existir. Quedó entonces como principal organización revolucionaria político-militar la Vanguardia Popular Revolucionaria (VPR), formada por disidentes de POLOP y del MNR.

En 1969, durante algunos meses, VPR había estado fusionada con el grupo Comando de Liberación Nacional, en la llamada Vanguardia Armada Revolucionaria-Palmares (VAR-P). Pero en septiembre de ese año VPR volvió a surgir, pues sus integrantes daban preferencia a la agitación política sobre la lucha armada. En cambio, a la VAR-P se incorporó espectacularmente el capitán Carlos Lamarca, quien hizo explotar una bomba dentro de un cuartel del Segundo Ejército en Ibirapuera, del que además se llevó setenta fusiles, diez ametralladoras y tres bazucas, con las cuales organizó un foco rural en el Valle de Ribeira.

Para combatir a los guerrilleros, el régimen fascista estructuró una Comisión Nacional de Seguridad, a la cual se le adscribió un poderoso aparato punitivo compuesto por los órganos represivos de las Fuerzas Armadas asociados a los sanguinarios grupos paramilitares al estilo del tenebroso Escuadrón de la Muerte. También fueron suspendidas las garantías a los magistrados, eliminadas las elecciones directas para los gobiernos estaduales y convertida la tortura en una actividad cotidiana de la Policía. Esta campaña de aniquilamiento, unida a la ausencia de un amplio apoyo de masas a la lucha armada, terminó por liquidar, a principios de 1971, los referidos empeños guerrilleros de Palmares, así como los del Movimiento Revolucionario Tiradentes, fundado poco antes por Devanir Jose Carvalho. El propio Lamarca fue muerto en combate el 18 de septiembre de 1971. Cesaba la actividad guerrillera en Brasil.

En el gigante sudamericano, desde mediados de la década de los años 70, se incrementó el movimiento a favor de una apertura democrática, la amnistía de presos políticos y convocar a una Constituyente. La redemocratización se convirtió en la palabra de orden, sobre todo en la reaparecida Unión Nacional de Estudiantes, que también exigía la derogación de la represiva Ley de Seguridad Nacional y el castigo a las bandas terroristas de ultraderecha. Hasta la Confederación Nacional de Obispos Católicos Brasileños acordó luchar por una reforma agraria y defender los derechos de los indígenas. Pero nada se pudo comparar con el resurgimiento de la lucha proletaria para exigir libertades sindicales y protestar por el deterioro del nivel de vida de los asalariados; el Primero de Mayo de 1978, los obreros cesaron el trabajo en las fábricas de automóviles de Sao Paulo, lo que de inmediato se extendió a las otras industrias. La enorme huelga de medio millón de trabajadores estaba dirigida por el combativo líder metalúrgico Luiz Ignacio *Lula* da Silva, quien obligó al Gobierno y a los empresarios a conceder aumentos salariales. Después, el Gobierno tuvo que suprimir el uso de las Actas Institucionales, restablecer el hábeas corpus, otorgar independencia al poder judicial, suprimir la censura de prensa y autorizar un Primer Congreso Nacional por la Amnistía. Este se inauguró simbólicamente presidido por los nombres de los héroes y mártires del movimiento antidictatorial y se clausuró exigiendo total libertad de manifestación y pensamiento, así como el fin de todas las leyes represivas.

La década de los años 80 se inauguró con la ley que decretaba una amplia amnistía, debido a lo cual regresó al país una pléyade de políticos exiliados. Luego se legalizaron todos los partidos, lo que permitió el resurgimiento de algunos antiguos y la creación de otros. Entre estos descollaba el Partido Trabalhista (PT), formado por gentes de pensamiento avanzado y líderes sindicales, encabezados por Lula. El PT fue el único que se legalizó mediante movilizaciones populares en los diferentes estados del país, lo cual forzó a su inscripción en los padrones electorales; contaba con el fervoroso respaldo de los sindicatos obreros, los trabajadores agrícolas, los campesinos sin tierra y hasta de muchas comunidades religiosas de base. Así, el *trabalhismo* pudo participar en la Asamblea Constituyente de 1987, que instituyó un régimen presidencialista y convocó a elecciones generales en noviembre de 1989. Una época nueva comenzaba para el Brasil.

Parte III
Los sandinistas al poder

1. El régimen de Somoza

El asesinato de Sandino inició la ofensiva de la burguesía agro-exportadora, con lo cual empezaron más de veinte años de reflujo revolucionario. A partir de ese momento, Anastasio Somoza García fortaleció cada vez más su posición en el país. Esto se evidenció hacia mayo de 1935, cuando exigió del presidente Juan Bautista Sacasa renunciar a sus prerrogativas como Comandante de la Guardia Nacional. Al año de haber alcanzado este objetivo, Somoza propició que unidades de esa fuerza armada se sublevaran en Managua y León contra el Primer Mandatario y su Vicepresidente, quienes abandonaron sus respectivos cargos y marcharon al exilio. El interinato del designado por el Congreso para que terminara el mandato de los dimitentes, facilitó a Somoza lanzar su candidatura para el ejecutivo de la nación, que finalmente ocupó el primer día de enero del año 1937.

La tiranía nepotista y pro yanqui de Somoza se inició con el respaldo de importantes sectores del Partido Liberal, que de esta manera lanzaron a la oposición a los conservadores, quienes habían perdido los favores del imperialismo por su manifiesta incapacidad política. Una vez entronizado en el poder, Somoza inició una desenfrenada carrera hacia las riquezas, que lo convirtió en relevante ganadero exportador de reses y en dueño de las minas de oro San Albino. Luego expropió a varios rivales suyos e incorporó esos bienes a su patrimonio. Pero la mayor acumulación, Somoza la realizó al estallar la II Guerra Mundial, cuando personalmente se apropió de las inversiones de los alemanes en Nicaragua; así, el tirano pasó a ser cosechero de café, poseedor de tiendas y gran transportista. Durante dicha conflagración internacional, Somoza también impulsó el surgimiento de algunas instituciones de control económico estatal, para colocar al frente de ellas a incondicionales de su familia, con lo cual incrementó las prácticas de latrocinio y peculado en beneficio propio.

Transcurrida la mitad de su mandato cuatrienal, Somoza elaboró otra Constitución que, a partir de 1941, extendía los períodos presidenciales a seis años y permitía la antes proscrita reelección. Los debates partidistas concernientes a esta sucia maniobra fueron acalorados y propiciaron la escisión de las viejas organizaciones políticas en proclives al régimen y enemigas de él. Estas últimas se aglutinaron en los partidos Conservador Nacionalista y Liberal Independiente, mientras que Somoza creaba su Liberal Nacionalista, cuya leal contraparte formal era el Partido Conservador Tradicionalista. Pero a finales de la II Guerra Mundial, la oleada democratizadora que recorrió Centroamérica al influjo de las victorias aliadas sobre el nazi-fascismo, preocupó a Somoza. Para no correr la suerte de los tiranos Maximiliano Hernández Martínez, en El Salvador, y de Jorge Ubico, en Guatemala, derrocados mediante movimientos populares, el déspota nicaragüense decidió realizar una simulada apertura política. Permitió entonces que se constituyeran sindicatos obreros, gremios de artesanos, así como asociaciones campesinas, y autorizó que se fundara el Partido Socialista. Admitió después que Carlos Cuadras Pasos, nuevo líder del Partido Conservador Tradicionalista, diese un giro contrario al somocismo. E incluso, en abril de 1945, dictó un Código del Trabajo y prohibió la reelección. Acorde con estas proyecciones, en 1947, Somoza anunció que en el futuro se limitaría a ser jefe de la Guardia Nacional y propuso como candidato de su partido, para relevarlo, a Leonardo Argüello. El espejismo ocasionado por la estratagema somocista llegó a confundir a los desafectos del régimen, quienes se ilusionaron con el aspirante presidencial oficialista. Por ello, los partidos Liberal

Independiente y Socialista, así como la Confederación del Trabajo y diversos grupos estudiantiles, brindaron su respaldo a Argüello y le ofrecieron que realizara una alocución a sus simpatizantes el Primero de Mayo.

Anastasio Somoza solo toleró a Argüello veintiséis días en la Presidencia de la República. Entusiasmado por los aires de Guerra Fría provenientes de Estados Unidos, destituyó al ingenuo pelele y colocó en su lugar a un familiar suyo, golpeó a la Central Obrera y a los partidos de oposición; derogó el Código del Trabajo y todas las leyes democráticas, y luego convocó a otra Constituyente para que emitiese un texto acorde con los nuevos tiempos. La reorientación gubernamental animó a Cuadras Pasos a reconsiderar en 1948 su postura ante el régimen, por lo cual desanduvo el camino transitado y se reconcilió con el tirano. Este acuerdo abrió la ruta para que a los dos años Emiliano Chamorro, líder del Partido Conservador Nacionalista, se entendiera con el hábil Somoza, quien aceptó el acto de contrición de su viejo rival.

Al respecto, Sergio Ramírez Mercado escribió: «El clima creado por el pacto político Somoza-Chamorro de 1950 (…) es el que permitiría a los dos grupos económicos la posibilidad de un crecimiento económico y sin zozobras.»[1]

Acatado por la mayoría de las organizaciones políticas, Somoza regresó a la Presidencia en 1951, con derecho a la reelección. Desde entonces se concretó el desarrollo del capitalismo en Nicaragua bajo la estrecha vía de la agricultura casi monoexportadora, cuya estructura productiva estaba ligada a la coyuntural demanda del mercado mundial. En ese contexto, el algodón impulsó el proceso de afianzar las relaciones de producción burguesas en el agro, a la vez que las «tolvaneras», derivadas de aquel, mejoraban algo el pobre alimento popular. Todo ello incidió en la consolidación del Estado, así como en el desarrollo de algunas actividades industriales y comerciales, vinculadas con los circunstancialmente altos precios de los productos cotizados en las bolsas de valores imperialistas. Una de las consecuencias de este proceso fue el incremento de la polarización social en el país. De un lado, los humildes y explotados, y del otro, la cada vez más rica burguesía. Acorde con este proceso de enriquecimiento, en los años 1952 y 1953, se empezaron a constituir en Nicaragua tres poderosos grupos económicos. El somocista, conformado alrededor de la familia presidencial, que tenía su propia entidad financiera: el Banco de Centroamérica. Gracias a este potencial, la camarilla en el poder, asociada con el multimillonario yanqui Howard Hughes, alcanzó importantes posiciones económicas; Somoza monopolizaba los transportes aéreos y marítimos, poseía las principales compañías de pesca y de producción agroindustrial —vinculada con la siembra de arroz y la cría de cerdos—, así como 51 ranchos ganaderos, 46 fincas de café y un gran complejo azucarero basado en ocho plantaciones, e inversiones en diversas industrias.

El más poderoso grupo rival de Somoza se estructuraba alrededor del Banco Nicaragüense (Banic), fundado por los algodoneros y comerciantes de occidente —León y Chinandega— en alianza con los industriales de Managua. Representaba a la burguesía liberal asociada con el Chase Manhattan Bank y el Morgan Guaranty Trust, que promovían, asimismo, una serie de instituciones de fomento social, destinadas a lograr un arrastre popular para su organización política. Por lo tanto, subsidiarias del Banic otorgaban créditos a pequeños comerciantes y a gentes con limitada solvencia monetaria, interesados en construir sus propias viviendas.

El Banco de América (Banamérica) aglutinaba al otro grupo burgués desligado de Somoza, constituido por ganaderos y comerciantes orientales, sobre todo de Granada, así como por productores de azúcar y bebidas alcohólicas. Su riqueza se remontaba al siglo xix y por eso se le podía vincular al Partido Conservador, muy afectado por el somocismo. Al principio, el Banamérica funcionó bajo los tradicionales preceptos de captar recursos para invertir en las actividades agropecuarias, pero después se asoció con el Wells Fargo Bank y el First National Bank of Boston para juntos acometer negocios en la esfera de los seguros y la construcción.

A pesar de la división realizada tomando como criterio los vínculos con uno u otro banco, no se debe pensar que esos intereses grupales constituían compartimentos estancos de la burguesía, pues existían nexos que los relacionaban entre sí, como la Compañía Azucarera Nacional, S.A. donde Somoza y Banamérica estaban asociados para exportar, o Hacendados Unidos, S.A., compañía mixta de Somoza y Banic, e, incluso, negocios conjuntos Banic-Banamérica, cuyo más notorio vocero era el diario *La Prensa*. Este medio de difusión burgués, trasmisor de ideas, publicidad, promociones comerciales e instrumento inductor del mercado capitalista, en sus comienzos hizo las veces de vocero ideológico y político de los intereses conservadores centrados en Banamérica. Pero gradualmente sus tradicionales propietarios, la familia Chamorro, se insertaron también en varios eslabones importantísimos del Banic. Por eso, en definitiva, y con el objetivo de minimizar los conflictos dentro de la propia clase, la burguesía nicaragüense estableció una serie de mecanismos federativos para regular los parámetros de explotación de los humildes mediante los cuales normaban precios, fijaban acuerdos productivos y distribuían mercados. Y de todas esas asociaciones, ninguna llegó a tener la importancia del Consejo Superior de la Iniciativa Privada, verdadero órgano central de los capitalistas.

Una crisis cíclica golpeó a Nicaragua en 1956 debido a la baja de las cotizaciones internacionales del café y el algodón. Pero el proletariado agrícola, así como la incipiente clase obrera urbana, no tenían todavía la capacidad colectiva de responder ante el aumento de la miseria y la represión. Por eso, tuvo que ser un héroe individual quien reactivara la lucha antisomocista, estimulado por la ideología revolucionaria de José Martí, a quien Fidel Castro había proclamado como el «autor intelectual del asalto al cuartel Moncada». Por ello, desde entonces, los escritos martianos se difundieron con celeridad, sobre todo por el área del Caribe.

Al respecto, Carlos Fonseca Amador explicó: «En la cuenca centroamericana de esos años, sin ninguna literatura revolucionaria local, las líneas martianas (…) son leídas (…) por las personas de espíritu inquieto, no pudiendo ser Rigoberto la excepción.»[2]

El 4 de septiembre de 1956, poco antes de revolucionariamente ajusticiar a Somoza, Rigoberto López Pérez escribió:

> Mi querida mamá:
>
> Aunque usted nunca lo ha sabido yo siempre he andado tomando parte en todo lo que se refiere atacar al régimen funesto de nuestra patria y en vista de que todos los esfuerzos han sido inútiles para tratar de lograr que Nicaragua vuelva a serlo (o lo sea por primera vez) una patria libre, sin afrentas y sin manchas, he decidido aunque mis compañeros no querían aceptarlo, el tratar de ser yo el que inicie el principio del fin de esta tiranía…[3]

2. Evolución del FSLN

La audaz liquidación de Anastasio Somoza García inició una etapa de ascenso revolucionario en Nicaragua, impulsada por una pléyade juvenil enemiga del tiránico nepotismo gubernamental. Entre los nuevos opositores al régimen, descollaban los estudiantes, quienes se sentían herederos de las tradiciones de Sandino y de Rigoberto López Pérez, inmolado en heroico acto justiciero. Uno de estos jóvenes era Carlos Fonseca Amador. Nacido en 1935, pasó toda su niñez en un barrio obrero de Matagalpa y después matriculó en el Instituto Nacional del Norte, en el que forjó sólida amistad con Tomás Borge. Luego marchó a estudiar Derecho en Managua, donde participó de las inquietudes políticas de los más avanzados revolucionarios. Al respecto, el propio Fonseca Amador escribió:

> Hace solamente dos años que en Guatemala, próxima a Nicaragua, los mercenarios del imperio del dólar han echado al suelo una efímera pero real esperanza popular. Así, el flujo revolucionario de la segunda posguerra mundial, expresado en el ensanchamiento del campo socialista y en los golpes del movimiento de liberación nacional en Asia y África, está solo en vísperas de hacer un tardío arribo al continente de Bolívar y Martí, Tupac Amaru y Sandino. A lo sumo, la América Latina en 1956 está en vísperas de un nuevo tiempo. Precisamente, al tronar la descarga nocturna de Rigoberto en septiembre de 1956, Fidel Castro y Ernesto Che Guevara, estaban afanados en los preparativos que desembocaron en la inaugural Sierra Maestra.[4]

Liberado tras varios meses de cárcel debido a su activa oposición al somocismo, Fonseca viajó en 1957 a Moscú con el objetivo de participar en el VI Festival Mundial de la Juventud y los Estudiantes. De regreso a su país, el joven nicaragüense llegó a ser connotado dirigente del estudiantado, en cuyas asambleas volvía a resonar el nombre de Sandino.

Un paso trascendental en la vinculación de la vieja y la nueva generación de revolucionarios tuvo lugar en 1958, cuando Ramón Raudales, veterano combatiente del Ejército Defensor de la Soberanía Nacional, reinició la lucha armada. Su muerte en combate sacudió las conciencias más evolucionadas, entre las cuales estaba la de Carlos Fonseca Amador, quien se incorporó entonces al grupo guerrillero de medio centenar de hombres que se preparaba en Honduras para luchar contra el somocismo. Dichos revolucionarios se concentraron en la hacienda Las Lomas, a tres kilómetros de El Chaparral; era una zona abrupta y selvática, difícil de penetrar, que estaba en una hondonada rodeada de cerros, con solo una salida. Esto facilitó su cerco, y en el primer combate, en el cual la guerrilla sufrió una derrota, tuvo nueve muertos y cuatro heridos, entre los que estaba Carlos Fonseca con el tórax perforado. Apresado junto a los demás sobrevivientes, se le deportó hacia otro país centroamericano y de ahí pasó a La Habana, donde se topó con la Revolución.

Al respecto, Tomás Borge escribió:

> La victoria de la lucha armada de Cuba más que una alegría es el descorrer de innumerables cortinas; fogonazos que alumbran más allá de los dogmas ingenuos y aburridos del momento. La Revolución cubana fue ciertamente, un escalofrío de terror para las clases dominantes de América Latina y un violento atropello a las de repente tristes reliquias con las que habíamos iniciado nuestros altares. Fidel fue para nosotros la resurrección de Sandino, la respuesta a nuestras reservas, la justificación de los sueños, de las herejías de unas horas atrás.[5]

De nuevo en Nicaragua, en 1960, Fonseca fue detenido y enviado hacia Guatemala, para que lo encarcelaran en la zona del Petén. Allí trabó amistad con un joven oficial guatemalteco, sobre quien influyó políticamente y del cual recibió nociones acerca del uso de la dinamita. Se llamaba Luis Augusto Turcios Lima.

Carlos Fonseca Amador logró fugarse de la prisión guatemalteca, y al final de un complicado periplo terminó una vez más en su patria. En esta, impulsó el Movimiento Nueva Nicaragua, que en breve tiempo se unió con la Juventud Revolucionaria Nacionalista, ex combatientes del Ejército Defensor de la Soberanía y con el Frente Unitario Nacional. En ese titánico empeño, alrededor de Fonseca sobresalieron Santos López, Silvio Mayorga, Tomás Borge, Jorge Navarro, Germán Pomares, Benito Escobar, quienes aceptaron para la nueva organización el nombre propuesto por Fonseca: Movimiento Sandinista.

Al respecto, el revolucionario Henry Ruiz escribió:

> En aquellos días en que las ansias libertarias bullían en las cabezas de los entonces incipientes creadores del FSLN y se planteaba la necesidad de buscar en nuestras propias raíces el exacto punto de confluencia, el vector donde la realidad y la teoría revolucionaria se engranaban para fluir y hacer andar las ruedas de la historia sobre la tierra nicaragüense, Carlos Fonseca encontró, escondido en la tupida maleza del olvido, el nombre de Sandino.
>
> Este acierto personal de Carlos, fue el más grande aporte que pudo haberse dado al desarrollo de las fuerzas revolucionarias en Nicaragua. La teoría científica logró ensamblarse con la nacionalidad más profunda y digna y dar a luz una síntesis que se concretó en el movimiento del Frente Sandinista de Liberación Nacional.
>
> El sandinismo de Carlos Fonseca encontró en Sandino una retrospectiva nutrida de valores que conservaban su vigencia

y su fuerza y permitían trazar sobre esa base, una proyección hacia el futuro donde el norte fue siempre la toma del poder, la consolidación del poder y el sostenimiento del mismo. Carlos logró así eslabonar a Sandino con las exigencias históricas de la liberación de nuestro pueblo y dio al FSLN un perfil que la práctica se encargó de llevar y conformar hasta convertirlo en la vanguardia que permitió la toma del poder y el cumplimiento de las tareas de hoy y del mañana. El legado de Sandino contenido en las reivindicaciones de independencia nacional, soberanía y su caracterizado antiimperialismo, coincidieron, en la práctica, con la formulación teórica que indicaba la necesidad de caracterizar la lucha antidictatorial, como una lucha fundamentalmente antiimperialista por la independencia nacional y la soberanía, aunque esta caracterización rebasara, por estar enriquecida con la teoría científica, el encuadre que le asignara Augusto César Sandino.[6]

La nueva fuerza política emitió, el 23 de julio de 1961, un documento público, en el cual señalaba la lucha armada como la única vía que podía conducir al triunfo revolucionario. En consecuencia se prepararon núcleos guerrilleros que, en 1963, comenzaron a operar en la zona del río Bocay.

Al respecto Tomás Borge escribió:

La lucha armada se inicia con la guerrilla del río Coco y Bocay en 1963 y fue la primera acción preparada por un grupo revolucionario más o menos homogéneo desde el punto de vista político-ideológico; es decir, las contradicciones inevitables que surgen en todo movimiento revolucionario no eran de principios, aquellos hombres estuvieron unidos primero por las concepciones ideológicas, después por las terribles privaciones que pasaron en las amargas horas de la lucha armada inicial y finalmente por las rachas de pesimismo que suelen atenazar a los hombres en los momentos más difíciles y por el optimismo básico inicial que supo imprimir en aquellos momentos cruciales nuestro hermano Carlos. Téngase en cuenta que en esa época en América Latina se había divulgado una interpretación esquemática de la Revolución cubana que aislaba la guerra de guerrillas del movimiento de masas. Nos hemos referido ya a la concepción distinta de que partía el Frente Sandinista de Liberación Nacional y este tema alguna vez debería estudiarse para analizar un tanto la lucha de los pueblos en América Latina, sus dificultades, sus fracasos, sus logros. Sin embargo, la unidad entre la teoría y la práctica no es algo que se da desde el comienzo y de una vez por todas, sino que es algo que es preciso conquistar a través de la lucha misma, y este principio lo tuvo que reconocer la vanguardia desde el primer momento, desde esta primera experiencia armada. En río Coco y Bocay se había preparado una mínima infraestructura de masas en apoyo a la guerrilla, no dentro de la zona donde se inició la lucha guerrillera, porque algunos esfuerzos que se hicieron en ese sentido, se estrellaron contra la terquedad de algunas concepciones mecanicistas, aunque algunos lograron concebir la necesidad de condiciones adecuadas antes del inicio de la guerrilla en las regiones aledañas al río Coco. Sin embargo, se hizo un esfuerzo por el lado de Wiwilí precisamente; esfuerzo que no se supo aprovechar y fueron razones de otra índole donde tuvo que ver el buen o mal humor de alguien y la naturaleza de la incidencia de las lluvias y otros factores los que condujeron a la guerrilla a una zona cuyo territorio no había sido explorado previamente y donde había una población que no había sido trabajada políticamente. El error táctico dentro de una concepción general acertada, se convirtió para nosotros en una primitiva y difícil escuela que nos reafirmó lo justo de la concepción general y reveló desde el comienzo la importancia del trabajo entre las masas y con las masas. La experiencia de río Coco y Bocay constituyó una derrota; no exactamente una derrota desde el punto de vista militar, porque los principales problemas que se tuvieron ahí no se originaron en los encuentros armados, sino precisamente en la ausencia de condiciones inmediatas sobre el terreno para la supervivencia de la guerrilla. No existían líneas de abastecimiento, la naturaleza es muy inclemente ahí, y se carecía hasta de comida, de ropa y finalmente de armas, lo que condujo, pues, a la decisión de regresar a la base original. Pero esta experiencia coincidió e incidió también con un descenso temporal del movimiento antisomocista. Esto se debió, además, a que en el plano económico se da un período de auge, la mejor época del somocismo desde ese punto de vista, que fue aprovechado a cabalidad por los grupos más dinámicos de la burguesía. Tales grupos eran capaces de combinar sus intereses agroexportadores y comerciales con la nueva coyuntura de industrialización ligada a la política económica estatal.[7]

El Tratado de Managua, firmado el 13 de diciembre de 1960, agrupó a los países de Centroamérica tras la meta de establecer un mercado común para impulsar el crecimiento fabril mediante la sustitución de importaciones. Pero como las burguesías industriales de la región carecían de fortaleza, el proyecto favorecía en primer lugar a las transnacionales, que anhelaban incrementar sus beneficios explotando fuerza de trabajo barata y vendiendo sus productos en un área mayor, sin barreras arancelarias.

Durante la década de 1960 a 1969, el Producto Interno Bruto de la región creció a una tasa acumulativa anual de 5,6%, aprovechando los circunstanciales altos precios de los tradicionales productos exportados, lo cual facilitó la acumulación de riquezas. No obstante, es innegable que en el área tuvo lugar un crecimiento económico, en primer lugar de la circulación mercantil, que se multiplicó por diez en el lapso indicado; era un reflejo del incremento de la actividad manufacturera centroamericana, cuyo peso dentro del PIB en ese tiempo creció. Pero aunque muchos artículos industriales antes importados empezaron a ser fabricados en la zona, en general esas producciones solo consistían en las llamadas «empresas de toque final», que importaban casi la totalidad de sus componentes, semielaborados, para ensamblarlos. De manera que frecuentemente se trataba de industrias artificiales y de poca monta, que muchas veces dependían de los crecientes insumos exportados a sus filiales por las casas matrices imperialistas, en algunas oportunidades asociadas con la burguesía local. De ese modo las transnacionales yanquis evitaban los gravámenes aduaneros, participaban en un mercado protegido del resto del mundo, empleaban mano de obra barata, utilizaban los fondos centroamericanos en beneficio propio y disfrutaban de favores fiscales mientras el endeudamiento de América Central con los imperialistas crecía.

La relativa y deficiente industrialización en Centroamérica tuvo, además, otras consecuencias. Hasta 1960, la economía del área se caracterizaba por una abundante producción artesanal, que representaba el 63% del empleo en el sector manufacturero. Pero el establecimiento del Mercado Común Centroamericano y la aparición dentro de este de numerosas subsidiarias de monopolios extranjeros, arruinó a los pequeños productores, con el consiguiente ascenso del desempleo. Este fenómeno, que no pudo ser eliminado por las escasas industrias implantadas, también se agravó por los problemas de la agricultura, cuyo excedente de fuerza laboral no lo pudieron absorber las ciudades. En estas, a su vez, se produjo el rápido crecimiento del sector terciario, no como un aumento de los servicios sociales, sino en tanto forma de soportar el subempleo —o desempleo— mediante las llamadas actividades marginales. Se multiplicó, por ello, la miseria, con sus secuelas de violencia y desesperación.

La derrota guerrillera de 1963 no implicó la desaparición del FSLN como organización, pues este ya había rebasado los límites rurales y se desarrollaba con algunos elementos clandestinos en las ciudades. Además, en 1965, el sandinismo orientó establecer fuertes puntos de contacto con los jóvenes mediante el Frente Estudiantil Revolucionario y en colaboración con el Partido Movilización Republicana. Pero al cabo de un año, se realizó un balance sobre logros y limitaciones, que dio por resultado la decisión de solo trabajar en el futuro entre las masas por medio de mecanismos propios. Se había entendido que llegar a ser vanguardia se gana en la lucha, mediante una comprensión profunda del desarrollo histórico nacional y de los objetivos, a corto y largo plazos, de la revolución, susceptibles de ser alcanzados gracias a una conjunción de firmeza en los principios, habilidad en solucionar los problemas y perseverancia para alcanzar los propósitos.

En el año 1966, algunos partidos burgueses se aglutinaron en la Unión Nacional Opositora (UNO), que incluso incorporó al Partido Conservador Tradicionalista, cuyos integrantes criticaban al primogénito de Somoza por apartarse de los postulados del padre en la conducción del régimen. El impacto político de esta fuerza electoral alcanzó tanto relieve, que el tirano Luis Somoza Debayle se atemorizó ante la amplitud de las manifestaciones populares. Con el propósito de detenerlas, la Guardia Nacional escogió la concentración partidista opositora que iba a celebrarse el 22 de enero de 1967, para dar un escarmiento. Ese día el cuerpo represivo asesinó a 300 personas en la pacífica demostración. La matanza tuvo doble importancia: de una parte demostró que la correlación de fuerzas dentro del somocismo se inclinaba a favor del terrorismo de las fuerzas armadas, en detrimento de las maniobras de los viejos partidos políticos; y de la otra, desacreditó las elecciones y la legalidad burguesa como vía para derrocar a la tiranía.

En contraste con estos sucesos, ese año el FSLN adquirió, por su envergadura, las dimensiones de una fuerza con verdadero carácter nacional, que empezaba a desarrollar la estrategia de una guerra popular prolongada en el campo, lo cual se evidenció en el brote guerrillero de Pancasán; se consideraba entonces que la lucha armada en la montaña era fundamental, y que a partir de ella se produciría el combate generalizado conducente a la derrota del Ejército somocista. Se pensaba que la lucha en las ciudades solo sería un complemento, como base de apoyo, en una contienda en la cual, con seguridad, intervendría directamente el imperialismo.

La experiencia guerrillera de Pancasán fue trascendente, pues aunque desde el punto de vista militar fue un revés y se perdieron valiosos dirigentes como Silvio Mayorga, en el aspecto político fue un éxito; se realizó un trabajo sostenido con el campesinado, que nutrió con elementos suyos el núcleo rebelde. Pero a la vez, su relativa derrota provocó la reorganización del FSLN en 1969, pues se nombró Secretario General a Carlos Fonseca y se publicó el programa político, así como los Estatutos del Movimiento. Fue entonces, cuando el fundador del sandinismo en «Nicaragua Hora Cero» escribió:

> La fuerza que representan los partidos capitalistas por la influencia que todavía ejercen en la oposición, es necesario que se tenga en cuenta para trazar la estrategia del movimiento revolucionario. Hay que estar alerta contra el peligro de que la insurrección revolucionaria sirva de escalera a la fuerza reaccionaria de la oposición al régimen somocista. (…)
> Los planteamientos anteriores no están en contradicción con la posibilidad de desarrollar cierta unidad del sector antisomocista en general. Pero se trata de una unidad por la base, con los sectores más honestos de las diversas tendencias antisomocistas.[8]

A finales de la década de los años sesenta, el FSLN volvió a impresionar las conciencias de los nicaragüenses con dos hechos notables: la heroica resistencia armada de Julio Buitrago ante descomunales efectivos de la Guardia Nacional y la liberación de Humberto Ortega, Henry Ruiz y otros dirigentes sandinistas canjeados por figuras prominentes del régimen, en manos de los revolucionarios.

3. Situación revolucionaria

El terremoto que asoló a Managua en diciembre de 1972 significó la línea divisoria detrás de la cual empezó la descomposición del somocismo, pues entonces sus más encumbrados representantes decidieron convertir la reconstrucción del país en un negocio particular, en perjuicio de los demás grupos burgueses de Nicaragua. Esta política exclusivista impulsó a diversos sectores empresariales, que hasta ese momento habían adecuado sus intereses a las condiciones impuestas por la tiranía —desde hacía poco más de veinte años—, a distanciarse francamente del régimen, pasando a una verdadera oposición. El problema de ellos, sin embargo, era que no sabían cómo triunfar. El FSLN, por el contrario, se presentaba ya como una fuerza organizada, capaz de atraer a muchos descontentos, y cuyas acciones guerrilleras alcanzaban cada vez una importancia mayor. Su área de operaciones llegaba incluso hasta la región de Ziniga, departamento de Jinotega, en la zona montañosa central del país, donde numerosos campesinos afluían a las filas rebeldes.

El panorama político de la oposición nicaragüense se hizo mucho más complejo desde 1974. Ese año surgió la Unión Democrática de Liberación (UDEL), animada por el influyente Pedro Joaquín Chamorro, director del poderoso diario *La Prensa*, quien junto con otros líderes del Partido Conservador Tradicionalista se vinculó al Partido Socialista y a diversas agrupaciones sindicales, en un empeño por llegar alguna vez a constituir un gobierno democrático en coalición. Al mismo tiempo, dentro del FSLN, condicionado por las duras normas de la compartimentación y la clandestinidad, que tornaban muy difíciles los contactos frecuentes entre la dirigencia revolucionaria de las distintas regiones del país, brotó la Tendencia Proletaria. Sus integrantes defendían el criterio de que, a pesar de ser la guerra de guerrillas muy importante, resultaba vital incentivar la lucha política de los pobres en las ciudades; estimaban que se debía fortalecer la organización de la clase obrera urbana, desarrollar las estructuras del Partido e incrementar la preparación ideológica de las masas hasta llegar, incluso, a un proceso insurreccional citadino. Pero antes de llegar ese momento, el FSLN propinó fuertes golpes al régimen como la toma, el 27 de diciembre de 1974, de la mansión-fortaleza del importante ministro somocista José María Castillo. Se impulsó así, de nuevo, la lucha revolucionaria. No obstante, los revolucionarios recibieron una fuerte conmoción poco después, cuando en noviembre de 1976 murió en combate guerrillero Carlos Fonseca Amador.

En 1977, la eclosión sandinista culminó al aparecer la Tendencia Tercerista, que insistía en la conveniencia de unir a todos los sectores, grupos y clases sociales opuestos al régimen en un proceso de creciente actividad político-militar. La diferencia esencial entre este postulado y el que la izquierda revolucionaria había defendido en América Latina durante poco más de cuarenta años, estribaba en el hecho de que las alianzas antes propugnadas tenían por objetivo procesos electorales regidos por los sectores democráticos de la burguesía, que nunca habían podido alterar el sistema de dominación represiva de la sociedad capitalista. En cambio la propuesta «tercerista» invertía los términos, al basarse en el principio de la hegemonía, armada y partidista, del FSLN, que hábilmente no esgrimía el programa de la dictadura del proletariado como futuro inmediato del país, sino el de un gobierno democrático, antiimperialista y de reconstrucción nacional.

Al respecto Humberto Ortega expresó:

Nosotros nos ganamos el derecho [de] realizar alianzas (…) y se aliaron con nosotros por la programática que planteábamos (…) las corrientes progresistas que se daban cuenta de que éramos un movimiento revolucionario y que no estábamos totalmente de acuerdo con su ideología, pero veían que teníamos una programática política que a ellos les interesaba en parte y veían que teníamos fuerza militar. Esos tres elementos permitieron que llegáramos a una política de alianza de hechos y no de acuerdos.

Nosotros no sostuvimos ningún acuerdo. Simplemente se expusieron las reglas del juego y se actuó sobre la base de ellas (…) así fuimos logrando ganar terreno político.[9]

En septiembre de 1977, el imperialismo estadounidense vislumbró que el somocismo empezaba a quedar aislado de cualquier otra fuerza política en Nicaragua. Y por lo tanto presionó al presidente Anastasio Somoza Debayle para que maniobrara tratando de recuperar el terreno perdido. Con el objetivo de cumplir la orientación recibida, el tirano aceptó levantar el estado de sitio y la censura de prensa. El Gobierno entonces no podía imaginar que Pedro Joaquín Chamorro aprovecharía la oportunidad para publicar las estafas y turbios manejos realizados alrededor de la reconstrucción de Managua. Al mes, el FSLN fue quien dio al régimen otro duro golpe, cuando las guerrillas pudieron superar sus prácticas defensivas al tomar los estratégicos cuarteles de San Carlos, Masaya y Ocotal. Poco después, combatientes rebeldes impulsaban la lucha armada por las montañas del Norte —Estelí, Matagalpa, Waslala— y hasta por las serranías cercanas a la capital.

El asesinato de Pedro Joaquín Chamorro, el 10 de enero de 1978, dividió de manera definitiva a la burguesía e indignó a los nicaragüenses, pues evidenció que la Guardia Nacional disfrutaba de impunidad total. El sepelio del dirigente conservador se convirtió en masivo acto de repudio a la tiranía, en el cual de manera espontánea el pueblo coreó las consignas del FSLN. Por su parte, otras fuerzas tradicionalistas se dispusieron a unirse a UDEL, ya que la insoportable represión gubernamental acicateaba la política de alianza entre los enemigos del somocismo. Esto fue bien aprovechado por el recién creado Grupo de los Doce, que agrupaba a varios prestigiosos intelectuales encabezados por Sergio Ramírez y el sacerdote Ernesto Cardenal, para incorporar la oposición pasiva a la lucha activa; en la práctica, este Grupo serviría de contacto entre los partidos tradicionales oposicionistas y el FSLN. El primer éxito de los esfuerzos unitarios se alcanzó en el propio mes de enero, al tener lugar una huelga convocada por la mayoría de las agrupaciones en la oposición. Se delineó así en el horizonte la posibilidad concreta de organizar un gobierno integrado por el FSLN junto a otras fuerzas antisomocistas. Semanas después, en febrero, mientras el FSLN lanzaba una nueva ofensiva guerrillera, las masas aportaron un elemento nuevo a la lucha contra la tiranía: la espontánea insurrección de la comunidad indígena de Monimbó, en el barrio de Masaya, alertó a la dirigencia sandinista acerca de la verdadera disposición popular.

Al respecto, Humberto Ortega señaló:

> Con la experiencia desde octubre hasta Monimbó nosotros confirmamos que hay una voluntad de las masas para ir a la insurrección militar, pero que hace falta más organización militar, más organización de masas. Hace falta que maduren más las condiciones políticas, hace falta más agitación, hace falta más elementos de agitación superior, como es una radio clandestina. Hacía falta más que organizar las masas, movilizarlas para la guerra.[10]

La creciente marejada antisomocista animó a la corriente guiada por los partidos burgueses a ensanchar sus filas, integrando a UDEL junto a otras fuerzas en el Frente Amplio Opositor (FAO).

Este, de acuerdo con el Grupo de los Doce, convocó a otra huelga general en agosto de 1978. Pero las ofensivas del FSLN en los departamentos de Granada y Rivas, así como la toma del Palacio Nacional el 22 de agosto, demostraron cuál era la verdadera vanguardia; mientras los revolucionarios contaban con aguerridas fuerzas, capaces de combatir exitosamente en distintos lugares a la Guardia Nacional, la oposición burguesa carecía de elementos armados susceptibles de enfrentar al temido cuerpo represivo. Los triunfos alcanzados gracias al estado de ánimo popular decidieron a la dirigencia sandinista a llamar en septiembre a la insurrección general. Se produjeron entonces los levantamientos urbanos de León, Estelí, Masaya y Chinandega, que a pesar de haber sido derrotados por medio de crueles e indiscriminados bombardeos, fortalecieron militarmente al FSLN, cuyas columnas guerrilleras al mismo tiempo se desplazaban por el norte bajo el mando de Germán Pomares. A la vez, en las ciudades, los revolucionarios impulsaban la formación de los Comités de Defensa Civil y Popular, que se aglutinaban con otras organizaciones similares en el Movimiento del Pueblo Unido.

El sostenido avance sandinista convenció a Estados Unidos acerca de la necesidad de propiciar una sustitución en el Poder Ejecutivo nicaragüense. Para ello el imperialismo se distanció de Somoza y se acercó al FAO, con el propósito de salvar a la Guardia Nacional a costa de la familia dinástica, aparentando una desinteresada mediación que en realidad era en detrimento del FSLN.

La existencia en su interior de tres corrientes políticas, incrementó la riqueza analítica del sandinismo, que así alcanzó la capacidad de interpretar en sus más variados matices y singularidades la realidad nicaragüense. Pero esta no comenzó a abordarse bajo una óptica totalizadora o de conjunto, mediante la elaboración de una síntesis o proyecto revolucionario común hacia la toma del poder, hasta que el FSLN publicó, en diciembre

de 1978, su trascendental comunicado informando a los nicaragüenses la decisión de reunificar sus filas; se requería incrementar
un batallar sincronizado que tendiera hacia el triunfo definitivo
por medio de la realización simultánea de ofensivas guerrilleras
en las montañas, sublevaciones en las ciudades y una huelga política general. Para alcanzar esta elevada coordinación, que exigía
un mando único, los revolucionarios constituyeron, en marzo de
1979, la Dirección Nacional Conjunta del FSLN. Esta emitió un
Plan General de Insurrección que estableció seis frentes de combate —norte, nororiental, oriental, sur, interno y occidental—, cuya
lucha debía estar acompañada por levantamientos citadinos populares. A partir de entonces, el empuje sandinista se redobló y, tras
la toma del estratégico cuartel de El Jícaro, se constituyó el Frente
Patriótico Nacional, creado para brindar un espacio en la lucha a
todos los enemigos de la tiranía.

4. El triunfo popular

Un masivo aflujo hacia el Frente Patriótico Nacional sentó las bases para decretar, el 4 de junio de 1979, la huelga política general, que paralizó la vida económica del país. Cinco días más tarde, estallaba la insurrección en Managua. Se había creado una situación revolucionaria en Nicaragua debido a la imposibilidad de los sectores hegemónicos de mantener inmutable su dominación, pues los de «abajo» no querían y los de «arriba» no podían seguir viviendo como hasta ese momento. Esto se sumaba a una extraordinaria agravación de la miseria y los sufrimientos de los oprimidos, lo cual condujo a una intensificación considerable de la actividad política de las masas, que en avalancha se sumaron a la lucha contra el somocismo.[11]

El 17 de junio, se conformó el Gobierno Provisional de Reconstrucción Nacional que proclamó cuatro principios rectores: no alineamiento internacional; autodeterminación de las naciones; relaciones con todos los países del mundo; y nacionalización de los bienes de los Somoza, así como la banca, el comercio exterior, la minería y las tierras ociosas. Este programa de liberación nacional obtuvo tanto apoyo dentro de Nicaragua y en el exterior, que hasta la Organización de Estados Americanos rechazó, una semana más tarde, un proyecto de fuerza armada interventora ideado por el imperialismo, pues el surgimiento de un amplio frente antiinjerencista latinoamericano frustró la maniobra. Después, el Gobierno de Washington pretendió adelantársele al FSLN en el empeño de expulsar a Somoza del poder, mediante acuerdos con el Partido

Liberal Nacionalista y la Guardia Nacional, los cuales permitieran preservar a ambos como salvaguarda futura del capitalismo. Pero la ofensiva generalizada de los sandinistas en todos los órdenes, así como la terquedad de Somoza y su dominio sobre los instrumentos de poder militar y político del régimen, hicieron trizas los nuevos proyectos imperialistas.

Al final, derrotado por la lucha armada, Somoza tuvo que ceder y entregar la Presidencia a un títere. Era ya, sin embargo, demasiado tarde. Las tropas del FSLN golpeaban los últimos reductos de la tiranía, y los restos de la Guardia Nacional, en fuga, se rendían incondicionalmente. Así, el 19 de julio de 1979, los sandinistas tomaron la capital y establecieron la Junta de Gobierno de Reconstrucción Nacional, que inició el proceso revolucionario democrático popular.

Ante victoria tan grande, hasta Debray, padre del *foquismo*, escribió:

> Experto en el arte del común denominador, fruto de la práctica de alianza, el Frente Sandinista buscó constantemente unificar o unir a las otras organizaciones de oposición, fuera cual fuera su coloración política. La organización de ese frente patriótico permitió a los sandinistas ganar dos combates a la vez. El combate militar contra la dictadura y el combate político por una alternativa popular a esa dictadura. El frente sandinista solo, no hubiera podido sin duda contrabalancear el peso de sus aliados burgueses (…) si el pueblo se define prácticamente como el conjunto de los que en un momento dado se interesan en el derrocamiento de un régimen de dominación dado, es un hecho que en la Nicaragua de 1979 el pueblo incluía amplias fracciones de la burguesía industrial, agraria y comercial (…) el Gobierno no inscribió en el orden del día la construcción del socialismo sino la reconstrucción nacional.[12]

No hay dos revoluciones iguales, dijo Fidel Castro. No puede haberlas, pues los problemas en cada país son distintos, así como diferentes las condiciones socioeconómicas y políticas. En Nicaragua, la unidad de todo el pueblo fue condición indispensable para el triunfo, pues participaron todas las capas sociales con diversas organizaciones partidistas que se unieron y establecieron ciertos compromisos debido a las circunstancias.

Sobre estas particularidades, Fidel Castro explicó: «No hay allí un régimen socialista; hay un régimen de economía mixta; hay, incluso, un régimen pluripartidista. (...) En Nicaragua hay un nuevo proyecto revolucionario, en el sentido de que ellos se plantean en esta etapa la reconstrucción nacional, con la colaboración de todos los factores.»[13]

El presidente de los Estados Unidos, Ronald Reagan, se empeñó en organizar contra Nicaragua un frente pro imperialista, obstinado en desvirtuar el ejemplo de la Revolución sandinista, ya que ella podía inaugurar en Centroamérica un proceso de profundas transformaciones económicas, políticas y sociales. El sandinismo nacionalizó el comercio exterior y el sistema bancario; estableció una política tributaria nueva, que arrebató a los burgueses el 40% de sus ganancias; e impulsó la reforma agraria. Esta expropió el 31,03% de todas las tierras del país, que habían sido de la familia Somoza y de sus allegados, así como las abandonadas u ociosas, las cuales fueron distribuidas en parcelas, agrupadas en cooperativas, o estatalizadas, acorde con las condiciones específicas de cada lugar. Con los intereses nacionalizados, se constituyó el Área de Propiedad del Pueblo, que en 1982 aportaba ya el 40,8% del Producto Interno Bruto, generado en unas dos mil empresas agropecuarias y cerca de noventa fábricas o manufacturas. Así, a pesar de que el sector privado era mayoritario en la economía nicaragüense, el estatal se había convertido en una pieza clave de esta, pues regulaba la actividad productiva, la de distribución y la inversionista. En ese mismo año, por ejemplo, los capitales burgueses solo ascendían al 29,8% de las inversiones fijas. Además, el Estado revolucionario había reorientado el comercio exterior; decaía el intercambio con Estados Unidos, que imponía un creciente bloqueo económico, mientras aumentaban los vínculos mercantiles con el resto de América Latina y con los países socialistas. Pero la mejoría económica experimentada por Nicaragua pronto se vio afectada por la agresividad imperialista: la CIA minó puertos nicaragüenses y saboteó instalaciones industriales. Al mismo tiempo, las poderosas fuerzas armadas estadounidenses implantaron bases en la vecina Honduras, lo cual significaba una constante amenaza de ataque directo contra la joven revolución. Y, por si esto fuera poco, el imperialismo norteamericano engendró bandas mercenarias, la «contra», que incursionaban dentro del pequeño país, asolando bienes y gentes a su paso. Frente a la agresividad imperialista surgió el Grupo de Contadora, integrado por México, Venezuela, Colombia y Panamá, para encontrar una solución negociada a los conflictos en Centroamérica; su aparición reflejaba la nueva conciencia latinoamericana, acicateada por la Guerra de las Malvinas, dispuesta a impedir que Estados Unidos continuara su política injerencista.

El sandinismo, por su parte, mantenía la serenidad revolucionaria, pues no solo defendía con creciente eficacia la patria y sus conquistas populares, sino que celebraba los comicios desde antes prometidos, tanto para una Constituyente como para el Poder Ejecutivo. En la República funcionaban once partidos políticos, que representaban desde liberales y conservadores, hasta socialcristianos y sandinistas. Estos esgrimieron la figura del comandante Daniel Ortega como candidato presidencial, y Sergio Ramírez, a la vicepresidencia. El FSLN arrolló en ambas contiendas, lo cual permitió que se consolidara institucionalmente una realidad nueva en el país, regido a partir de ese momento por cánones constitucionales y un activo bregar electoral.

Parte IV
Crisis en Centroamérica

1. Primera gesta insurreccional en Guatemala

Un fugaz Gobierno militar regenteó los asuntos de Guatemala tras el derrocamiento de Jacobo Árbenz, pues a las dos semanas, el 8 de julio de 1954, el jefe de la contrarrevolución y agente de la CIA, Carlos Castillo Armas, ocupó la Presidencia[1] respaldado por los grandes plantadores conocidos como «barones del café». El caudillo del nuevo régimen de inmediato suspendió las garantías constitucionales, prohibió las organizaciones sociales populares, disolvió los partidos políticos revolucionarios; amputó del progresista Código del Trabajo sus acápites más avanzados, anuló la reforma agraria y disolvió las cooperativas campesinas, revocó los decretos que expropiaban bienes de la oligarquía y el imperialismo, y desató una bestial represión. Castillo Armas trataba de retrotraer la República a la situación existente antes de la llamada «Revolución de octubre de 1944», pero esto era ya imposible por diversas razones. Los plantadores de café habían visto disminuir su poderío, debido a las constantes caídas del precio del grano en el mercado mundial, así como por la introducción de cuotas de importación en los principales países compradores. Además, se había constituido una burguesía industrial, casi inexistente diez años atrás, que había quintuplicado las filas de la clase obrera urbana. Y la parte del campesinado perjudicada por la supresión de las revolucionarias medidas agraristas de Árbenz, exigía una respuesta al problema de la tierra. Tampoco los intereses imperialistas en Guatemala permanecían inmutables, pues las viejas inversiones agrícolas de la United Fruit Company (UFCO) tendían a ser relegadas por los nuevos capitales industriales colocados en el país por la Sunbelt Corporation.

Castillo Armas finalmente aplicó una política económica mucho más compleja que la originalmente delineada, pues necesitaba impulsar el crecimiento industrial sin afectar la tenencia de la tierra y a la vez desvirtuar las causas del malestar campesino. Por eso el jefe contrarrevolucionario tuvo que dictar un estatuto agrario, que soslayaba la división de los grandes latifundios, pero autorizaba a los campesinos sin tierra a colonizar los suelos baldíos. Después, se acercó a la burguesía industrial, único grupo social explotador capaz de impulsar estas proyecciones económicas y al mismo tiempo vincularse con los nuevos intereses imperialistas. Para alcanzar dichos propósitos se redujeron los impuestos sobre las ganancias, se dictó una legislación laboral que restringía más aún los derechos del proletariado urbano, se otorgaron subsidios a determinadas producciones fabriles, se emitió un código petrolero que cedía a las compañías extranjeras la propiedad del subsuelo y les permitía mantener los yacimientos como reserva durante cuarenta años.

El asesinato por motivos pasionales de Castillo Armas —por un miembro de su guardia personal—, en julio de 1957, incrementó la necesidad de encontrar una fórmula de coexistencia entre la vieja oligarquía agroexportadora liberal y la burguesía industrial, que había olvidado su nacionalismo al asociarse con los consorcios imperialistas. El problema radicaba en las dificultades para ampliar el mercado interno ante la necesidad de no alterar la estructura social. Luego de una vertiginosa sucesión de ineficaces gobernantes, los grupos dominantes parecieron encontrar una solución a sus litigios en la persona de Miguel Ydígoras Fuentes, quien ocupó la Presidencia en 1958 y a los dos años firmó la entrada del país en el Mercado Común Centroamericano.

Una parte de la oficialidad joven guatemalteca, formada durante los años de gobiernos democráticos, descontenta con la sumisión del Presidente al imperialismo, que había establecido en el país importantes bases de contrarrevolucionarios cubanos, se sublevó. En el levantamiento del 13 noviembre de 1960 tomaron parte unos 3 000 soldados dirigidos por 120 oficiales, entre los cuales descollaban Luis Augusto Turcios Lima y Marco Antonio Yon Sosa. El movimiento militar fue notable en la capital así como en Puerto Barrios y Zacapa, pero fracasó debido a la mala coordinación entre los alzados, titubeos entre algunos de los complotados y, sobre todo, debido a los inesperados bombardeos llevados a cabo por la fuerza aérea de los mercenarios contrarrevolucionarios, quienes se preparaban en Guatemala para atacar a Cuba por Playa Girón. Ydígoras Fuentes, sin embargo, era astuto y sabía que no podría gobernar con semejante situación en gran parte de su Ejército. Emitió, por lo tanto, una pronta y vasta amnistía para los sublevados, acompañada de la promesa de reformar las fuerzas armadas en beneficio del estatus material de la oficialidad. Solo unos pocos oficiales rebeldes no aceptaron y, encabezados por Turcios Lima y Yon Sosa, marcharon al exilio en Honduras, donde acometieron los preparativos para volver a su país y allí reiniciar la lucha armada.

Agrupados en el Movimiento Revolucionario 13 de Noviembre, estos jóvenes ex oficiales iniciaron la acción guerrillera en 1962 por la zona de Izabal, donde la UFCO tenía grandes propiedades. De inmediato los partidos políticos burgueses y pequeñoburgueses rechazaron esta forma de guerra irregular, pero no aconteció lo mismo con el Partido Guatemalteco del Trabajo. Este se acercó a los insurrectos para establecer algún tipo de colaboración, a la vez que organizaba su propia fuerza combatiente en la Baja Verapaz, denominada 20 de Octubre, en honor a los acontecimientos revolucionarios de esa fecha histórica de 1944. El surgimiento del movimiento guerrillero en Guatemala aterrorizó a las clases explotadoras, que para deshacerse del viejo Ydígoras le recriminaron el fraude ocurrido en los comicios y propiciaron que el Ejército le derrocara en marzo de 1963 sin permitirle traspasar el cargo al mal electo sucesor. El coronel Peralta Azurdia ocupó la Presidencia con la intención explícita de eliminar el auge armado opositor, aunque empezó por desatar una represión generalizada contra todos los considerados desafectos al régimen. Entre estos se encontraban los obreros y los muy activos estudiantes, que fueron masacrados el 12 de abril cuando protestaban contra el reciente golpe de Estado militar. Los jóvenes más decididos crearon entonces el M-12-IV, que junto al MR-13-N y al PGT se unieron en diciembre de 1963 en las Fuerzas Armadas Rebeldes. Estas, al poco tiempo, estructuraron un segundo frente guerrillero en la zona de Zacapa al mando de Turcios Lima, pues el primero, en el departamento de Izabal, estaba comandado por Yon Sosa; y un tercero, en la región cercana a Chiquimula, que tuvo corta duración.

Entre los revolucionarios, sin embargo, no todo marchaba bien. Surgían criterios diferentes acerca de cuál proyección darle a la lucha por el poder, a causa de las distintas manifestaciones de la realidad que se analizaba por cada tendencia. En el PGT, por ejemplo, la rápida derrota del grupo 20 de Octubre indujo a muchos a desconfiar de las posibilidades de una pronta victoria armada, cuando se aceleraba el crecimiento económico del país en virtud de la animación coyunturalmente lograda por el recién creado Mercado Común Centroamericano; se argüía que el fortalecimiento de la burguesía industrial multiplicaba las filas del proletariado, verdadero garante de la futura revolución. Se afirmaba, por lo tanto, que la tarea del momento era forjar algún tipo de alianza con los partidos burgueses y pequeñoburgueses, para con esa fuerza, sumada a la de las guerrillas, presionar al Gobierno con el propósito de arrancarle concesiones. Ese fue el significado del Frente Unido de Resistencia, creado por el PGT para vincularse con sectores de la oposición cívica moderada. De otra parte, una óptica discrepante se desarrollaba dentro del MR-13-N, en el cual un grupo de ex oficiales encabezados por Yon Sosa defendía posiciones «militaristas», pues sobrevaloraban los elementos técnicos de los combates y, en última instancia, confiaban en que un día sus ex compañeros del Ejército se volverían a sublevar. Esta vertiente, que había incorporado el marxismo a sus análisis, pero desconfiaba cada vez más del PGT, cayó progresivamente bajo la influencia del trotskismo. El Partido Obrero Revolucionario mexicano, perteneciente a la oficina trotskista de Buenos Aires, dirigida por Juan Posadas, envió militantes con alguna ayuda económica y muchas críticas hacia el partido de los comunistas guatemaltecos. La primera Declaración de la Sierra de Minas fue el nuevo documento programático del MR-13-N. Este planteaba que al triunfar, expropiaría a la UFCO y sus subsidiarias, realizaría una profunda reforma agraria y distribuiría las tierras a los campesinos; y rompería todos los pactos militares y políticos con Estados Unidos. Dicha declaración, que se solidarizaba con la Revolución cubana, al propugnar el tránsito inmediato hacia el socialismo evidenciaba una completa incomprensión de cualquier política de alianzas. Ello tal vez se refleje bien en estos criterios de Yon Sosa:

> En el proceso de la Lucha y convivencia junto a los campesinos y al encontrar múltiples frustraciones, llegamos a la conclusión de que la única revolución auténtica de las masas que se puede realizar en Guatemala es la socialista. (…) El programa pasó la prueba de las masas y desde ese momento fuimos implacables. De todos modos: ¿Qué importa lo que piense la burguesía? ¿Ha encontrado usted un solo burgués que apoye a los guerrilleros o a los dirigentes campesinos? Y de todas maneras, ¿Con qué fuerza cuenta la burguesía nacional? En Guatemala, con ninguna.[2]

A partir de entonces, el MR-13-N adoptó una táctica agrarista; ocupaba tierras y en ellas establecía zonas de autodefensa campesina, en las cuales la autoridad se ejercía por medio de Comités de Aldeas orientados por los guerrilleros.

En un inicio, Turcios Lima suscribió la Declaración de la Sierra de Minas, pero pronto se dio cuenta del error sectario, y en 1964 se apartó del MR-13-N para constituir el independiente Frente Guerrillero Edgar Ibarra (FGEI). Este defendió una hábil política de alianzas, pero censuró cualquier entendimiento con la burguesía no enrumbado a la toma del poder por los revolucionarios. Después, en marzo de 1965, el FGEI convocó a una conferencia con todas las tendencias, a la cual el MR-13-N declinó asistir. Turcios Lima logró un entendimiento con el PGT, que se reestructuraba al crear un Comité de Dirección encargado de colaborar con las guerrillas. Mediante ese acuerdo, en el propio año surgieron las nuevas Fuerzas Armadas Rebeldes (FAR), encargadas de llevar a cabo una guerra popular prolongada que fuera del campo a la ciudad, bajo la dirección ideológica de la clase obrera. Se refutaban así los argumentos concernientes a la capacidad de la burguesía de encabezar el proceso revolucionario, y a la vez se abría la posibilidad de establecer con ella algún tipo de colaboración. Pero no se forjaron los mecanismos que facilitaran semejante proceso, por lo cual las FAR también quedaron aisladas.

Al respecto, el comandante guerrillero Pablo Monsanto escribió:

> Hubo una desviación *foquista* en Guatemala, principalmente en la guerrilla Edgar Ibarra, que se manifestaba en creer que la guerrilla iba a ser el centro de donde iba a partir el desarrollo general de toda la organización revolucionaria y que las masas iban a incorporarse en forma espontánea, estimuladas por la acción guerrillera.[3]

A pesar de ello, las FAR crecieron en importancia y llegaron a implantarse en el suroccidente, las Tierras Altas, Quetzaltenango y San Marcos; engrosaban sus filas sobre todo con la población ladina (mestiza), en parte propietaria de minifundios, pues el campesinado indígena no se incorporaba. Solo en una pequeña comunidad kakchiquel se lograron adeptos, donde fueron captadas seis personas. Se evidenciaban así las peculiaridades de quienes aún se agrupaban en las heterogéneas tribus mayas, las cuales tenían sus propias tradiciones y una diversidad cultural, idiomática y psicológica, aunque en conjunto representaban la mayoría oprimida de Guatemala. A la vez, en las ciudades no era el proletariado la fuente nutricional más importante de las FAR, cuyas principales actividades urbanas consistían en hacer propaganda, sabotajes menores, ajusticiamiento de esbirros y, sobre todo, operaciones de apoyo a la guerrilla rural como reclutar hombres o enviar suministros. El relativo éxito de la línea política de Turcios Lima parece haber influido sobre Yon Sosa y su MR-13-N que, en mayo de 1966, rompieron con los trotskistas, acusándolos de desfalcar los fondos de su movimiento.

La incapacidad de las fuerzas armadas guatemaltecas de quebrar las guerrillas, condujo a los grupos reformistas burgueses más hábiles a propiciar, en 1966, el triunfo electoral de Julio César Méndez Montenegro. Este se había proclamado candidato, con la esperanza —decía— de ser «el tercer presidente de la revolución», pues pretendía heredar el prestigioso recuerdo que las masas aún tenían de los regímenes de Juan José Arévalo y Jacobo Árbenz. De esta forma, los referidos sectores pensaban unir el sostenido crecimiento del Producto Bruto Industrial con una demagógica conducción política, elementos que, acompañados de una fuerte represión, lograran desvincular a las masas de los verdaderos revolucionarios. Desafortunadamente, la conjunción de los tres mencionados factores alcanzó el deseo anhelado por la burguesía, por lo cual, a mediados de julio de 1966, el PGT logró que el Comité de Dirección Revolucionaria virtualmente suspendiera la lucha armada.

De nuevo, el ya citado jefe guerrillero guatemalteco, al respecto escribió:

Caímos en la trampa política que el imperialismo y la oligarquía nos tendieron al hacernos participar en la campaña electoral de 1966. Por otra parte, la organización se abrió, perdió su verticalidad, se horizontalizó, toda la gente participaba abiertamente en las organizaciones de masas, todo el mundo sabía quiénes eran los responsables, quiénes ayudaban a los guerrilleros, quiénes eran guerrilleros. Todo el mundo se conocía.[4]

Aunque al principio, Turcios Lima aceptó esa línea política, enseguida comprendió la errónea esencia de esta y llamó a las divididas FAR a reunificarse, para reiniciar los combates guerrilleros incorporando a los indígenas. Pero estos loables empeños fueron cortados el 2 de octubre de 1966, cuando un embrollado accidente automovilístico le arrebató la vida a este, el más consecuente defensor de la guerra popular revolucionaria. Su lugar fue ocupado por César Montes, quien logró un acercamiento con Yon Sosa, cuyo MR-13-N se reincorporó a las FAR a finales de 1967. Poco después, sin embargo, se producía la ruptura con el PGT, que insistía en mantener la tregua y cuyos efectivos abandonaron las FAR el 10 de enero de 1968 para constituir unas simbólicas Fuerzas Armadas Revolucionarias, que nunca entraron en acción. Entonces, Montes le espetó al PGT: «El puesto de vanguardia se conquista en la lucha diaria, si no es así, si un Partido no sabe cumplir su papel se neutraliza, se destruye y otro organismo, otros revolucionarios con mayor claridad tomarán su papel.»[5]

A pesar de que Yon Sosa se había desvinculado de los trotskistas, sus concepciones casi no habían evolucionado, por eso, en febrero de 1969, el MR-13-N volvió a separarse de las FAR; aquel movimiento insistía en la estrategia autodefensiva, lo cual facilitaba al Ejército infligirle fuertes golpes que lo llevaron hasta su desaparición. El propio Yon Sosa murió en 1970, al cruzar la frontera con México.

La práctica adoptada por las FAR de abandonar los campamentos fijos, tampoco condujo al éxito, pues evitaba su aniquilamiento a manos de las fuerzas gubernamentales, pero dificultaba sus relaciones con los campesinos, lo que las condujo a un aislamiento cada vez mayor.

Al respecto el historiador Daniel Aguilera explicó:

> El movimiento guerrillero nunca fue muy numeroso y mantuvo la tendencia a nutrirse principalmente de la pequeña burguesía del campo y la ciudad; los estudiantes de enseñanza media y universitaria, así como los pequeños propietarios del oriente del país constituyeron sus integrantes más numerosos, siendo minoritaria la participación de obreros, proletariado agrario y miembros de las etnias indígenas. Dadas las condiciones políticas del país no hubo desarrollo paralelo de organizaciones sociales con excepción de intentos a nivel local y aunque puede especularse que se han sentido identificados con las guerrillas, no existieron formas de relación orgánica.[6]

2. Resurgimiento guerrillero: la URNG

Luego de la presidencia de Méndez Montenegro, y durante casi veinte años, en Guatemala ningún civil volvió a ocupar la Primera Magistratura, pues durante casi dos décadas fueron altos oficiales quienes ocuparon dicho cargo. Eran esos los gobiernos del llamado Partido Militar, que rigieron los asuntos del país en beneficio primordial del referido estrato. Esto fue así, porque cuando se promovía a un oficial al rango previo a general, se le otorgaban unas 1 200 hectáreas de tierra en el norte, hacia el Petén, en lo que se dio en llamar la «Franja de los Coroneles». Surgió de esa manera una especie de casta con base económica propia, que a pesar de no contar con pleno monolitismo en sus filas, pugnaba exitosamente con el resto de la burguesía —ya fuera esta cafetalera o industrial— por el poder político.

El primero de estos presidentes castrenses fue Carlos Arana Osorio, quien hizo bastante demagogia al adquirir las propiedades ferroviarias guatemaltecas de la IRCA —subsidiaria de la UFCO—, no obstante lo cual, durante su mandato, el movimiento revolucionario empezó a reorganizarse. En 1971, las Fuerzas Armadas Rebeldes celebraron su Tercera Conferencia, en la cual concluyeron que sus efectivos se encontraban desorganizados y aislados de las masas. Y para superar dicha situación, se tomaron dos acuerdos. El primero planteaba acercarse al pueblo para ganar su confianza, mientras el segundo insistía en generalizar el trabajo político clandestino por todo el país, con el propósito de reactivar más tarde la lucha guerrillera.

A pesar de estas acertadas decisiones, las divergencias internas continuaron, por lo cual un grupo de militantes se apartó de las FAR y, en 1972, creó la Organización del Pueblo en Armas (ORPA). Esta, al principio, se implantó en el occidente guatemalteco, hacia la costa, donde existían plantaciones con algún proletariado, pero al cabo de unos meses trasladó sus actividades para la Sierra Madre con el objetivo de evitar por el momento los enfrentamientos directos con el Ejército. Los integrantes de ORPA habían decidido no crecer como guerrilla durante un período, para hacerlo como organización, con el propósito de esforzarse por politizar a los habitantes autóctonos mayas y prepararlos para la guerra. Esa paciente labor clandestina, además les permitía dominar los dialectos locales y comprender los elementos culturales básicos de los indígenas, quienes a su vez profundizaban en los conocimientos históricos y discutían acerca de sus perspectivas. De otra parte, el 19 de enero de 1972, un pequeño contingente de revolucionarios ingresó en Guatemala con el propósito de establecerse en las montañas de El Quiché. Esos efectivos, junto a una célula de combatientes urbanos, fundaron la tercera organización político-militar bajo el nombre de Ejército Guerrillero de los Pobres (EGP), la cual se dio a conocer públicamente a los tres años. Su objetivo inicial fue llegar a conocer a los indígenas, para atraerlos, luego politizarlos, y por último, alzarse en armas con ellos.

Al respecto, el comandante guerrillero Rolando Morán, escribió:

> Para el EGP no hay guerra popular, ni por lo tanto triunfo sobre el enemigo si el pueblo no se incorpora masivamente a la guerra, no solo la participación de las masas en tareas estrictamente militares, sino participación política de las masas en la guerra.[7]

A la vez que se producía la reorganización guerrillera, se transformaba paralelamente el movimiento popular, pues empezaron a surgir organizaciones sindicales nuevas como la Federación de

Empleados Bancarios y la Central de Trabajadores Federados, que aglutinó a la Confederación de Trabajadores y a la Confederación Sindical de Guatemala, existentes desde 1964; también se crearon la Federación Nacional de Organizaciones Campesinas y la Federación de Comunidades Agrícolas e Indígenas. Y en 1973, se constituyó el Consejo Nacional de Consulta Sindical, con el propósito de agrupar a las dispersas organizaciones de obreros y campesinos. Gracias a ese creciente proceso unitario, en el país empezaron a llevarse a cabo una serie de huelgas antes desconocidas por su frecuencia y magnitud, como por ejemplo, la de electricistas, empleados de comunicaciones, trabajadores de la Universidad y de los juzgados, así como las de los obreros de las empresas privadas. Sin embargo, ninguna fue tan importante y politizada como la de los maestros, la cual se prolongó desde marzo hasta agosto. Al mismo tiempo, tuvo lugar un nuevo fenómeno, pues el campesinado ladino sin propiedades empezó a invadir masivamente, como en Progreso, las tierras ociosas. Entonces el Gobierno tomó la audaz decisión de entregárselas, con frecuencia en forma de cooperativas, con el objetivo de eliminarles las inquietudes revolucionarias. Asimismo, se dispuso el traslado de campesinos desde la zona sur hacia el Petén, para que lo colonizaran, pues se pensaba de esta forma restar presión social a las áreas de su procedencia. Una política similar fue mantenida por el general Kjell Laugerud García, del Partido Institucional Democrático, cuyo mandato (1974–1978), alcanzado mediante un fraude electoral sin precedentes, se caracterizó por una represión selectiva acompañada de cierta demagogia; la cual consistió en proporcionar alguna asistencia financiera a los cooperativistas, a quienes se les permitió asociarse en el Comité de Unidad Campesina; se reconoció a la Central Nacional de Unidad Sindical, así como a la Central de Entidades de Trabajadores del Estado; y se toleraron determinadas huelgas y movilizaciones populares.

Gracias al engaño en las urnas, el candidato del llamado Partido Revolucionario, general Romero Lucas García, ocupó la Presidencia el primero de julio de 1978. Durante su cuatrienio, la represión alcanzó niveles nunca vistos antes en el país, pues se exigió a todos los partidos políticos una sumisión total, y algunos de los que así no lo hicieron, perdieron la vida. Ese fue el caso de Colón Arqueta, creador del Frente de Unidad Nacional —conocido primeramente como Frente Unido de la Revolución—, muerto en marzo de 1980; igual suerte corrió Oliverio Castañeda de León, secretario general de la Asociación de Estudiantes Universitarios. Estos crímenes individuales, sin embargo, no podían compararse con la masacre ocurrida el 31 de enero de 1980, cuando un grupo grande de campesinos, ladinos e indígenas, se encontraban en la Embajada de España pidiendo protección; en esas circunstancias, la Policía rodeó la sede diplomática y diezmó a quienes la ocupaban, liquidando incluso a un ex vicepresidente de la República que estaba casualmente allí. En protesta, el propio segundo al mando del Poder Ejecutivo, el civil Francisco Villagrin Kramer, del Partido Institucional Democrático, renunció a su alto cargo. Para sustituirlo, Lucas García entregó la Vicepresidencia a Oscar Mendoza Azurdia, jefe de la organización terrorista paramilitar Mano Blanca, cuya importancia solo se podía comparar con la del siniestro Ejército Secreto Anticomunista. Pero las masas no se atemorizaron, y en recordación a la matanza, se constituyó el Frente Popular 31 de Enero, que agrupó a fuerzas de avanzada de reciente creación como: Núcleos Obreros Revolucionarios Felipe García, Cristianos Revolucionarios Vicente Manchú, Frente Estudiantil Revolucionario Robin García, Coordinadora de Poblados Pobres Trinidad Gómez, todas con denominaciones que recordaban a caídos en la lucha.

A la horrible represión desatada por Lucas García le hicieron frente las organizaciones político-militares, que en el año de 1979 reiniciaron la lucha guerrillera en Guatemala. Encabezadas por Pablo Monsanto y Rolando Morán respectivamente, las FAR y el EGP se vincularon al Núcleo de Dirección Nacional (NDN), pequeña escisión del Partido Guatemalteco del Trabajo,[8] dispuesta a sumarse al combate armado urbano, y cuya dirigencia afirmaba: «En este proceso el PGT ha ido perdiendo su calidad de vanguardia real. Sabemos ante el Tribunal del pueblo guatemalteco que ya no somos vanguardia. Debemos reconocerlo aunque nos duela y rectificar en la práctica y en la teoría; ello enaltece y no denigra, como alguno pudiera pensar.»[9]

En virtud de semejante análisis, el referido NDN concluyó: «Se ha abordado con energía el problema de adecuar las estructuras del Partido a las condiciones de guerra que existen en nuestro país. A muchos militantes nos costaba entender que había que dar un vuelco y convertir al PGT —como ahora lo estamos haciendo— en un organismo político-militar.»[10]

Una Comisión Tripartita, encargada de establecer relaciones entre las mencionadas organizaciones revolucionarias, se estructuró entonces, tras lo cual, el 8 de febrero de 1982, se constituyó la Unidad Revolucionaria Nacional Guatemalteca (URNG), en la cual se asociaron las tres fuerzas ya vinculadas, más la ORPA encabezada por Gaspar Illom. En el manifiesto constitutivo que luego se dio a la publicidad, la URNG planteaba un posible futuro programa de gobierno, basado en los siguientes cinco puntos:

1) La Revolución pondrá fin para siempre a la represión contra el pueblo y garantizará a los ciudadanos la vida y la paz, derechos supremos del ser humano.

2) La Revolución sentará las bases para solucionar las necesidades fundamentales de las grandes mayorías del pueblo, al acabar con el dominio económico y político de los poderosos nacionales y extranjeros que reprimen a la población guatemalteca.

3) La Revolución garantizará la igualdad entre indígenas y ladinos, terminando con la opresión cultural y con la discriminación, mediante la participación de la población indígena
   en el poder político y sobre la base de reconocer el derecho
   que tiene a mantener su identidad.

4) La Revolución garantizará la creación de una nueva sociedad, en cuyo gobierno estén representados todos los sectores patrióticos, populares y democráticos.

5) La Revolución garantizará la política de no alineamiento y
   de cooperación internacional que necesitan los países pobres para desarrollarse en el mundo de hoy, sobre la base de
   la autodeterminación de los pueblos.[11]

Al mismo tiempo, y tal vez influido por la precedente y exitosa
experiencia nicaragüense del Grupo de los Doce, se creó el Comité
Guatemalteco de Unidad Patriótica, integrado por destacadas personalidades políticas, estudiantiles e intelectuales que se habían
pronunciado a favor de la guerra revolucionaria. Este ascendente proceso de rebeldía popular, además de caracterizarse por su
tendencia unitaria, se diferenciaba también de la lucha guerrillera
sostenida en la década de los años sesenta, por la numerosa incorporación del campesinado indígena, lo cual representaba un
cambio cualitativo en las filas insurrectas. Algunas de estas organizaciones, incluso, estaban integradas de forma preponderante
por miembros de las diversas tribus mayas.

Las dificultades del régimen militar guatemalteco se profundi-
zaron al convocarse a las elecciones presidenciales del 7 de marzo
de 1982. En primer lugar, a esos comicios solo se permitió acudir
a los candidatos de los cuatro partidos conservadores, pues a los
reformistas Frente de Unidad Nacional y Partido Social-democrá-
tico, que reclamaban una transformación de la propiedad agraria,
se les impidió participar. Incluso la Democracia Cristiana tuvo di-

ficultades en hacerlo, ya que algunos de sus más destacados representantes cayeron asesinados. En segunda instancia, dentro de las filas del Ejército, la joven oficialidad censuraba crecientemente a los altos mandos por su incapacidad en el combate, pues las fuerzas armadas habían sufrido más de mil muertos en los choques armados sostenidos en veinte departamentos del país durante el cuatrienio de Lucas García; a la vez, tenientes y capitanes criticaban el desmedido enriquecimiento del generalato, mediante su interesada participación en las adquisiciones de armas en el extranjero. La burguesía no militar, en tercer puesto, aducía que el régimen castrense no tenía proyecto alguno para sacar al país de la profunda crisis económica, pues el crecimiento industrial no solo se había detenido sino que marchaba en retroceso, y las reservas del Banco Central se habían esfumado. Al mismo tiempo los precios del café se desplomaban, crecía el desbalance comercial y se multiplicaba la deuda externa. El clímax estalló cuando Lucas García proclamó vencedor a su Ministro de Defensa, candidato de los partidos Revolucionario e Institucional Democrático, en alianza con los seguidores del ex presidente Peralta Azurdia, aglutinados los tres grupos en el mal llamado Frente Democrático Popular. Dos semanas más tarde, el 23 de marzo de 1982, la parte de la oficialidad cuyos candidatos resultaron preteridos en el fraude electoral, efectuó un golpe de Estado e instituyó una Junta Militar presidida por Efraín Ríos Montt. Este general, en 1974, había aspirado a la Presidencia por el Frente Nacional de Oposición —alianza reformista integrada por la Democracia Cristiana, el Partido Revolucionario Auténtico, y el Frente Unido de la Revolución—, acompañado en la boleta por Alberto Fuentes Mohr, designado por el Partido Socialdemócrata para optar por la Vicepresidencia, quien luego fue asesinado.

La Junta anuló la Constitución, disolvió el Congreso, suspendió la actividad de los partidos políticos y anunció que gobernaría por decretos. A la vez, se emitió un plan de catorce puntos, cuya esencia radicaba en reorganizar las fuerzas armadas y policiales con el propósito de enfrentar la creciente insurgencia, y esforzarse por recuperar la desgastada confianza de la burguesía hacia el régimen. Pero no se adelantó solución alguna a los graves problemas económicos, ni se garantizó el respeto a los derechos humanos. Al contrario. A los dos meses, una vez que desplazó del poder a los demás integrantes de la Junta y se erigió en Presidente unipersonal del país, Ríos Montt desató la más brutal represión; se instituyeron tribunales especiales con poderes para dictar penas de muerte; se acometió la táctica de tierra arrasada en el Altiplano, cuya población se reconcentraba en las llamadas aldeas estratégicas; se crearon «patrullas civiles» compuestas por campesinos encabezados por enriquecidos caciques y otros elementos conservadores, destinadas a combatir en el plano local a las multiplicadas guerrillas revolucionarias. En efecto, entonces las FAR estaban ya sólidamente implantadas en la capital y en el norteño Petén, así como en los meridionales departamentos de Escuintla, Santa Rosa, Retalhuleu y Suchitepequez, y en la occidental región de Chinaltenango: ORPA, con un ochenta por ciento de sus combatientes de extracción indígena, operaba en la Sierra Madre, San Marcos, Huehuetenango y Quezaltenango; el EGP tenía frentes guerrilleros en Alta Verapaz, Altiplano Central, El Quiché, Costa Sur, Huehuetenango y en la capital. En esta ciudad también se encontraba la militancia principal del Núcleo de Dirección Nacional del Partido Guatemalteco del Trabajo.

El místico autocratismo de Ríos Montt duró poco; este vesánico militar, fanático fundamentalista protestante, fue desplazado del poder por otro golpe de Estado el 8 de agosto de 1983. Su autor fue el general Oscar Mejías Víctores, quien dirigía a elementos políticamente más avezados de la oficialidad, que deseaban dificultar la creciente y adversa polarización de las fuerzas sociales guatemaltecas. Ellos tal vez hasta llegaran a pensar con temor en la posibilidad de que grupos de la burguesía se acercaran al Comité Guatemalteco de Unidad Patriótica, para establecer algún novedoso proyecto de reconstrucción nacional semejante al instituido por la Revolución Sandinista en Nicaragua. Lo cierto es que la conducta del nuevo equipo gubernamental evidenciaba cambios con respecto al anterior, pues al parecer, el régimen tomaba conciencia de la imposibilidad de vencer a las guerrillas solo con las armas. Por eso se acometieron maniobras tan diversas como convocar a una asamblea constituyente (1985) y diferir del imperialismo yanqui en algunos aspectos secundarios. El nuevo y autoproclamado Jefe de Estado estimaba, por ejemplo, que una invasión a Nicaragua agravaría los problemas de la región. Tampoco era partidario de incorporar el Ejército guatemalteco a maniobras conjuntas con las tropas de El Salvador y Honduras, pues rechazaba ser comandado por oficiales hondureños, a quienes tildaba de incapaces, ni deseaba que se evidenciara el retraso tecnológico de sus fuerzas armadas con respecto a las de los vecinos.

La apertura electoral auspiciada por el general Mejías culminó en la toma de posesión, el 14 de enero de 1986, del candidato presidencial de la Democracia Cristiana: Vinicio Cerezo. La burguesía confiaba en el hecho de que este partido no hubiera formado parte antes del Gobierno en Guatemala y de que incluso a veces militantes suyos hubiesen sido reprimidos, pues un régimen civil de esa naturaleza mejoraría la imagen del país. Pensaban que entonces el Ejército pudiera retomar su carácter profesional y no gubernamental, la guerrilla quizás perdiese base social y Estados Unidos tal vez reiniciase su ayuda militar a las fuerzas armadas.

La URNG no cayó en la trampa, y con rapidez hizo saber que «si efectivamente este Gobierno se dispone a implantar sus promesas, no figuraremos nosotros entre los enemigos de esos empeños». La dirigencia revolucionaria se refería a las tantas veces prometidas libertad de expresión, congelamiento de precios, alzas de salarios, esclarecimiento de los asesinatos, cese de las prácticas represivas, depuración de los mandos del Ejército y la Policía, y desarme de las bandas paramilitares. Y con el propósito de evidenciar en la práctica sus ofrecimientos, de inmediato las guerrillas adoptaron prácticas exclusivamente defensivas, solo destinadas a mantener las posiciones ya conquistadas en los combates armados y políticos. En contraste, fue el Ejército quien enseguida inició los ataques, confiado en beneficiarse de la nueva coyuntura; de esa forma se lanzaron grandes ofensivas en Suchitepequez, Sololá, Quezaltenango, San Marcos, El Quiché, Huehuetenango y El Petén. Nunca, en Guatemala, habían tenido lugar operaciones contrainsurgentes de tanta envergadura ni tan prolongadas. Pero la URNG no alteró su postura para no comprometer el posible proceso de democratización, susceptible de ser iniciado por el nuevo Presidente, aunque enfrentó y derrotó los ataques del Ejército. El Gobierno democristiano, sin embargo, no dio paso alguno hacia el cumplimiento de lo prometido, pues ni siquiera inició un diálogo con el movimiento guerrillero, como antes había ofrecido mediante este comunicado: «En el momento en que ellos (URNG) nos planteen la posibilidad de una conversación, nosotros estaremos dispuestos a enviar una persona a donde ellos estimen conveniente.»[12]

La URNG tomó entonces la iniciativa, y propuso, mediante carta abierta del 25 de octubre de 1986, comenzar las conversaciones. No hubo respuesta gubernamental alguna. Al celebrar su quinto aniversario, la URNG reiteró: «Queremos agotar todas las posibilidades de encontrar las vías políticas que aminoren el dolor y sufrimiento del pueblo.» Pero de nuevo, solo se oyó el silencio democristiano. En esas circunstancias, aunque mantuvo su ofrecimiento negociador, el movimiento guerrillero incrementó sus actividades militares, acompañadas ahora por el funcionamiento de una estación de radio revolucionaria: La Voz Popular. Hasta que la presión pública obligó al Gobierno a enviar una delegación a Madrid, para entrevistarse con los representantes de la URNG quienes estaban encabezados por Gaspar Illom, nombre de guerra de Rodrigo Asturias, hijo del célebre novelista autor de *Hombres de maíz,* donde uno de los personajes lleva ese nombre.

Asturias-Illom declaró:

> No vamos al diálogo porque hayamos sido derrotados o tengamos condiciones políticas adversas. Pero estamos en camino de ser una alternativa; tenemos una situación militar estable, con unos 3 000 combatientes armados, fortalecidos después de resistir ofensivas permanentes. Contamos con la confianza y la moral de no haber sido derrotados, y de haber neutralizado y derrotado los planes del Ejército.[13]

La reunión fue positiva e, incluso, ocasionó una fisura en el Ejército al oponerse los llamados «Oficiales de Montaña» al proceso negociador. Pero, ante los reiterados intentos de golpe de Estado en mayo y agosto de 1988, así como en mayo de 1989, promovidos por ese grupo ultraderechista, el Gobierno abandonó las conversaciones directas, aunque organizó una Comisión Nacional de Reconciliación (CNR) para que mantuviera los contactos con la insurgencia. Se inició así un llamado Diálogo Nacional, mediante el cual la CNR y la URNG sostuvieron negociaciones en Oslo, Noruega. Tras ellas, en marzo de 1990, se firmó el «Acuerdo básico para la búsqueda de la paz por medios políticos», el cual creó la figura de un «conciliador», el Obispo de Guatemala, y estableció la presencia de un «observador», representante del Secretario General de la ONU. Después se decidió que las negociaciones: se desarrollarían dentro de los parámetros constitucionales; se iniciaría un proceso para reformar las instituciones, así como la propia Ley Fundamental del país; y se impulsarían medidas políticas para incorporar la URNG a la vida legal en la sociedad. Luego, durante ese año, hubo encuentros con empresarios, en Ottawa; religiosos, en Quito; sindicalistas, en Metepec, México; académicos, profesionales y pequeños propietarios de comercios y talleres, de nuevo en México, pero esta vez en Atlixco.[14]

En enero de 1991, un nuevo Presidente electo, Jorge Serrano, quien había sido miembro de la CNR, ocupó la Primera Magistratura del país bajo el lema de «Paz total para la nación», pues propugnaba el cese inmediato de los combates, la desmovilización de los alzados y su reincorporación a la política, así como programas para alcanzar alguna equidad en la vida social y económica, a fin de impulsar un proceso democrático. Ese criterio abrió las puertas a negociaciones directas entre el Gobierno y la URNG, que en abril del mismo año empezaron en Ciudad México con tres partes conceptuales bien definidas: 1) aspectos sustantivos: derechos humanos y, en especial, los de los indígenas, poder civil y funciones del Ejército; 2) cuestiones de procedimiento: confrontación armada y desmovilización de los rebeldes; y 3) verificación de lo acordado. Después del referido entendimiento, ambos litigantes hicieron públicos nuevos elementos con los cuales deseaban influir en la ciudadanía; la insurgencia emitió su «Guatemala: una paz justa y democrática. Contenido de la negociación», al cual la Presidencia replicó mediante un «Documento del Gobierno de la República de Guatemala en respuesta al planteamiento global de la URNG hecho en mayo de 1992». La diferencia entre ambos concernía a la militarización del país, las funciones del Ejército y la democratización de la sociedad, ya que en alguna medida ambas partes aceptaban la necesidad de reducir las fuerzas armadas, lo imperioso de relocalizar a los desplazados por el conflicto y el abordar la discriminación que sufrían los indígenas. En virtud de ello, desde enero hasta mayo de 1993, las negociaciones giraron en torno a la cuestión de procedimientos, pues se habían logrado acuerdos sobre la mayoría de los aspectos concernientes a los derechos humanos. Pero el autogolpe de Estado promovido por el propio Presidente de la República detuvo todo el proceso de diálogo.

Un reordenamiento institucional efectuado a principios de junio, condujo a la Presidencia a Ramiro Peleón Carpio, quien reanudó las conversaciones, cuando se disolvió la CNR, bajo un proyecto llamado Plan Nacional de Paz. Este contemplaba el surgimiento de un «foro permanente» con representación de la sociedad civil, el cual tenía que realizar recomendaciones que debía tener en cuenta el Gobierno. Además, se convocó a la ONU para que desempeñara las funciones de tercera parte, junto a los dos beligerantes. Las gestiones de ese organismo internacional fructificaron el 10 de enero de 1994, en la forma de un «Acuerdo marco para la reanudación del proceso de negociación entre el Gobierno de Guatemala y la URNG». Y a los tres meses, se firmaron dos convenios: el «Acuerdo global sobre derechos humanos», así como el «Acuerdo calendario de las negociaciones para una paz firme y duradera en Guatemala». Más tarde, se concluyó un «Acuerdo sobre el establecimiento de la Comisión para el esclarecimiento histórico de las violaciones a los derechos humanos y hechos de violencia que han causado sufrimientos a la población guatemalteca», aunque en él no se incluía el hecho de identificar a los responsables de dichas atrocidades. Después de este logro, la principal dificultad estribaba en la cuestión de los «derechos indígenas», cuyo texto fue finalmente rubricado el 31 de marzo de 1995, y el cual reconocía a Guatemala como país multiétnico, pluricultural y multilingüe.

Al concluir el cuatrienio presidencial en curso se convocaron a elecciones generales, para las cuales la Comandancia General de la URNG orientó la participación popular con el voto contrario a los candidatos más reaccionarios. De esa forma resultó triunfador Álvaro Arzú del Partido Avanzada Nacional, cuyo programa principal era la paz. Sin haber ocupado aún el cargo, Arzú se entrevistó con la referida Comandancia, y luego mantuvo con ella una serie de encuentros confidenciales, lo que facilitó el surgimiento de un ambiente de confianza entre ambas partes. Hasta que, en marzo de 1996, estas proclamaron el cese del fuego, y por ello concluyeron todas las operaciones bélicas. Y a los dos meses se suscribió el «Acuerdo sobre aspectos socioeconómicos y la situación agraria», que apuntaba hacia relaciones más equitativas en el país. Este fue seguido por otro relacionado con el «Fortalecimiento del poder civil y el papel del Ejército en una sociedad democrática». Quedaron así pendientes, de manera exclusiva, las reformas constitucionales y el régimen electoral, cuyos textos legalizarían jurídicamente los acuerdos establecidos y posibilitarían la integración de la URNG a la vida política guatemalteca, según lo acordado en la reunión celebrada en Madrid durante ese año. Finalmente, el 29 de diciembre de 1996, en Ciudad Guatemala, se firmó el «Acuerdo de Paz Firme y Duradera», que ponía fin al prolongado y cruel conflicto.

El año de 1997 comenzó con la aprobación por el Consejo de Seguridad de la ONU del envío de un centenar y medio de observadores a Guatemala, a la vez que en Bruselas se decidía una ayuda financiera internacional ascendente a casi dos mil millones de dólares para el programa pacificador. Después se redujo el Ejército en un tercio, se desarmó la URNG, entró en funciones la Oficina de Asistencia Legal y Resolución de Conflictos sobre la Tierra y se instalaron la Comisión para la Reforma Educativa y el Foro Nacional de la Mujer. Pero a mediados de año se constató que la Reforma Constitucional no avanzaba; algunos opuestos al proceso argumentaban que se requería el apoyo de dos tercios de los miembros del Congreso, para que la docena de enmiendas propuestas fuera aprobada. Se desató entonces una aguda lucha política entre partidarios y detractores de los cambios constitucionales, hasta que, el 16 de octubre de 1998, el Congreso los validó, lo cual implicaba transformar cuarenta y siete artículos de la referida Carta Magna republicana.

Sin embargo, en enero de 1999, la Corte de Constitucionalidad Nacional suspendió la aplicación de buena parte de los referidos acápites, a la vez que el Tribunal Supremo Electoral convocaba a la ciudadanía a un referendo para ratificar o revocar en bloque las mencionadas reformas. Y en esas circunstancias, el Congreso tampoco aprobó las alteraciones a la Ley Electoral y de los Partidos Políticos, planteadas en los Acuerdos de Paz. Para colmo de males, los resultados de los mencionados comicios del domingo 16 de mayo de 1999 fueron adversos, por un cincuenta y seis por ciento, a las modificaciones a la Constitución. El Tribunal Supremo Electoral los aceptó como buenos, a pesar de que la participación de los votantes apenas había sido del dieciocho por ciento de aquellos con derecho al sufragio, y en unas circunstancias en que menos de la décima parte de los indígenas estaban empadronados para las elecciones. Ese cúmulo de contratiempos condujo a un clima de incertidumbre en el país, debido a lo cual vastas capas de la ciudadanía guatemalteca comenzaron a vislumbrar el futuro cada vez con más temor.

3. De la guerra del fútbol a la insurgencia

En El Salvador, el influjo de la Revolución cubana impulsó a algunos oficiales jóvenes a llevar a cabo un golpe de Estado democrático el 26 de octubre de 1960.[15] Se constituyó entonces una Junta Cívico-Militar, integrada por tres civiles y otros tantos militares, que decretó el regreso de los exiliados, el traslado de los tribunales laborales al Poder Judicial, la libertad para los presos políticos y la legalización de los partidos, menos el comunista; y convocó a elecciones. Pero el 25 de enero de 1961, un contragolpe reaccionario devolvió el poder al grupo de oficiales que antes lo detentara, el cual reorganizó al desde antes demagógicamente nombrado Partido Revolucionario de Unificación Democrática, denominándolo Partido de Conciliación Nacional (PCN), y al año impuso en la Presidencia al coronel Julio Rivera. A partir de entonces, y durante casi cuatro lustros, gobernó el PCN con puño de hierro.

En 1962, bajo la dirección de José Napoleón Duarte y del intelectual Abraham Rodríguez, se fundó el Partido Demócrata-Cristiano de El Salvador. Esta nueva fuerza política aprovechó las dificultades padecidas por la militancia de izquierda debido a la represión que sobre ella se ejercía, para atraer a sectores de la pequeña y mediana burguesía así como a grupos de maestros y obreros. El PDC a la vez se benefició del reformismo proclamado por la Alianza para el Progreso, al captar en beneficio propio las simpatías del imperialismo. Con ese respaldo, en 1964 el carismático Duarte pudo ocupar el cargo de alcalde de San Salvador, la capital. Pero las oligárquicas «Catorce Familias» se oponían al menor cambio social, por lo cual ese mismo año empujaron a la

Presidencia al coronel Fidel Sánchez Hernández, hombre adicto a todo tipo de inmovilismo. Nadie, sin embargo, podía impedir la existencia de graves contradicciones en el seno del país, expresadas por medio de sucesivas organizaciones progresistas que aparecían en continuo proceso de renovación.

Las elecciones de 1968 defraudaron al pueblo salvadoreño, pues en ellas la Conciliación Nacional se impuso fraudulentamente a la Democracia Cristiana y al Partido de Renovación (PAR), que disfrutaba del apoyo de los comunistas. Desde entonces, comenzó un creciente proceso de irritación popular que preocupó al régimen. Esto, y las disputas en ascenso con Honduras debido al desigual funcionamiento del Mercado Común Centroamericano, creado nueve años antes, impulsaron a la oligarquía salvadoreña a buscar la guerra con el vecino Estado, para dar así un escape a sus crecientes problemas. Esa fue la esencia de la mal llamada Guerra del Fútbol,[16] que tuvo lugar en 1969, y en la cual, desafortunadamente, el Gobierno de Conciliación Nacional logró el apoyo de todos los partidos salvadoreños. Dicho respaldo originó una gran polémica en las filas del Partido Comunista, pues una parte de sus miembros discrepaba de ese apoyo, y al año se escindió para fundar las Fuerzas Populares de Liberación Farabundo Martí que esgrimieron la lucha armada prolongada como vía para llegar al poder. Según sus fundadores, esta organización político-militar: «Nació como una necesidad del proceso revolucionario de nuestro pueblo; proceso que, al haber llegado a un determinado nivel, requería de la construcción de instrumentos políticos y orgánicos capaces de implementar su lucha de manera integral en todos los terrenos. (…) Las organizaciones tradicionales negaban la posibilidad y la necesidad de que el pueblo solo, emprendiese el proceso de la lucha armada revolucionaria, así como el creciente elemento de la violencia revolucionaria.»[17]

Alejados de los criterios proclives a la lucha guerrillera, la Democracia Cristiana y el Partido Unión Democrática Nacional, heredero del ilegalizado PAR, se aliaron con otras agrupaciones políticas menores en la Unión Nacional Opositora, la cual se planteó unificar al pueblo en un amplio movimiento electoral que desenmascarara al tiránico régimen, y triunfase en los comicios presidenciales de 1972. En estos, el candidato de la UNO fue Napoleón Duarte, a quien se le despojó de la victoria mediante el escamoteo de la voluntad popular en las urnas. Después se desató una violentísima represión que provocó el exilio de la mayoría de las figuras políticas nacionales.

El rechazo de Duarte a convocar a las masas para realizar algún tipo de oposición activa, motivó que jóvenes del Partido Demócrata-Cristiano abandonaran esa agrupación política, y se unieran con disidentes de la Juventud Comunista en el Ejército Revolucionario del Pueblo. En esta organización, sin embargo, a los dos años, en 1974, surgieron discrepancias entre una línea que daba preferencia a la acción militar y quienes, dirigidos por Roque Dalton, defendían la opinión de primero impulsar la movilización popular. Las diferencias brotaron al constituirse la primera gran organización de masas, el Frente de Acción Popular Unificada (FAPU), que aglutinaba a elementos que habían integrado la antigua UNO, así como a grupos sindicalistas, campesinos y estudiantes. La pugna se convirtió en insuperable con el fratricidio de Dalton, por lo cual sus simpatizantes crearon las Fuerzas Armadas de Resistencia Nacional, dirigidas por Fernán Cienfuegos, que mantuvieron los vínculos con el FAPU. También en 1975, y como amplio frente de masas, se constituyó el Bloque Popular Revolucionario —integrado por la Federación Sindical Revolucionaria, la Federación de Trabajadores del Campo, la Federación Cristiana de Campesinos y la Asociación Nacional de Educadores—, que estableció lazos con las Fuerzas Populares de Liberación. La última gran organización de masas surgida en esta década se denominó Ligas Populares 28 de Febrero, fecha de una masacre perpetrada en ese año de 1977 por el régimen, que aglutinaba a las Ligas Populares campesinas, obreras y universitarias, las cuales se aliaron con el ERP, dirigido por Joaquín Villalobos.

La victoria sandinista, en julio de 1979, acicateó mucho la lucha revolucionaria en El Salvador. Este hecho trascendental para Centroamérica se reflejó asimismo en las fuerzas armadas salvadoreñas, cuya oficialidad joven, dirigida por los coroneles Jaime Abdul Gutiérrez y Adolfo Majano, impulsó un exitoso golpe de Estado el 15 de octubre de 1979, argumentando que el Gobierno del PCN había violado los derechos humanos; fomentado la corrupción pública, administrativa y judicial; generado un desastre económico y social; y desprestigiado al país y al Ejército. Estos militares convocaron después a todas las agrupaciones político-sociales a colaborar con ellos en la transformación de El Salvador. Se constituyó así una Junta Revolucionaria de Gobierno integrada por los dos coroneles mencionados y por tres civiles: Guillermo Ungo, Mario Andino y Román Mayorca Quiroz. El primero se había destacado desde 1968, cuando fundó el Movimiento Nacional Revolucionario, de tendencia socialdemócrata, que dirigía la Federación Sindical de Trabajadores de la Industria de la Alimentación, Vestidos, Textiles y Similares. Ungo representaba en la Junta al llamado Foro Popular, instancia que sobre todo reflejaba las inquietudes del Partido Unión Democrática Nacionalista y otras pequeñas fuerzas políticas opositoras, así como las de sindicalistas, asociaciones de vecinos y agrupaciones estudiantiles. Mayorca Quiroz era el rector de la Universidad Católica, individuo muy vinculado a Monseñor Arnulfo Romero, quien hacía dos años había ocupado el cargo de Arzobispo y desde entonces se apartaba de sus tradicionales posiciones conservadoras, para acercarse cada vez más a las progresistas Comunidades Cristianas de base. Por su parte, Andino, dirigente de la Cámara de Comercio, respondía a los sectores empresariales más dinámicos de la burguesía. Pero en el seno de los coroneles que habían realizado el golpe no había homogeneidad. Gutiérrez, respaldado por José Guillermo García —ambos se calificaban de «duros»—, incesantemente desplazaba a los integrantes de la Juventud Militar, a quienes de forma despectiva calificaban de moderados. A pesar de esta negativa tendencia, Napoleón Duarte se empeñó en brindar el apoyo de su partido a los militares en el poder, por lo cual la Democracia Cristiana se escindió al constituirse el Movimiento Popular Social Cristiano. A la vez, las organizaciones político-militares se fortalecieron al surgir, en octubre de 1979, el Partido Revolucionario de los Trabajadores Centroamericanos, encabezado por Roberto Roca. Las poco halagüeñas perspectivas de la Junta impulsaron a los civiles a alejarse de ella, la que adquirió entonces un carácter exclusivamente militar.

Con el propósito de eludir este aislamiento, los coroneles negociaron con Duarte el llamado Pacto del 9 de Enero, que instituyó una Junta Democristiana-Militar, la cual se comprometió a expropiar los predios superiores a quinientas hectáreas, nacionalizar la banca y el comercio exterior de los productos tradicionales —café, azúcar y algodón—, elevar el nivel de vida de las masas e implantar un régimen pluralista. Pero si bien los primeros postulados comenzaron a llevarse a la práctica a los tres meses, los dos últimos brillaron por su ausencia; la economía nacional se deterioró con rapidez, y tomó un auge sin precedentes la represión paramilitar de los grupos terroristas de ultraderecha conocidos como escuadrones de la muerte —Unión Guerrera Blanca, Mano Blanca, Organización Democrática Nacional, Organización para la Liberación del Comunismo—, cuyo más alto exponente era el fascista ex mayor Roberto D'Aubuisson. Este llegó, incluso, a ordenar la muerte del arzobispo Arnulfo Romero, asesinado el 24 de marzo de 1980 mientras oficiaba una misa en un hospital oncológico. Este había dicho poco antes en una homilía:

Cuando una dictadura atenta gravemente contra los derechos humanos y el bien común de la nación, se torna insoportable y se cierran los canales del diálogo, el entendimiento, la racionalidad; cuando esto ocurre, entonces la Iglesia habla del legítimo derecho a la violencia insurreccional. Indicar el momento cuando ya todos los canales del diálogo están cerrados. (…) A esa oligarquía le advierto a gritos: ¡Abran las manos, den los anillos, porque llegará el momento en que les cortarán las manos![18]

A la vez, dentro del Ejército, los coroneles Gutiérrez y García desataron una evidente persecución contra los dirigentes de la Juventud Militar, cuyo líder, Adolfo Majano, fue preso y deportado en septiembre de 1980.

En respuesta al proceso reformista y represivo de la Junta Democristiana-Militar, los revolucionarios iniciaron su unificación. Primero, para estructurar a grupos opositores aún relativamente desvinculados, el PRTC auspició que se creara el Movimiento Popular de Liberación, integrado por las Ligas para la Liberación, los Comités de Base Obreros y las Brigadas Revolucionarias de Estudiantes Secundarios, así como las de Trabajadores del Campo. Después, el 10 de enero de 1980, las FPL, las FARN y el Partido Comunista, plenamente incorporado ya a la lucha guerrillera bajo la conducción de Jorge Schafik Handal, constituyeron la Dirección Revolucionaria Unificada, la cual contaba con una Comisión Ejecutiva integrada por tres miembros designados por cada uno de ellos. Y a las veinticuatro horas se estructuró la Coordinadora Revolucionaria de Masas, que aglutinaba a la comunista Central Unitaria Sindical, al Bloque Popular Revolucionario, al FAPU, a las LP-28 y al Partido Unión Democrática Nacionalista, a los cuales se añadió el MPL cuando terminó su etapa de fortalecimiento. Luego, el primero de abril, surgió el Frente Democrático Salvadoreño, integrado por el MNR, el MPSC, el Movimiento Independiente de Profesionales y Técnicos, la Asociación General de Estudiantes

Universitarios, las Universidades Católica y Nacional y la Federación Nacional de la Pequeña Empresa. Dos semanas después, la unión del FDS y de la CRM daba vida al Frente Democrático Revolucionario presidido por Guillermo Ungo. Por su parte, las organizaciones político-militares culminaron su unificación en diciembre de 1980, al integrarse la DRU, el PRTC y el ERP en el Frente Farabundo Martí de Liberación Nacional, en el cual una colectiva Comandancia General sustituyó a la antigua Comisión Ejecutiva, bajo los mismos preceptos ya señalados. Como era de esperar, pronto las dos grandes organizaciones revolucionarias se aliaron en una Comisión Político-Diplomática, formada por siete miembros en total.

No obstante esos avances unificadores, algún tiempo después Tomás Borge consideraba todavía:

La Revolución de El Salvador sobrevive y se desarrolla aunque no haya aprovechado al máximo sus posibilidades. Yo diría que los revolucionarios salvadoreños han avanzado notablemente en el terreno de la unidad pero no han logrado superar por completo sus tristes e inútiles contradicciones y mientras esa unidad no sea total, mientras no haya un esfuerzo conjunto, mientras no se refugien en un mismo pozo tirador y disparen con el mismo fusil, la victoria estará extraviada entre la niebla y la sangre. No soy pesimista. Creo en los revolucionarios salvadoreños; creo en que el proceso de unificación es difícil, es un proceso y no el paraíso terrenal y si realmente se unen serán fuertes como caballos; inteligentes como serpientes, sensatos. Ellos están haciendo grandes y meritorios esfuerzos en ese sentido. Hay que tener el valor de decírselo. Al mismo tiempo, ellos son ejemplo en valor, audacia y lucidez política.[19]

4. La alianza FMLN-FDR en El Salvador

El primer hecho de relevancia política de 1981 en este país, fue la ofensiva militar lanzada por el FMLN el 10 de enero. Ella tenía por objetivo sublevar a las masas rurales y, a partir de esto, iniciar la conformación de un ejército popular, en los momentos en que la lucha abierta en las ciudades empezaba a desgastarse debido al terror desatado por las fuerzas represivas. Luego, en febrero, los miembros más esclarecidos de la relegada Juventud Militar firmaron un acuerdo con la Comandancia del FMLN, mediante el cual se delineaban los rasgos básicos de cualquier gobierno democrático-revolucionario que en un futuro se pudiera establecer. Durante el resto del año las filas del FMLN se multiplicaron, mientras que sus pertrechos y capacidad operativa mejoraban. Al respecto Fidel Castro, años más tarde, comentó: «Los vietnamitas, a raíz de su victoria en 1975 sobre Estados Unidos, nos entregaron muchas armas norteamericanas recuperadas por ellos después de la caída de Saigón. Nosotros las transportamos en barco, pasando por el sur de África, y una parte se las entregamos a los salvadoreños del FMLN.»[20]

Los fortalecidos efectivos guerrilleros pasaron entonces de acciones bélicas aisladas a operaciones planificadas a escala nacional, debido a lo cual los combatientes revolucionarios se convirtieron en una fuerza político-militar que dominaba vastos territorios en los departamentos de Morazán, Chalatenango, Cabañas, Usulután y la Unión. También era notable el control rebelde en la zona Suchitoto-Guazapa, así como en el volcán Chichontepeque del departamento de San Vicente. Esos éxitos permitieron que el FMLN comenzara a llevar a cabo, desde el campo, incursiones militares sobre algunas importantes ciudades, cuyo peldaño más alto se alcanzó en la urbe de Usulután, ocupada parcialmente durante casi una semana. Pero ahí, el avance revolucionario se detuvo, pues no se produjo un proceso insurreccional citadino, lo cual indujo al movimiento guerrillero a reflexionar acerca del futuro.

Sobre esta realidad, el comandante Joaquín Villalobos escribió:

> Todas las fuerzas no teníamos una misma valoración política de la coyuntura. Aquí juegan también incluso problemas mismos de la unidad; cómo se elaboró el plan, quiénes sostenían una tesis, quiénes sostenían otra. Todos esos elementos vienen a conjugarse.[21]

Dado que las continuas ofensivas del Ejército contra los bastiones insurrectos, sobre todo en la franja norteña del país, no alcanzaban el triunfo, la Junta decidió realizar una diversionista maniobra política y celebrar elecciones para una asamblea constituyente. Estas debían celebrarse el 28 de marzo de 1982, por medio de la convocatoria de un gobierno provisional encabezado por el empresario Álvaro Magaña, al que la Junta debía entregar el poder. En esos comicios, limitados por la escasa votación popular, los principales contendientes fueron el viejo Partido de Conciliación Nacional, el Demócrata Cristiano y la Acción Republicana Nacionalista de D'Aubuisson. Este logró la Presidencia de la Constituyente, y desde dicho puesto impidió que fuese incorporado al texto cualquier intento de legalizar una verdadera reforma agraria. Pero las pugnas no se limitaban a la referida Magna Asamblea, sino que se manifestaban asimismo en el Ejército, donde la oficialidad de extracción oligárquica se empeñaba en deponer de sus altos cargos en las fuerzas armadas a quienes los habían ocupado a raíz del golpe de Estado del 15 de octubre de 1979. Ese fue el sentido de las insubordinaciones ocurridas contra el ministro de Defensa, José Guillermo García.

Para frenar ese deterioro de la disciplina, los representantes de las diversas tendencias militares firmaron, en agosto de 1982, el Pacto de Apaneca, que trataba de lograr alguna cohesión alrededor del Gobierno Interino de Magaña. El acuerdo establecía puntos de entendimiento mínimos, de los cuales el más importante planteaba no aceptar las negociaciones reiteradas por el movimiento guerrillero. El cuerpo de oficiales expresaba así su confianza en alcanzar la victoria en los campos de batalla, gracias a la creciente ayuda del imperialismo yanqui, cuyos asesores a veces participaban, incluso, en los enfrentamientos bélicos.

A pesar del involucramiento cada vez mayor de Estados Unidos en el conflicto salvadoreño, en diciembre de 1982, el FMLN superó la fase de resistencia en su lucha armada, con lo cual derrotó la estrategia enemiga que pretendía llevar la guerra a un estancamiento. Y en enero de 1983, los revolucionarios lanzaron una ofensiva guerrillera debido a la cual se tomaron decenas de poblados importantes e incluso se sitiaron las ciudades de Suchitoto y Tejuela, así como se llegó a ocupar la de Berlín.

Ese año terminó con un extraordinario triunfo, alcanzado el penúltimo día de diciembre, cuando fueron ocupadas las instalaciones de la Cuarta Brigada de Infantería, la más importante del norte de El Salvador, en El Paraíso, departamento de Chalatenango, luego de dos horas de intenso cañoneo guerrillero y tras haber aniquilado 25 posiciones periféricas del cuartel. En esa debacle, las fuerzas gubernamentales sufrieron 300 bajas, entre muertos y heridos, y les hicieron 200 prisioneros de guerra. El resto de la tropa, con sus oficiales, huyó en vergonzosa desbandada.

Pero los propios éxitos en la guerra demostraban, cada vez más, que las dificultades en las proyecciones del FMNL hacia el futuro no eran estrictamente militares. Había todo un grave problema en lo concerniente a la política de alianzas, el cual se evidenciaba en la creciente pugna que enfrentaba a los dos principales dirigentes de las FPL. En efecto, Salvador Cayetano Carpio, *comandante Marcial*, y Nélida Anaya Montes, *comandante Ana María*, defendían puntos de vista opuestos en lo relacionado con la esencial cuestión. Aquel sostenía posiciones de militarismo vanguardista, que rechazaban la lucha política por reivindicaciones populares susceptibles de reiniciar el movimiento de masas en las ciudades, y así forjar una alianza más amplia con otros sectores sociales no incorporados todavía al combate revolucionario. Hasta que el dogmatismo sectario, en declive frente a la flexibilidad creadora, condujo al crimen; derrotado políticamente en el FMLN, Cayetano instigó el asesinato de Ana María, para luego, desesperado, suicidarse.

En el complejo contexto salvadoreño el régimen de Magaña celebró elecciones presidenciales, en las cuales los principales contendientes fueron D'Aubuisson y Duarte, quien ganó debido al apoyo que aún tenía en sectores de la pequeña y mediana burguesía, así como en los grupos de asalariados más atrasados ideológicamente. Los primeros meses del nuevo Gobierno se caracterizaron por un incremento del empeño guerrerista, en un esfuerzo por vencer, con la ayuda del imperialismo, a los revolucionarios en el terreno de las operaciones militares. Pero este objetivo no se pudo alcanzar. Entonces, Duarte dio un giro y decidió aceptar el reiterado planteamiento del FMLN-FDR concerniente a una salida negociada al conflicto. Su posición se vio presionada por la creciente popularidad de las concepciones ya prevalecientes en la dirección del movimiento revolucionario, que se habían plasmado en el trascendental documento titulado Plataforma para un futuro Gobierno Provisional de amplia participación, emitido el 31 de enero de 1984.

La primera reunión entre ambas partes se celebró en el poblado salvadoreño de La Palma, el 15 de octubre del propio año, en lo que representó el reconocimiento del poderío guerrillero. En la entrevista, Duarte con Guillermo Ungo y el comandante rebelde

Fernán Cienfuegos, aprobaron un documento de cinco puntos que planteaba crear una comisión bilateral bajo la moderación de un obispo nombrado por la Conferencia Episcopal de El Salvador, desarrollar mecanismos convenientes para integrar a todos los sectores de la vida nacional en la búsqueda de la paz, estudiar las medidas que humanizaran la guerra, esforzarse por cesar las hostilidades en el menor plazo posible y celebrar nuevos encuentros entre las dos partes.

Ese primer paso en el camino de una solución negociada irritó a la ultraderecha, cada vez más fuerte en el Ejército, por lo cual este lanzó a finales de 1984 una gigantesca ofensiva con más de cinco mil soldados, entre cuyos principales objetivos se encontraba la captura de Radio Venceremos. Pero la operación fue un total fracaso y hasta su jefe militar pereció en el empeño.

Durante 1985, el relativo equilibrio existente entre las fuerzas del Ejército y las de la insurgencia, condujo a los revolucionarios a adoptar la práctica denominada «guerra de movimiento», pues según esos preceptos los guerrilleros podían desarrollar iniciativas estratégicas y establecer sólidas relaciones con el pueblo. Al año siguiente, una vez alcanzados los objetivos ya expuestos, el FMLN-FDR acometió la tarea de reanimar el actuar de las masas en las ciudades. Así, en febrero, la Unidad Nacional de los Trabajadores Salvadoreños convocó a realizar manifestaciones para denunciar el injerencismo imperialista; en abril, tuvo lugar el Foro por la Paz y la Sobrevivencia (sic) del Pueblo Salvadoreño; y en diciembre, se produjeron en todo el país protestas generalizadas contra el nuevo «impuesto militar para financiar la guerra», establecido por el Gobierno. Esto fue muy importante, porque hasta los empresarios y la ultraderecha acusaron al gravamen de ser anticonstitucional y convocaron a una huelga nacional el 22 de enero de 1987. Ese reclamo patronal se unió al paro del transporte decretado por la guerrilla, lo cual incidió en el cese total de las actividades en la

República. De esta forma, el Gobierno de Duarte comenzó a quedar aislado de las demás fuerzas políticas salvadoreñas. Ante situación tan peligrosa, Estados Unidos decidió apuntalar al régimen con más ayuda financiera, que ese año casi totalizó la astronómica suma de tres mil millones de dólares, dedicados en sus siete décimas partes a los gastos militares. Pero ni siquiera tamaño sostén evitaba la erosión gubernamental, que se mostraba incapaz de enfrentar la actividad de sabotaje y desgaste económico llevada a cabo por las numerosísimas pequeñas unidades del FMLN que operaban por doquier, hasta por el centro y occidente del país.

En contra del criterio generalizado en el Ejército, acerca de que la fragmentación táctica de las fuerzas guerrilleras le impediría a estas en el futuro realizar operativos de envergadura, el 31 de marzo de 1987 cientos de insurgentes volvieron a destruir el reconstruido cuartel de El Paraíso. Después, le tocó el turno al Cuartel General del Ejército en la propia capital, lo cual permitió ver que la balanza militar se inclinaba cada vez más hacia el lado rebelde. En ese favorable contexto, el 26 de mayo, el FMLN-FDR renovó su ofrecimiento de lograr una salida política al conflicto. Esto destrabó las negociaciones, que se reiniciaron en octubre y originaron un complejo proceso de discusiones, las cuales incluían los conceptos de un cese del fuego bilateral, una Comisión Nacional de Reconciliación y una amnistía para ambos contendientes.[22]

En 1988, los aliados y simpatizantes del FMLN-FDR organizaron la Convergencia Democrática, que tenía por objetivo presentarse —con el respaldo de aquellos— a las elecciones del año siguiente. Esa propuesta originó la visita a El Salvador del Vicepresidente norteamericano, para estudiar con sus asociados locales la actitud que se debería mantener ante la nueva situación. Se decidió entonces instituir una reunión permanente de los partidos políticos ya empadronados, y debatir en ella la novedosa oferta. Esta multipartidaria, antes de tomar una decisión, se reunió con la Comandancia General del FMLN, en México, para dialogar acerca de los términos de un entendimiento. Pero la resistencia del Ejército y los titubeos de las organizaciones políticas de derecha frustraron un acuerdo.

Alfredo Cristiani, candidato de ARENA, ganó las nuevas elecciones presidenciales, y al ocupar el cargo hizo gala de una mesura y una moderación antes insospechadas, pues reconoció al FMLN como legítimo beligerante e interlocutor necesario en la búsqueda de una solución negociada. Por ello, en septiembre de 1989, el Gobierno y los rebeldes se reunieron en México y acordaron impulsar un proceso de diálogo constante, aunque sin detener las hostilidades. Estas alcanzaron su cima a los dos meses, cuando el FMLN lanzó su mayor ofensiva, casi indetenible, pero sin que lograse desatar una insurrección generalizada. Todos se convencieron entonces de que resultaba imprescindible encontrar una salida política mutuamente aceptable.

En enero de 1990, el Gobierno salvadoreño y el FMLN solicitaron la mediación del Secretario General de la Organización de Naciones Unidas, quien aceptó la tarea. Durante todo ese año y el siguiente, las negociaciones se llevaron a cabo en Ginebra, Oaxtepec, Caracas, de nuevo en México, Nueva York, Ciudad de México una vez más, y otro retorno a Nueva York —sede de la ONU—, hasta que, a principios de diciembre de 1991, un fracasado intento de golpe de Estado debilitó al sector del Ejército más opuesto a un entendimiento con el FMLN, lo cual fortaleció el diálogo. Por ello, al filo de la medianoche del último día de ese año, ambas partes firmaron un acta con acuerdos definitivos, tras lo cual solo quedaba establecer el calendario para su ejecución, aunque se precisaba que el fin de la guerra comenzara el 1ro. de febrero de 1992.

El primer capítulo del tratado de paz se dedicaba al Ejército, en lo relacionado con la reducción y depuración de sus filas. El segundo, establecía la creación de una Policía Nacional Civil, así como su doctrina, estructura y conformación. Otros apartados abordaban delicados temas económicos y sociales, como la reforma agraria y el Plan de Reconstrucción Nacional. El sexto, definía las garantías para que el FMLN se transformara en partido político y participase en todos los aspectos de la vida del país. El último capítulo fijaba los plazos precisos de ejecución para todo lo negociado.

Sin lugar a dudas, todo esto evidenciaba que una era nueva comenzaba para El Salvador.

Parte V
La lucha en Sudamérica

1. Perú: De Pachacutec a Velasco Alvarado

El influjo de la Revolución cubana llegó a Perú, y acicateó dentro de las filas del partido Alianza Popular Revolucionaria Americana (APRA) la disconformidad con la política de «convivencia» practicada por su dirección nacional hacia el conservador Gobierno del banquero Manuel Prado, presidente de la República desde 1956.[1] Hasta que a principios de octubre de 1959, durante la Cuarta Convención del APRA, un grupo de descontentos liderados por el abogado y economista Luis de la Puente Uceda, presentó una moción de censura contra dicha dirigencia partidista. Luego, el 12 del propio mes, los jóvenes formaron un Comité Aprista de Defensa de los Principios y de la Democracia Interna, que al poco tiempo se metamorfoseó en Comité Aprista Rebelde y al año rompió sus relaciones con la referida organización política. En noviembre de 1960, el APRA Rebelde emitió su Manifiesto de Chiclayo, que analizaba el panorama político peruano y reclamaba una profunda reforma agraria; se reflejaba así en esta organización política el ambiente de intranquilidad rural existente en el país, animado sobre todo por los sindicatos campesinos dirigidos por Hugo Blanco. Pero tras el llamamiento del Partido Obrero Revolucionario (POR) a inaugurar la lucha armada, dentro del propio APRA Rebelde surgieron críticas a la orientación política de esa organización. Se produjo entonces el desprendimiento de la corriente llamada Vanguardia Revolucionaria, dirigida por Ricardo Naporí, que en 1961 decidió iniciar el combate guerrillero urbano enmarcado en la estrategia de guerra popular prolongada, cuya base social debía ser el pequeño proletariado industrial peruano.

Mientras tanto, casi paralelamente, pero en Jauja, los dirigentes campesinos del POR, Jacinto y Mayta Rentería, captaban al subteniente de la Guardia Republicana Francisco Vallejo, para que se sumara a un levantamiento armado. Este ocurrió el 19 de mayo de 1962, cuando los revolucionarios atacaron dos comisarías y un banco, después de lo cual marcharon hacia la Selva Alta. Sin embargo, antes de que el día terminara, la mayoría habían resultado muertos o capturados. En el bolsillo del cadáver de Vallejo se encontró una carta suya sin enviar, en la cual, entre otras cosas, decía: «Para salir de dudas respecto a la idea de cómo llevar a cabo nuestro gran anhelo, la Revolución Peruana, creo ante todo que debemos coincidir en la forma de actuar intelectualmente, esto es, basarnos en los libros de Marx, Lenin, Mao y si me lo permiten decir, de Fidel.»[2]

Encabezado por Luis de la Puente Uceda, en junio de 1962, surgió el Movimiento de Izquierda Revolucionaria. Al respecto, Ricardo Gadea escribió:

> Al aparecer el APRA Rebelde como organización independiente, su pensamiento e ideología eran las de una organización que pretendía reivindicar los planteamientos revolucionarios del APRA de los primeros años. La influencia que sobre el APRA Rebelde ejerce el proceso que vive el país y [el] cercano ejemplo cubano van empujándola hacia posiciones marxistas cada vez más definidas. Cuando surge el MIR las posiciones y objetivos socialistas son muy claras.[3]

El 18 de julio de 1962, tuvo lugar en Perú un golpe de Estado reaccionario, uno de cuyos objetivos principales era poner fin a las ocupaciones de tierras realizadas por los campesinos, a quienes dirigían los sindicalistas agrarios. Entonces Hugo Blanco recurrió a la lucha guerrillera con un pequeño grupo de revolucionarios. Hacia él fue Luis de la Puente Uceda con el propósito de llegar a algún tipo de entendimiento. El encuentro tuvo lugar en octubre de ese año en Quillabamba, pero no se produjo la anhelada unidad revolucionaria. Al año, un grupo de estudiantes, entre los cuales descollaba el poeta Javier Heraud, penetró en Perú proveniente de Bolivia. Su plan consistía en adentrarse en La Selva, extensa región despoblada con apenas trescientos mil seres humanos, en la que los ríos fungen como vías de acceso y en cuyas confluencias han surgido poblados, en los cuales muchas personas se dedican al comercio de maderas, plantas medicinales, pieles y animales salvajes. Después, los jóvenes cruzaron los trescientos kilómetros que había entre la frontera y los valles donde operaban los campesinos dirigidos por Hugo Blanco, a fin de prestarles ayuda militar. En su difícil avance, los jóvenes llegaron hasta Puerto Maldonado, en donde toparon, el 15 de mayo de 1963, con una patrulla que dio muerte a Heraud y a cinco revolucionarios más, tras lo cual el resto tuvo que refugiarse en Bolivia. Mientras, en Perú, a las dos semanas, las fuerzas represivas capturaban al propio Cóndor luego de un combate en Pucyura. Terminaban los primeros empeños guerrilleros, y los militares devolvían el poder a un civil electo: Fernando Belaúnde Terry.

Luis de la Puente Uceda definió, durante 1964, sus proyectos con respecto al proceso revolucionario peruano. En su documento titulado "Nuestra posición", de julio de ese año, precisó: «Solo una revolución socialista puede señalar el camino para salir del subdesarrollo. Y debe ser una revolución con armas en la mano del pueblo. La vía revolucionaria según el criterio mirista[4] pasa por los campos.»[5]

Poco más tarde, los principales dirigentes del MIR pasaban a la clandestinidad con el propósito de organizar la lucha guerrillera. Pensaban retomar algo de la experiencia de los sindicatos agrarios, pues deseaban preparar a las masas para un proceso insurreccional mediante la invasión de latifundios y tomas de tierras; estimaban que después los campesinos crearían sus propias milicias defensivas. Escogieron estas serranías porque constituían la zona más extensa y poblada de la República, donde unos siete millones de personas trabajaban la agricultura en sus atrasadas comunidades agrícolas quechuas (ayllus), o en las tradicionales haciendas de los terratenientes de corte feudal, cuyas prácticas gamonalistas las contraponían a aquellas. También los mayores centros mineros se ubicaban en dicho territorio, conocido como La Sierra, donde los monopolios extranjeros explotaban a unos doscientos mil trabajadores, en parte eventuales, procedentes de las vecinas áreas rurales. Además, toda la región estaba constituida por un laberinto montañoso con cumbres nevadas, valles profundos e inmensos altiplanos conocidos como jalcas; mientras en sus partes elevadas la vegetación era mínima, en las profundas hondonadas la floresta resultaba impenetrable.

Aunque De la Puente comprendía que las condiciones subjetivas no estaban todavía maduras, creía que estas podrían ser creadas mediante la misma lucha armada. También era del criterio de que la revolución peruana representaba parte de la continental, a cuya lucha debían contribuir los países liberados.

Una sorprendente oleada campesina de ocupaciones de tierras sacudió las zonas rurales de Perú durante 1963 y 1964, lo cual fue bien aprovechado por el MIR para preparar el surgimiento de dos frentes guerrilleros. Uno, denominado Pachacutec, al mando de Luis de la Puente y Rubén Tupayachi, para operar en el área de Mesa Pelada, en la provincia de la Convención, departamento del Cuzco. Otro, llamado Tupac Amaru, dirigido por Guillermo Lobatón y Máximo Velardo, para actuar en las provincias de Concepción y Jauja, departamento de Junín. Al organizar esos frentes se perseguía el propósito de abarcar diferentes grupos rurales, dispersar las fuerzas del Ejército y cercenar las comunicaciones entre la Sierra Andina y la Costa. Antes de iniciar la lucha armada, en mayo de 1965, el MIR emitió una proclama en la cual se exigía la disolución del Congreso, una amnistía general para los presos políticos, una reforma agraria y otra urbana, salario mínimo familiar, expropiación del petróleo en manos imperialistas y plena soberanía nacional. Después, el 9 de junio, las guerrillas comenzaron a combatir; se asaltó la mina Santa Rosa, donde se obtuvo mucha dinamita, se voló el puente de la carretera a Gatopo y se ocupó la comisaría de Andamarca. Desde entonces, se sostuvieron choques con el Ejército, como los de Pucuta y Yahuarina, en el cual se derrotó a un destacamento de cincuenta y cinco soldados.

Por su parte, los supervivientes del combate de Puerto Maldonado que lograron regresar a Bolivia fundaron allí el Movimiento 15 de Mayo, organizado por Juan Pablo el *Chino* Chang y Héctor Béjar. Ese fue el núcleo del Ejército de Liberación Nacional (ELN), engrosado más tarde con ex miembros de la Juventud Comunista, que en abril de 1965 comenzó sus acciones armadas en el área de Chinchibamba, provincia de La Mar, departamento de Ayacucho; una zona situada entre los frentes Pachacutec y Tupac Amaru del MIR, lo cual facilitó que al cabo de varios meses ambas organizaciones forjaran un Comando Nacional de Coordinación. Pero casi desde el principio los militantes del ELN tropezaron con la dificultad de la lengua quechua, hablada por los indígenas y que ellos no dominaban. Al mismo tiempo, aunque los guerrilleros, como escribiera el propio Béjar:

> Prodigaban heroísmo en sus combates contra el enemigo y audacia al lanzarse a una lucha riesgosa, fueron incapaces de asimilarse a corto plazo a un campesinado que espectaba su irrupción no sin cierta sorpresa y desconcierto. Había también otro desnivel; las banderas enarboladas por las guerrillas se presentaban como lejanas a los ojos de los campesinos, interesados más que todo en reivindicaciones concretas y hasta locales. Mientras los guerrilleros hacían propaganda por la revolución socialista, el campesinado quería cosas más tangibles, menudas

reivindicaciones que los revolucionarios no acertaron siempre en tocar, a pesar de que son los resortes que pueden llevar al pueblo a un nivel superior.[6]

Dificultades semejantes encontraba el MIR, cuya guerrilla Pachacutec, además, había relegado el principio de movilidad al constituirse en base permanente de retaguardia; ello incidió negativamente en la preparación militar del grupo, sobre el cual las fuerzas del Ejército concentraron sus principales ataques al enterarse de que en él se encontraba De la Puente Uceda. Cercados, este y Tupayachi cayeron en el combate de Amaybamba, el 23 de octubre de 1965. Poco tiempo después, Velardo también moría, asesinado por los cuerpos represivos, a la vez que Lobatón desaparecía en la selva. Así, las guerrillas del MIR dejaron de existir. Habían transcurrido seis meses desde el inicio de su gesta.

Luego de su triunfo sobre el MIR, el Ejército concentró sus fuerzas contra el frente Javier Heraud, del ELN. El principal ataque tuvo lugar en Tingos, a mediados de diciembre de 1965, en el cual murió Ricardo León, lugarteniente de Béjar. Este fue entonces perseguido hasta su captura, ocurrida en 1966, tras la cual se le encarceló. De esa forma terminó, en dicho momento, el combate insurreccional en Perú.

La lucha guerrillera tuvo en Perú, a pesar de su derrota de 1965, una consecuencia imprevisible, pues en una parte de la oficialidad del Ejército, muchos de cuyos integrantes eran de extracción popular, debido a la restringida cantidad de hijos de oligarcas disponible, se produjo una interesantísima evolución política. Quienes tenían una procedencia humilde, a veces mestizos, denominados cholos, debido a los combates contra los guerrilleros tomaron con frecuencia una óptica apropiada de los males del país. Incluso no fueron pocos los que entonces llegaron a valorar la verdadera opinión de las masas sobre el estado de la República, y comprendieron la desastrosa acción depredadora de la oligarquía y el imperialismo. Esto, a la vez, se sumó al enrarecido ambiente político pues para satisfacer las exigencias del Fondo Monetario Internacional, el Gobierno devaluó la moneda en un 40% y adoptó otras impopulares medidas. En ese contexto, gentes de avanzada sin cesar denunciaban los escándalos administrativos y la corrupción de los funcionarios del presidente Fernando Belaúnde Terry. Hasta que la situación se hizo insostenible al hacerse pública una monumental estafa, fraguada en contubernio con la International Petroleum Company: resultó que el Gobierno había acordado indemnizar a dicho monopolio imperialista, porque este devolvía al Estado los pozos de petróleo de La Brea y Pariñas, ilegalmente explotados desde 1923.

La Fuerza Armada de Perú, dirigida por el general Juan Velasco Alvarado, ocupó el poder político el 3 de octubre de 1968. Desde el primer instante demostró que no era un golpe de Estado de tipo tradicional, pues no invocó el «peligro comunista». Al contrario, se hicieron llamados a rescatar la dignidad nacional violada por el imperialismo yanqui. Esta postura se confirmó a los seis días, cuando las tropas del Ejército ocuparon los yacimientos de La Brea y Pariñas y, sin pago alguno, los revirtieron al patrimonio estatal. Se iniciaba así la gestión del Gobierno nacionalista revolucionario de los «generales cholos».

Un elemento trascendental que ayudó a definir el profundo proyecto transformador del equipo gubernamental militar, fue la elaboración del llamado Plan Inca, el cual se dio a conocer el 24 de junio de 1969 al emitirse una radicalísima Ley de Reforma Agraria. Entonces Velasco Alvarado dijo:

> Hoy en el Día del Indio, día del campesino, el Gobierno Revolucionario le rinde el mejor de todos los tributos al entregar a la nación entera una Ley que pondrá fin para siempre a un injusto

ordenamiento social que ha mantenido en la pobreza y en la iniquidad, a los que labran una tierra siempre ajena, y siempre negada a millones de campesinos. Lejos, pues, de las palabras de vanos homenajes, el Gobierno Revolucionario concreta en un instrumento de inapelable acción jurídica por el que tanto se ha luchado en nuestra patria. De hoy en adelante, el campesino de Perú no será más el paria ni el desheredado que vivió en la pobreza, de la cuna a la tumba, y que miró impotente a un porvenir igualmente sombrío para sus hijos. A partir de este venturoso 24 de junio, el campesino de Perú será en verdad un ciudadano libre, a quien la Patria al fin le reconoce el derecho [sobre] los frutos de la tierra que trabaja, y un lugar de justicia dentro de una sociedad de la cual ya nunca más será, como hasta hoy, ciudadano disminuido, hombre para ser explotado por otro hombre.[7]

La revolucionaria ley agraria no se limitó a finalizar con el injusto sistema de tenencia de la tierra y llevar a cabo una equitativa distribución a favor de quienes la trabajaban, pues se pronunció, además, por preservar la integridad de las grandes unidades productivas, muchas de las cuales poseían carácter agroindustrial como las plantaciones de algodón y caña de azúcar en la costa. También, estimuló la organización de cooperativas en las antiguas comunidades indígenas, así como entre los campesinos que recibieron parcelas. A la vez, este proceso estuvo acompañado (1974) por el surgimiento de la Confederación Nacional Agraria, y por el reconocimiento de la lengua del pueblo quechua como segundo idioma oficial de Perú, pues lo hablaba la tercera parte de la población y en muchas zonas andinas era el único utilizado.

El nacionalismo revolucionario de los militares peruanos no limitó sus medidas antiimperialistas a la conocida confiscación petrolera, ya que en 1970, asimismo, se expropiaron los complejos azucareros estadounidenses y la International Telegraph and Telephone Company (ITT). Y a los tres años, se procedió de igual modo con el poderoso monopolio norteamericano Cerro de Pasco Mining Corporation, el cual tenía siete décadas de presencia en el país y explotaba a dieciséis mil trabajadores, que producían el 32% del material exportado, con utilidades anuales superiores a los veintidós millones de dólares. Fue entonces que en Perú el capitalismo de Estado adquirió una importancia extraordinaria, pues a partir de ese año las inversiones públicas superaron el 50% de todas las realizadas en la República. Aparecieron desde ese momento empresas estatales como Petroperú, Mineroperú, Hierroperú, Entelperú, y otras más que totalizaban el número de cincuenta. Si se toma en consideración las que poseían más de la mitad de su capital en manos estatales, la cifra era de ciento cuarenta y cinco sin contar ninguna con un porcentaje inferior. El Estado también controló una gran proporción de la banca, al incorporar a su propiedad el Banco Popular de Perú, antes perteneciente al grupo financiero Prado, así como otras pequeñas entidades más.

Las transformaciones de la sociedad peruana en el transcurso del año 1974 superaron su carácter democrático-burgués, cuando fueron emitidas las leyes sobre propiedad social y la prensa, que empezaron a imprimir al proceso revolucionario rasgos democrático-populares. La primera ley fue revelada el Primero de Mayo en una concentración por el Día de los Trabajadores, y en ella se estableció un avance sui géneris hacia la desaparición de las compañías privadas en Perú, pues el Gobierno concebía la actividad económica como inherente, en primer lugar, al sector social; luego se situaba el área estatal —industrias y servicios básicos—. La tercera prioridad se otorgaba a las empresas capitalistas cuya esencia se deseaba transformar por medio de la creciente participación de sus trabajadores en la propiedad. Solo se dejaban incólumes los intereses de la pequeña burguesía.

Casi es innecesario recordar que esta ley fue calificada como «muy positiva» por la Confederación General de Trabajadores de Perú y la Central de Trabajadores de la Revolución Peruana. Poco después, el 27 de julio de 1974, se publicó el segundo trascendental decreto, que disponía la entrega a diversos sectores laborales de los diez principales periódicos burgueses del país. Como era lógico, mientras las agrupaciones de periodistas peruanos respaldaban la revolucionaria medida, la pro imperialista Sociedad Interamericana de Prensa la atacaba con ferocidad.

A partir de estas audaces disposiciones populares, la burguesía nacional se incorporó al campo de la contrarrevolución, auspiciado por la CIA; en tanto los industriales creyeron que los cambios solo se dirigirían contra los rezagos feudales o contra la burguesía exportadora, apoyaron las transformaciones. Pero al comprender que el núcleo gobernante encabezado por Velasco Alvarado deseaba transgredir esos límites, este sector se sumó a la oposición. Así, en 1975, la escalada contrarrevolucionaria se multiplicó, al punto de organizarse y ejecutarse acciones tales como: la huelga de la Guardia Civil en Lima, atentados contra dirigentes gubernamentales y el gran incendio del Centro Cívico de la capital.

Era evidente que la lucha de clases se agudizaba, y para consolidarse, el proceso revolucionario debía desembocar en un régimen de fuerte participación popular. Esto se dificultaba mucho, aunque los militares revolucionarios habían tomado diversas medidas en ese sentido. La primera había sido liberar a los guerrilleros presos y legalizar al MIR y al ELN en tanto entidades políticas. Pero en contra de los esfuerzos gubernamentales, la mayoría de los excarcelados salió para el extranjero —como Hugo Blanco—, o estaban en la oposición cívica dentro del país —por ejemplo, Ricardo Gadea—. Solo algunos cooperaban con el régimen militar, entre los cuales descollaba Héctor Béjar, quien era la segunda figura de la organización de masas oficialista conocida por las siglas de SINAMOS. Esta, no obstante las buenas intenciones de sus dirigentes, no logró estructurar eficazmente a los amplios sectores populares, que no alcanzaron suficiente politización.

2. Sendero Luminoso y el MRTA

El general Juan Velasco Alvarado enfermó de gravedad en 1975, lo cual debilitó el control ejercido por los «generales cholos» sobre las Fuerzas Armadas, y facilitó que grupos de menos avanzado pensamiento —dado el carácter heterogéneo de la oficialidad peruana— efectuaran un sutil golpe de Estado el 29 de agosto del mismo año. Desde ese momento, el nuevo equipo gubernamental presidido por el general Francisco Morales Bermúdez marginó a los militares de izquierda, subordinó el país a los dictados del Fondo Monetario Internacional, incentivó la participación del gran capital en las industrias y en la economía de exportación, retornó a las prácticas represivas contra las protestas obreras, clausuró locales sindicales, frenó el desarrollo de la Reforma Agraria —en menos de seis años se habían adjudicado casi siete millones de hectáreas de tierra a cientos de miles de campesinos—, disolvió la Confederación Nacional Agraria, devolvió muchas empresas a la esfera privada, limitó el control del Estado sobre el comercio exterior y derogó el Estatuto sobre la prensa. Entonces, en las masas populares resurgió el descontento debido a la pérdida de las más trascendentales conquistas revolucionarias, lo cual fue agravado por el ascendente costo de la vida y por la generalizada ofensiva patronal. Esa triste situación de paulatino retroceso al pasado provocó, el 27 de febrero de 1978, la primera huelga general en casi diez años, que se extendió durante cuarenta y ocho horas a pesar de la dura represión.

Al mismo tiempo, se permitió a los sectores más reaccionarios de las fuerzas armadas llevar a cabo una agresiva política en contra de la Revolución cubana. Al respecto, el Comandante en Jefe Fidel Castro expresó:

> No podemos olvidar que en el Perú fue la Marina de ese país —la Marina de ese país y lo sabemos, creo que no se atrevan a discutirlo—, la Marina de ese país, agentes a sus órdenes, los que hundieron nuestros dos barcos pesqueros, Río Jobabo y Río Damují, una increíble provocación. Pero, además, tampoco debemos olvidar cómo el convenio de pesca existente entre Cuba y Perú que llevaba tiempo, funcionaba perfectamente bien, que era útil, muy útil para los peruanos, pues ayudaba a los peruanos y ayudaba también a producir alimentos para nosotros, fue cancelado unilateralmente, también en virtud de las imposiciones de la Marina, y para fraguar convenios particulares en virtud de los cuales un individuo, sin poner nada, nada más que con poner el nombre, se convertía en millonario. No podemos olvidar cómo el Gobierno del Perú incumplió el contrato de la construcción de veinte atuneros que concertamos con ellos, en relación con lo cual nuestro país se gastó por otro lado decenas de millones de dólares en una planta de procesar pescado y sin embargo, ni siquiera fue cumplido el contrato, no fueron construidos los atuneros, y nos quedamos nosotros con la planta procesadora y sin los atuneros.
>
> Todo esto va teniendo su historia y sus antecedentes. Lógicamente que estas cosas fueron enfriando las relaciones que en un tiempo fueron cálidas y estrechas con el Gobierno Revolucionario de Velasco Alvarado, relaciones que se abrieron en aquellos días difíciles del Perú, a raíz del terremoto cuando nuestro pueblo a un llamado de la Revolución, a pesar de que no existían relaciones diplomáticas, realizó cien mil donaciones de sangre en diez días, se ofrecieron nuestros médicos y nuestras enfermeras, y se ofrecieron nuestros obreros de la construcción y se ofreció nuestro pueblo para ayudar al hermano pueblo de Perú.[8]

Con el propósito de encontrar una salida a la difícil situación política, el Gobierno de Morales Bermúdez convocó a elecciones para una Asamblea Constituyente en junio de 1978. Entonces se presenció un fenómeno antes desconocido, pues grupos de quienes se proclamaban senderistas recorrían por las madrugadas las calles de Huamanga, llamando al abstencionismo y dando vivas a la lucha armada. Era la evidencia pública de una compleja evolución partidista, cuyos remotos orígenes se encontraban casi tres lustros atrás. En efecto, en la IV Conferencia del Partido Comunista Peruano, celebrada en enero de 1964, se había producido una escisión maoísta, que organizó el llamado Partido Comunista Bandera Roja, dirigido entre otros por Saturnino Paredes, José Sotomayor, Horacio Zeballos y el profesor de Filosofía Abimael Guzmán, *Camarada Gonzalo*. Ellos defendían la vía guerrillera para tomar el poder, y llegaron a anunciar el surgimiento de unas Fuerzas Armadas de Liberación Nacional, que nunca entraron en acción. Esto agrió las relaciones dentro del PC-BR, hasta que en marzo de 1966 Sotomayor acusó a Paredes de liquidacionismo y se escindió para formar la tendencia conocida por «marxista-leninista», que al final tampoco impulsó la lucha armada. A los tres años, del PC-BR se desgajó otra corriente,[9] llamada Patria Roja, que dirigían Horacio Zeballos y Abimael Guzmán. Este, en el Segundo Pleno del Partido, en febrero de 1970, criticó a aquel por no realizar trabajo clandestino, y debido a lo cual decidió separarse para formar el Partido Comunista por el Sendero Luminoso de José Carlos Mariátegui. De esta manera, Guzmán logró controlar las bases de la militancia en la región de Ayacucho, de mucha influencia en las organizaciones campesinas de la zona así como entre los pertenecientes a la Universidad San Cristóbal, de Huamanga, que animaban al Frente Estudiantil Revolucionario. A partir de entonces el PC-SL se dedicó durante años a un intenso trabajo político clandestino, preparatorio del entrenamiento militar necesario para acometer el combate guerrillero. Los senderistas se empeñaron en forjar una rígida, vertical y autoritaria organización partidista, que rechazaba cualquier vínculo con la legalidad y consideraba absolutos los preceptos de llevar a cabo una guerra prolongada que fuera del campo a la ciudad, con el argumento de que la sociedad peruana era semifeudal y semicolonial y, por lo tanto, la experiencia china se asemejaba mucho a las necesidades de la revolución en este país andino. Concluían que en las tareas del proceso democrático-nacional y antifeudal-antiimperialista, su base social debía ser la alianza de obreros y campesinos, en la cual los proletarios tuvieran la dirección con su ideología científica y la fuerza motriz principal fuesen los indígenas. Un texto de la época reflejaba el significado de dicha fuerza política de esta manera: «Sendero Luminoso es el representante de esos hombres que despreciados por el color de su piel y su estatus social, son empujados a las más terribles miserias. Es la rabia andina contra la vieja y secular opresión.»[10]

Desde el punto de vista de las cuestiones internacionales, el PC-SL fustigaba al «social-imperialismo soviético», criticaba las posiciones no maoístas de la nueva dirigencia china, post «banda de los cuatro»,[11] y se distanciaba, emitiendo censuras, de la Revolución cubana; estos eran reflejos del «pensamiento Gonzalo», al que se proclamaba continuador del marxismo-leninismo-maoísmo, ahora en su cuarta fase o etapa de lucha por la revolución mundial y contra todos los revisionismos, desde el bastión ortodoxo situado en el corazón de los Andes.

En los comicios para la Constituyente de 1978, triunfó el reformista APRA con Víctor Raúl Haya de la Torre, seguido por el neoliberal Partido Acción Popular del ex presidente Fernando Belaúnde Terry. Como tercera organización emergió, con el 13% de la votación, el Frente Obrero Estudiantil Campesino, creado por Ricardo Naporí, Genaro Ledesma y Hugo Blanco, que fue el candidato con más votos recibidos en la izquierda. Después venía el Partido Socialista Revolucionario del ex general y ex dirigente de SINAMOS, Leónidas Rodríguez, influyente entre quienes se habían incorporado, en Lima, a los sindicatos de la Central de Trabajadores de la Revolución Peruana. Lo seguía, con el 5,9%, el Partido Comunista Peruano, al que dos años antes se reintegrara Sotomayor y su PC-ML, encabezado por Jorge del Prado; y más alejado, el PC-PR de Horacio Zeballos. Este conformaba la tendencia electoral conocida como Unidad de Izquierda Revolucionaria junto al MIR y otras pequeñas fuerzas más, en tanto el PCP y el PSR representaban la esencia del bloque estructurado alrededor de la consigna «Por un gobierno popular antiimperialista, rumbo al socialismo».

Para los comicios generales, que se celebraron en 1980, se presentaron en lo fundamental tres fuerzas políticas; la Acción Popular de Belaúnde, el APRA del agonizante Haya,[12] así como la novedosa y aún no muy bien estructurada Izquierda Unida, que aglutinaba a los revolucionarios decididos a tomar el poder mediante las elecciones —FOCEP, UDP,[13] PCP-PSR—; quienes defendían el trabajo abierto con las masas y argumentaban que el país se urbanizaba debido al fenómeno conocido por «descampesinización». Se llamaba así al hecho de que, de forma creciente, en las áreas rurales la gente se convertía en asalariados o semiproletarios, mientras otros muchos migraban a las ciudades de la costa, donde se encontraba toda la industria fabril del país, concentrada en un 80% en Lima, en las cuales vivían como marginales sin trabajo o subempleados unos cuatro millones de personas. Por ello, concluían que de haber nueva lucha armada, esta debía ser, sobre todo, de carácter citadino.

En ese contexto, en el IX Pleno del Comité Central de Sendero Luminoso, en mayo de 1979, Abimael Guzmán propuso iniciar la lucha armada al año siguiente. Se le opusieron Luis Kawata y Osmán Morote, quienes estimaban demasiado débil todavía la presencia del

PC-SL en el seno de la clase obrera, pero fueron derrotados. En contraste, el camarada Gonzalo obtuvo, fuera de su partido, el apoyo de la llamada tendencia «proletaria» de Vanguardia Revolucionaria, así como el de la ultraizquierdista corriente del maoísmo conocida por Puka Llacta.

El senderismo se proponía desarrollar su lucha en varias fases, que ellos mismos definían así:

> El «Plan de Inicio» (…) comprende: primero las tareas políticas a cumplir, esto es, iniciar la lucha armada, boicotear las elecciones, impulsar armadamente la lucha campesina por la tierra y sentar las bases de lo nuevo, especialmente del poder; segundo, formas de lucha: guerrillas, sabotajes, propaganda y agitación armada, aniquilamiento selectivo; tercero, formas orgánicas militares, destacamentos armados con o sin (sic) armas modernas.[14]

Al clausurar, en abril de 1980, la primera escuela militar senderista (ILA 80), el propio Abimael Guzmán expresó:

> Ha concluido la etapa de las manos desarmadas, se inicia hoy nuestra palabra armada: levantar a las masas, levantar campesinos bajo las inmarcesibles banderas del marxismo-leninismo-pensamiento Mao Tsé Tung (…) entramos a la ofensiva estratégica de la Revolución Mundial: ese es nuestro contexto. (…) El Partido entra a desarrollarse a través de la lucha armada; así devendrá en el poderoso Partido que la Revolución necesita.[15]

Poco después, el 18 de mayo, mientras se celebraban las elecciones generales del país, senderistas encapuchados quemaron urnas electorales en la provincia de Cangallo, departamento de Ayacucho, al sudoeste de Huamanga. Luego de esta acción, Sendero Luminoso acometió una serie de sabotajes y atentados, que ascendieron a 219 al finalizar el año. En 1981, ya habían llevado a cabo 692 cuando, el 11 de octubre, tomaron el cuartel de la Guardia Civil en Tambo, provincia de La Mar, en lo que se considera la primera operación mayor del PC-SL.

El Gobierno de Belaúnde Terry, surgido de las elecciones celebradas en 1980, tras el ataque al destacamento policial de Tambo, proclamó el estado de emergencia en seis provincias y envió hacia ellas los temidos destacamentos punitivos conocidos como Sinchis, famosos por sus crueldades. A partir de entonces, tuvo lugar un auge insurreccional, explicado por Jorge del Prado de esta forma:

> No podemos olvidar que el Perú es un país de desigual desarrollo entre las capitales y el interior. Mientras que en Lima pueden seguir existiendo como principales formas de lucha las acciones de masa, el despliegue del movimiento obrero y hasta la herramienta parlamentaria, en cambio, en otros lugares del país la constitución y la democracia representativa son letras muertas; las depredaciones, los abusos, las torturas y los asesinatos han llevado al pueblo a un estado de desesperación psicológica colectiva, que no encuentra salida en la justicia. Tal estado de desesperación puede llevar a la lucha armada.[16]

Además, la política neoliberal del nuevo Gobierno civil desactivó el papel del Estado como gestor del sistema económico, liberalizó el comercio exterior y el mercado interno, cedió a las empresas extranjeras derechos antes exclusivos de las nacionales, impulsó la inflación a niveles previamente desconocidos, adoptó una postura «fondomonetarista», rebajó el nivel de vida de las masas y aumentó el de una pequeña minoría privilegiada, limitó los gastos públicos, desnacionalizó buena parte del sector de propiedad estatal, sobre todo en la banca, multiplicó la deuda externa hasta los catorce mil millones de dólares, devaluó la moneda cincuenta veces, disminuyó el PIB hasta el nivel de 1965, incrementó el desempleo, eliminó los subsidios a los productos básicos, dedicó la mitad del presupuesto al pago de los intereses generados por los adeudos foráneos y a la compra de armamentos.

La siguiente acción de envergadura de Sendero Luminoso tuvo lugar el 2 de marzo de 1982, cuando 150 efectivos suyos tomaron la ciudad de Huamanga, de ochenta mil habitantes y capital de Ayacucho, y excarcelaron a más de trescientos de sus militantes presos, entre los cuales estaba la célebre guerrillera Edith Lagos. Ella, no obstante, fue asesinada al cabo de medio año, y su entierro constituyó una gran manifestación de duelo popular, cuando más de quince mil personas acompañaron al cortejo fúnebre por las calles de la ciudad hasta el cementerio. También, a partir de ese momento, Sendero comenzó a extender su radio de acción hacia otras regiones, pues hasta Lima sufrió dos gigantescos apagones en medio de los cuales una multitud con teas senderistas, representando la hoz y el martillo, iluminó el imponente cerro de San Cristóbal, que preside la capital nacional. Ese año terminó con la evaluación del PC-SL, acerca de que sus fuerzas:

> Habían cumplido exitosamente el plan trazado y los objetivos expuestos, pues han logrado remover el campo con sus acciones. En el país se conoce que existe un grupo de revolucionarios en armas y han podido formar un ejército guerrillero, condición necesaria para el futuro establecimiento de las famosas bases de apoyo.[17]

El Gobierno de Belaúnde, a finales de diciembre de 1982, dispuso que las fuerzas armadas asumieran el control completo, por encima de cualquier otra autoridad, en los departamentos de Ayacucho y Andahuaylas. Entonces se militarizaron totalmente múltiples provincias, dando inicio así a una época de terror, que fue muy acentuado en Huamanga, Tuanta, La Mar, Víctor Fajardo y Cangallo. Pero esto no resolvió el problema a los militares, que debían «matar a 60 personas para tener alguna posibilidad de eliminar a 3 guerrilleros».[18] Debido a esta violencia, las masas reforzaron su voluntad de apoyar a los rebeldes para salvar la vida. Hasta que el propio Ejército se dio cuenta del fenómeno y decidió variar su táctica. Para ello aprovechó las diferencias existentes entre las diversas colectividades de campesinos, con el propósito de acicatear la lucha entre los diversos grupos de comuneros y aislar a los que estaban dominados por los senderistas. Esta práctica alcanzó relativo éxito pues estuvo facilitada por el dogmatismo maoísta del PC-SL, que aplicaba de manera mecánica la experiencia china; cuando Sendero controlaba una zona, pretendía imponer un régimen autárquico o de autoconsumo, con el objetivo de privar a las ciudades de alimentos y así forzarlas a entenderse con los guerrilleros. No tenían en cuenta que en Perú ya se habían forjado vínculos entre campesinos y comerciantes, lo cual provocaba el disgusto de aquellos, que perdían el mercado, e inducía a estos a comprar en otros sitios, pues siempre había comunidades dispuestas a vender. Además, debido a esa práctica de los insurrectos, los productos enlatados provenientes de la capital y del exterior podían incrementar su competencia con los suministros locales. Para hacer prevalecer sus concepciones, Sendero decidió entonces ejecutar a algunos negociantes, pero esto solo ahondó la división de los habitantes con respecto a esa organización político-militar. A la vez, a consecuencias del tormentoso auge de la lucha campesina, muchas poblaciones rurales daban rienda suelta a su sed de venganza contra quienes siempre las habían oprimido, y espontáneamente ejecutaban a jueces, alcaldes, usureros y terratenientes.

Sendero también aplicó represalias contra varias de las comunidades que se habían sumado a la estrategia antisubversiva concebida por el Ejército, como en el caso de Lucanamarca, en abril de 1983, cuando una columna de cientos de sus efectivos ejecutó a un grupo de comuneros que habían ahorcado a seis guerrilleros. Pero al mismo tiempo, replanteó su estrategia y abrió nuevas zonas de actividades. En efecto, el VIII Congreso del PC-SL, en marzo de 1983, decidió retomar las áreas ocupadas por las fuerzas armadas durante su ofensiva; ampliar las acciones en Lima, Cuzco y Apurimac; y efectuar una intensa campaña de adoctrinamiento entre sus simpatizantes. Un balance de lo realizado a partir de esos acuerdos se efectuó al cabo de un año, cuando Sendero realizó su Tercera Conferencia Nacional. En esta se dio a conocer que los insurrectos contaban con más de doscientas bases de apoyo, lugares desde los cuales los combatientes lanzaban sus operaciones y luego podían refugiarse en ellos, pues constituían una retaguardia segura. Asimismo se informó que en las ciudades dicha militancia actuaba más abiertamente y que en ellas funcionaban escuelas de entrenamiento para los recién reclutados. Además, se dio a conocer que los senderistas pasaban a estructurarse en el Ejército Guerrillero Popular (EGP), parte integrante de las Fuerzas Armadas Revolucionarias, conformadas por el EGP, como contingente principal en constante movimiento, destacamentos locales situados en las villas o pueblos y milicias integradas por los habitantes de las zonas liberadas. Por último, se anunció que en el futuro a Abimael Guzmán se le denominaría Presidente Gonzalo.

La referida estrategia armada de Sendero permitió que, al finalizar 1984, sus fuerzas se hubieran establecido en Pasco, Huanuco, Sierra de la Libertad, Leoncio Prado, Anubo, Huanta, Daniel Carrión, Yanahuanca y Yacon. Estas provincias se añadían a otras donde los guerrilleros operaban desde antes, que en suma ascendían a veintiséis, todas declaradas por el Gobierno en «estado de emergencia». Ellas se encontraban situadas, con excepción de la Mariscal Cáceres, en las sierras Central y Sur, en las cuales predominaba la población indígena con persistentes formas arcaicas de organizar la producción. Paralelamente, sin embargo, el PC-SL logró que en algunas ciudades empezaran a funcionar destacamentos urbanos, nutridos con desclasados de los barrios marginales, quienes con frecuencia procedían del campo. A la vez, donde Sendero no era fuerte, como en Puno, su militancia desplegaba trabajo de propaganda y apoyaba las demandas o reivindicaciones locales. Así, el año terminó con miles de acciones senderistas, las cuales sobre todo consistían en: interrumpir carreteras, atacar fundos y minas, sabotear vías férreas, volar torres eléctricas, realizar apagones, embanderar calles con sus emblemas partidistas, combatir patrullas militares y desafectas Rondas Campesinas[19] y tomar pequeños cuarteles.

En abril de 1985, Sendero evaluó sus actividades de esta forma:

> En estos casi cinco años hemos realizado más de veinte mil acciones; el partido ha multiplicado por muchas veces su militancia y tiene el prestigio que nunca tuvo, dentro y fuera (sic) del país, hemos construido un Ejército Guerrillero Popular de miles de combatientes y lo más importante, se han formado cientos de Comités Populares.[20] Pugnamos por desarrollar las bases de apoyo y avanzar en la formación de la República Popular de la Nueva Democracia; ha surgido, pues, el Nuevo Poder y se desarrolla ejerciendo verdaderas funciones estatales.[21]

En los nuevos comicios presidenciales triunfó el candidato del APRA, Alan García, en un proceso que el dirigente comunista Jorge del Prado evaluó así:

> En las elecciones generales de 1985 la clase obrera y las amplias masas populares fueron abanderadas en la lucha contra el FMI, y el APRA recogió esta bandera. Este Partido, con mayor poderío económico y posibilidades de propaganda, logró la mayoría de votos, pero Izquierda Unida ganó la segunda mayoría. Es un hecho inédito en la historia del Perú.[22]

El joven abogado aprista,[23] apenas comprometido con el discutible pasado de ese partido —pasó muchos años en Europa estudiando—, había ascendido con rapidez en esa organización política al captar las simpatías de sus tendencias progresistas. García logró ese apoyo al publicar una obra titulada *El futuro diferente, la tarea histórica del APRA*.[24] En ese libro se retomaban los postulados que Haya de la Torre emitiera entre 1924-1931 y se modernizaban, a partir de lo cual se insistía en que «el aprismo es un socialismo latinoamericano».[25] En él se describía la evolución de la sociedad peruana, como agrominero-exportadora hasta la crisis de 1929; se afirmaba que después tuvo lugar un desarrollo industrial distorsionado y dependiente, cuya vida giraba alrededor de la capital, lo cual provocaba la no ampliación del estrecho mercado interno, saturado en la década de los años setenta. Se conformó así, para Alan García, la «Pirámide de la Injusticia», en «una sociedad que ha vivido para una sola ciudad que es la capital; el problema de una sociedad sin producción agrícola suficiente; el problema de una sociedad con un modo de consumo inspirado en el *way of life* americano.»[26]

A partir de esos criterios, el carismático aspirante del APRA a la Presidencia trazó su futura estrategia gubernamental, a la que dominó Plan del Perú. Según este, de ser electo, su gabinete cumpliría dos etapas estratégicas; una de cambios estructurales y otra dedicada al desarrollo. La primera, caracterizada por el fin de las exoneraciones petroleras, la expropiación de los bancos nacionales y la reducción del pago de los intereses de la deuda externa. La segunda, por impulsar a la burguesía industrial a desconcentrarse fuera de la capital, dando mayor poder a los gobiernos de los departamentos y provincias beneficiados por una política que descentralizara la administración estatal.

En lo concerniente a la lucha armada, Alan García expresaba: «Para unos, la única causa es la miseria, para otros tiene su origen en la ayuda extranjera. Yo digo que ni unos ni otros tienen la razón, porque hay que diferenciar muy claramente el justo y secular reclamo de los condenados de la tierra comunera y campesina, de aquellos que cometen o son cómplices de crímenes en nombre de una ideología dogmática y totalitaria.»[27] Y en lo relacionado con el PC-SL, precisaba: «Es el estallido de zonas del país donde el sistema político y los partidos no han llegado y donde sí llegó Sendero, donde Sendero se presentó como una alternativa y donde no hay nadie que les diga a esos peruanos que esa es una alternativa ciega, equivocada y peligrosa para el país.»[28]

Una vez en el Gobierno, García logró reanimar la economía gracias al incremento de la actividad pesquera y de la industria manufacturera, pero la minería no detuvo su parálisis motivada por la merma de los precios internacionales. También se controló un poco la inflación, aunque el pago de la deuda externa se mantuvo por encima del prometido 10% del valor de las exportaciones. El APRA, en cambio, no pudo controlar la ascendente violencia, por lo cual, a finales de 1985, la suspensión de garantías constitucionales abarcaba ya veintinueve provincias de los departamentos de Ayacucho, Huancavelica, Apurimac, Pasco, Huanuco y San Martín, en los que las fuerzas armadas disfrutaban de plenos poderes represivos. En contraste, aparecía el fenómeno que algunos denominaban «nuevo estilo» o «cambio de rostro» de Sendero,[29] que tal vez haya sido el reflejo de cierta pugna motivada por la necesidad de crecer so pena de estancarse; en algunos sitios hubo indicios de que los senderistas, en lugar de sustituir a los dirigentes de las comunidades que lograban dominar, trataban de captar a los ya existentes. Asimismo parecía que adquirían vigor en dicha organización, quienes se preocupaban por ganarse a sectores de la clase obrera. Una manifestación de la ausencia del pretendido monolitismo senderista, fue el hecho de que en 1986 militantes del PC-SL y del Movimiento Revolucionario Tupac Amaru (MRTA) dialogaron en la base y llegaron a realizar operaciones conjuntas en Lima. También hubo noticias de que valiosos cuadros de Sendero abandonaron su partido para incorporarse a la nueva organización tupacamarista, de alguna influencia en ciertos sectores de la parte consciente del proletariado de la capital. Otra prueba del deseo de acciones mancomunadas en la militancia insurreccional, tuvo lugar en los motines coordinados que los presos políticos efectuaron en junio de 1986 en las cárceles de El Frontón y Lurigacho, donde los cuerpos represivos mostraron su verdadera faz al asesinar, después de rendidos, a más de 250 reclusos. Ante ese empuje unitario, sin embargo, el Comité Central de Sendero encabezado por el Presidente Gonzalo reaccionó de manera tajante, pues reorganizó la Dirección Metropolitana Limeña y exigió la autocrítica de quienes habían participado en la alianza combativa. La cúspide senderista se pronunciaba así en contra de lo que llamaba «desviaciones cubanistas»[30], las cuales habían aflorado en su organización. Y para poner coto a dicha tendencia, se celebró a finales del mismo año una apresurada Cuarta Plenaria del CC del PC-SL, que llamó a fortalecer el trabajo ideológico maoísta.

El MRTA se dio a conocer en Perú el 6 de noviembre de 1983, cuando hizo explotar bombas en los albergues de los marines, custodios de la Embajada de Estados Unidos, en solidaridad con el invadido pueblo de Granada. Al mismo tiempo convocó a las masas a incorporarse a la lucha armada para tomar el poder y construir el socialismo.[31] Dicha organización político-militar había empezado a organizarse a finales de 1981 o principios de 1982, cuando algunos revolucionarios que estaban incorporados a la Izquierda Unida decidieron sumarse al combate insurreccional. Poco después, uno de sus documentos programáticos publicados decía: «El MRTA está conformado por todos los sectores del pueblo, nacionalistas y revolucionarios que vienen de diversas tendencias: socialistas, miristas, comunistas, cristianos, sectores patrióticos de la fuerza armada.»[32] Dicho espíritu unitario y latinoamericanista se evidenciaba también al retomar las mejores tradiciones del Perú y del subcontinente, simbolizadas en diversas heroicas figuras como la de aquel cuyo nombre enarbolaban, y las de San Martín, Bolívar, José Martí, Sandino, Farabundo Martí, el Che Guevara y las de todos los caídos en las gestas guerrilleras del país hasta 1965. A la vez, los militantes de esa nueva organización político-militar se consideraban una emanación de la clase obrera y de los sectores populares, defendían el marxismo-leninismo así como los aportes interpretativos de la realidad peruana efectuados por el amauta[33] José Carlos Mariátegui. En firme rechazo a cualquier rasgo sectario, el MRTA valoraba positivamente el trabajo sindical, obrero y campesino, y se declaraba dispuesto a mantener relaciones con la Izquierda Unida, las minoritarias tendencias consecuentes del APRA, las corrientes progresistas de la Iglesia católica, y con el PC-SL, aunque afirmaba que no iba a ocultar sus discrepancias con cualquier organización. Por ejemplo, la Dirección Nacional tupacamarista reconoció: «Con los compañeros de Sendero Luminoso tenemos diferencias que van desde métodos, de caracterización de nuestra sociedad, de tácticas, de objetivos, que son evidentes para todos.»[34]

En el II Pleno de su Comité Central, el MRTA planteó que para la revolución peruana resultaba vital desarrollar una hábil política de alianzas; identificar al enemigo principal, aislarlo, concentrar fuerzas para golpearlo y unir en el transcurso de este proceso a los más amplios sectores, susceptibles de incorporarse a un vasto frente de liberación nacional y social, único rumbo posible hacia la victoria. Por eso defendían las revoluciones de Cuba y Nicaragua, pues afirmaban que ellas: «han tenido extraordinarios efectos sobre nuestros pueblos del continente y han reavivado a las fuerzas revolucionarias mostrando el camino a seguir.»[35]

Después de realizar múltiples acciones de propaganda armada, el MRTA intentó formar una guerrilla rural en el Cuzco en 1984, pero no tuvo éxito. A pesar de ello, un nuevo Pleno de la referida máxima instancia de dirección, ratificó la lucha insurreccional como la vía correcta para tomar el poder, pues con respecto a los comicios generales de 1985 afirmó: «No trascienden del plano electoral, y una vez pasada la algarada, todo el frente se paraliza y se olvidan de las luchas populares. Solamente existe entonces la actividad parlamentaria.»[36]

No obstante esa declaración, al tener lugar el triunfo de Alan García en las urnas, el MRTA planteó que no atacaría con las armas al APRA si este no reprimía al pueblo, aunque se consideraba en libertad de continuar hostigando a las empresas imperialistas, a la oligarquía y a las fuerzas represivas, cuando estas arremetieran contra alguna protesta popular. Durante el resto de ese año, los tupacamaristas siguieron actuando en la capital e incluso empezaron a operar en otras ciudades, así como en el campo, con milicias de propaganda armada que tomaban estaciones de radio y televisión[37] o distribuían víveres a los habitantes más humildes. Hasta que, el 8 de agosto de 1986, el MRTA dio por terminada su tregua unilateral y proclamó al APRA enemigo del pueblo. Trece semanas después, esa organización político-militar celebró una Conferencia Nacional Unitaria con el MIR, que desde hacía unos diez meses había retomado la lucha armada bajo el nombre de Comandos Revolucionarios del Pueblo (CRP). Durante 1987, el MRTA-MIR se esforzó por continuar su desarrollo urbano y rural, pero solo fue el 8 de noviembre de ese año cuando sus efectivos conmovieron al país. Este día una columna tupacamarista dirigida por Víctor Polay Campos, *comandante Rolando*, tomaba Juanjui, capital de la provincia Mariscal Cáceres, departamento de San Martín, con dieciocho mil habitantes, y a las veinticuatro horas ocupaba el poblado de San José del Tezón. A la vez, el MRTA propuso relaciones de cooperación con el M-19 y otras fuerzas guerrilleras colombianas aglutinadas en el Batallón América,[38] en un empeño por retomar el proyecto revolucionario continental del Che Guevara.

En los comicios de 1990, Alberto Fujimori derrotó al candidato de la coalición derechista llamada Frente Democrático, gracias a que en la segunda vuelta electoral el APRA y algunas fuerzas de izquierda lo apoyaron. El nuevo Presidente de inmediato impuso un programa de austeridad dirigido a detener la hiperinflación, a la vez que ordenaba un incremento en la lucha contra la insurrección de Sendero y la actividad armada del MRTA. Pero como esos empeños para derrotar a los rebeldes no tuvieron las consecuencias deseadas, Fujimori culpó al «democratismo parlamentario» y al Poder Judicial de bloquear sus esfuerzos antiinsurgentes. Después, en abril de 1992, el Presidente llevó a cabo un «autogolpe» mediante el cual disolvió el Congreso, impuso la censura de prensa, suspendió diversos artículos de la Constitución y de esa forma se apoderó de todo el aparato estatal, lo que le facilitó desatar contra los alzados una ilimitada guerra. En ella, desde entonces, el Gobierno se anotó una serie de sistemáticos triunfos, pero ninguno tan grande como la captura en septiembre de altos dirigentes del PC-SL, entre los que descollaba Abimael Guzmán. Tras ese logro, en las elecciones legislativas de noviembre los partidarios del Presidente arrasaron. Luego comenzaron a regresar al país los créditos de los Estados Unidos, así como de los principales organismos financieros internacionales.[39]

El año de 1993 finalizó con un referendo constitucional, por el cual se aprobaba un régimen muy presidencialista que además permitía al Primer Mandatario ser reelecto, lo que sucedió en abril de 1995. Entonces, variados sectores de la población lo aclamaban debido a su oportuna y autoproclamada victoria en la fronteriza «Guerra del Cóndor», que se acababa de llevar a cabo contra Ecuador. No obstante, fue en 1996 cuando Fujimori alcanzó la cima de su aureola de éxitos; el 17 de diciembre un comando del muy debilitado MRTA ocupó la Embajada del Japón en Lima durante una importante recepción y, a cambio de liberar a los rehenes y evacuarla, exigía la excarcelación de cuatrocientos cuarenta compañeros suyos. El Gobierno pareció negociar durante ciento veintiséis días, hasta que el 22 de abril sus tropas especiales asaltaron la referida sede diplomática y dieron muerte a todos los «tupacamaristas».

Muy fortalecido, a partir de 1997 el Presidente acentuó su antes insinuada práctica neoliberal de «política de ajustes» y privatizaciones, sobre todo en las finanzas, los servicios públicos, el petróleo y conexos, que le había orientado el FMI. Mientras, el Gobierno restringía cada vez más las libertades fundamentales de la población, con la excusa de «liquidar el terrorismo». Sin embargo, las nuevas medidas económicas pronto empeoraron la situación material de las mayorías, lo cual incentivó las protestas de las masas populares que a sus quejas también unían el creciente deterioro de los derechos humanos. Así, la inquietud social se fue haciendo más amplia y profunda, y ni siquiera los constantes cambios en el gabinete gubernamental lograban calmarla. Hasta que en julio de 1999, el Presidente creyó dar un golpe de efecto con el anuncio de la captura del principal dirigente del diezmado PC-SL, Oscar Ramírez Durand, *Camarada Feliciano*. Pero la lucha antisubversiva no tenía ya la importancia de siete años atrás, cuando el aprisionamiento del Presidente Gonzalo había conmovido a la sociedad peruana. Unos meses más tarde, al anunciar Fujimori que proyectaba reelegirse otra vez, el disgusto público se multiplicó, a pesar de lo cual el empecinado mandatario se presentó a los comicios. En ellos, no obstante, se quedó sin alcanzar el requerido cincuenta por ciento de los votos, por lo que debía presentarse a una segunda vuelta. Antes de llegar a esta, el principal oponente, Alejandro Toledo, candidato de la agrupación Perú Posible, alegó que en ella se produciría un colosal fraude contra él, y anunció que no participaría en dicha nueva ronda. Entonces, único participante, Fujimori se proclamó vencedor, lo cual engendró una generalizada indignación.

Con el propósito de aplacar la ira popular, el 16 de septiembre el hábil Presidente anunció la convocatoria a nuevas elecciones y la disolución del repudiado Sistema de Inteligencia Nacional, dirigido por quien tal vez había sido su más influyente asesor, Vladimiro Montesinos. Ese tenebroso individuo, quien acababa de ser públicamente desprestigiado al difundirse de forma sorpresiva un vídeo clandestino que lo mostraba en repudiables prácticas de soborno a destacados personajes políticos, pasó de inmediato a la clandestinidad. Entonces, el Primer Mandatario en persona encabezó una aparatosa búsqueda de su antiguo colaborador, pero el vergonzoso espectáculo repugnó a muchos «fujimoristas», que asqueados pasaron a las filas de la oposición. Esta, con esos refuerzos, controló el Congreso y escogió a nuevas autoridades parlamentarias, contrarias al Presidente. En dicho contexto y con una intrascendente excusa, Fujimori viajó a Japón y desde allí envió la noticia de que, para no regresar al Perú renunciaba a su altísimo cargo. Ese vacío de poder impulsó el 8 de abril de 2001 otras elecciones, en las cuales nadie obtuvo la mitad más uno de los sufragios emitidos, por lo que los dos candidatos de mayor votación, Alejandro Toledo y Alan García, debieron concurrir a la segunda vuelta. El primero obtuvo el triunfo y ocupó la Presidencia el 28 de julio del propio año, con lo cual concluyó una década de «fujimorismo».

3. Multiplicidad de organizaciones político-militares en Colombia

El movimiento guerrillero animado por los comunistas colombianos, tras la relativa tregua de 1953, fue el único decidido a mantener la lucha de forma organizada. En minoría con respecto a los otros grupos de alzados, que a veces los combatían, la mayoría de los efectivos de esa disciplinada militancia tuvieron que replegarse hacia el sur. En Tolima, hombres como Manuel Marulanda e Isauro Yosa desplegaron sus operaciones armadas en lo que más tarde se llamó Marquetalia; otros, como Ciro Trujillo, se trasladaron al departamento del Cauca, donde los pobladores indígenas tenían tradiciones de lucha campesina, para allí impulsar el batallar insurgente en lo que en el futuro se llegó a conocer como Río Chiquito. Así, a partir de 1954, el resurgimiento guerrillero en Colombia fue dirigido por el Partido Comunista. Contra él y durante seis meses, el Gobierno lanzó una violenta ofensiva con miles de soldados debido a la cual, en las regiones de Villarrica y Cunday, se libró una guerra de posiciones, de combate por cada metro. Hasta que en junio de 1955, la sensatez revolucionaria recomendó un repliegue rumbo a Huila, que después se extendió hacia El Meta y Caquetá, así como hasta El Pato y Guayabero.

El Frente Nacional, estructurado entre los dos tradicionales partidos del país, decidió en 1958 respaldar al recién electo Presidente liberal Alberto Lleras Camargo en su tarea de enfrentar lo que la propaganda del oficialismo denominaba «Repúblicas Independientes Comunistas». A tal efecto se creó una Comisión

Nacional de Rehabilitación, la cual logró una tregua que no implicaba el desarme de los guerrilleros en momentáneo receso.

En el Partido Liberal, sin embargo, había quienes desaprobaban el surgimiento del referido Frente, por estimar que traicionaba las verdaderas proyecciones de esa organización política. Y al ocurrir el extraordinario triunfo de la Revolución cubana, muchos liberales decidieron escindirse. Los «gaitanistas» fueron los primeros que se desgajaron, para crear el Frente Unido de Acción Revolucionaria. Más moderada era la tendencia que encabezaba Alfonso López Michelsen, hijo del ex Presidente, la cual también se desprendió con el propósito de estructurar el Movimiento de Recuperación. Este luego se metamorfoseó en Movimiento Revolucionario Liberal (MRL), el cual albergó a varios ex caudillos guerrilleros y esgrimió el Plan Enero, que reclamaba salud, educación, techo y tierra para los humildes. A pesar de ello, los jóvenes del MRL pronto exigieron que se adoptara un proyecto transformador semejante al de la revolución en Cuba. Y al verse rechazados, crearon una fuerza independiente bajo el nombre de Juventud del Movimiento Revolucionario Liberal.

Casi al mismo tiempo, surgía el Movimiento de Obreros, Estudiantes y Campesinos (MOEC), también admirador del triunfo insurreccional en la mayor de las Antillas. Estaba dirigido por los universitarios Antonio Larotta y Federico Arango, quienes presidieron el primer congreso del MOEC celebrado el 20 de julio de 1960, el cual enseguida se dividió en dos corrientes. Una, defendía el criterio de que primero resultaba imprescindible realizar una intensa y prolongada labor de agitación y propaganda entre las masas, antes de lanzarse a la lucha armada. La otra, deseaba acometer de inmediato la acción insurreccional. Aquellos marcharon hacia el Valle del Cauca, en tanto estos se aprestaron al combate insurgente. En esos preparativos confluyeron con miembros del FUAR, y juntos decidieron ir con doscientos hombres hacia Vichada, en los

Llanos Orientales fronterizos con Venezuela, para reorganizar allí a quienes habían sido guerrilleros durante la época de La Violencia; pensaban estructurar así una fuerza susceptible de ocupar las ciudades y luego tomar el poder. El proyecto comenzó a materializarse bajo la dirección de Tulio Bayer, Rosendo Colmenares y Ramón de La Rotta, cuyos efectivos lograron, incluso, capturar una patrulla de cuarenta soldados. Pero los primeros reveses privaron de su dinamismo inicial a los incipientes guerrilleros, los cuales adoptaron entonces una posición defensiva que los condujo al aislamiento.

Poco después, hacia 1963, se produjeron los primeros contactos entre los pertenecientes al JMRL y los estudiantes que se encontraban agrupados alrededor de la Brigada de Liberación José Antonio Galán.[40] Entre estos descollaban Fabio Vázquez Castaño, Víctor Medina, Eriberto Espitía y Ricardo Lara, todos fervientes admiradores de la gesta guerrillera cubana y su evolución al socialismo. Juntos, ambos grupos formaron el núcleo forjador del Ejército de Liberación Nacional, creado el 4 de julio de 1964.

Aunque una primera Operación Marquetalia, con casi siete mil soldados, había fracasado dos años antes, en 1964 el nuevo Gobierno, del conservador Guillermo León Valencia, dispuso la eliminación de las cuatro «Repúblicas Independientes» mediante un llamado Plan Laso. Este comprendía tres fases: actividades psicológicas y cívico-militares; bloqueo total por el Ejército de las cuatro zonas de autodefensa; y agresión directa a ellas por dieciséis mil soldados de tierra y aire.

El ataque primero se concentró sobre Marquetalia, que ocupaba un área de dos mil kilómetros cuadrados, donde el estado mayor revolucionario presidido por Marulanda y Yosa decidió, a mediados de mayo, no desarrollar una guerra de posiciones; se entendió que las familias debían ser evacuadas, para que los combatientes pudieran adoptar una táctica de total movilidad. Así, el 20 de julio, dicha región fue abandonada, y sus fuerzas activas marcharon hacia las imponentes cordilleras vecinas decididas a convertirse en movimiento guerrillero, con un preciso programa de lucha. Este planteaba realizar una reforma agraria; defensa de las comunidades indígenas; erradicación del analfabetismo; y lograr un frente único basado en la alianza obrero-campesina, que formara un gobierno democrático y de liberación nacional.

El 20 de septiembre de 1964, comenzó la ofensiva contra las tres «Repúblicas» supervivientes, cuando decenas de miles de hombres con artillería, aviones de bombardeo, tanques, lanzallamas y helicópteros, se lanzaron al ataque. Primero, cayó El Pato, en la Cordillera Central, alrededor de los límites de El Meta, Huila y Caquetá. Después, dichos efectivos gubernamentales se dirigieron hacia Guayabero, en la Cordillera Oriental. Por último, se asaltó Río Chiquito, donde la lucha fue encarnizada y murieron algunos valiosos jefes, como Hernando González. De esa manera, antes de terminar el año 1965, los jubilosos periódicos burgueses voceaban la ocupación «de la última República Comunista Independiente». No sabían que el combate guerrillero en Colombia apenas comenzaba.

A finales de la ofensiva militar contra las cuatro zonas de autodefensa campesina, el Partido Comunista Colombiano (PCC) convocó a su décimo Congreso, que se inició el 20 de julio de 1965. En él, los maoístas criticaron duramente a la tradicional dirigencia partidista por su pasividad, y se escindieron, dirigidos por León Arboleda, Jesús María Alzate y Francisco García, para formar el Partido Comunista de Colombia Marxista-Leninista (PCC-ML), que defendía la guerra popular prolongada del campo a la ciudad como única vía para tomar el poder. Durante dos años esa militancia realizó trabajo político por la zona noroccidental, entre los campesinos del Sinú, San Jorge, y Cauca, con los cuales forjó bases de apoyo que denominó Juntas Patrióticas. Después, el 17 de diciembre de 1967, surgió su fuerza guerrillera, a la que calificaron como: «Ejército Popular de Liberación (EPL), la mano armada del partido del proletariado, la cual ha surgido y entra en acción. Es decir, el proletariado ahora cuenta con su propia fuerza, fuente y semilla del poder revolucionario.»[41]

Las acciones combativas del EPL comenzaron al mes, cuando una columna de sus guerrilleros destruyó una patrulla militar en el departamento de Córdoba. Luego se anunció que el PCC-ML y su fuerza combativa expropiarían, en su área de actividades, las tierras de la oligarquía para distribuirlas entre los campesinos. Paralelamente se proclamaba el deseo de constituir un Frente Patriótico de Liberación, que representara una alianza de clases para tomar y ejercer el poder político por la vía de la lucha armada revolucionaria. Un informe de la CIA, confeccionado entonces sobre ese grupo guerrillero, decía:

> El Ejército Popular de Liberación (…) cuenta con un apoyo campesino verdadero basado en una eficaz labor previa de adoctrinamiento. Sus líderes, que están armados y que viven en la zona, han demostrado haber asimilado la experiencia de otras personas y aprendido de sus propios errores, y llevan a cabo un tipo de lucha nuevo en América Latina.[42]

En abril de 1966, con el beneplácito del Décimo Congreso del PCC, presidido por Gilberto Vieira, los antiguos combatientes de Marquetalia, Río Chiquito, El Pato y Guayabero, celebraron la segunda conferencia del Bloque Guerrillero Sur, que decidió crear las Fuerzas Armadas Revolucionarias Colombianas. Bajo el mando de Manuel Marulanda, miembro del Comité Central del PCC, Ciro Trujillo, Jacobo Arenas,[43] Isauro Yosa y Januario Valerio, las FARC tendrían cinco frentes, situados en las zonas de Marquetalia, Sur de Tolima, Huila, Caquetá y los Llanos Orientales. Pero el propio documento que las anunciaba precisaba que: «Estas guerrillas no tienen lugar de partida, son guerrillas errantes, porque no pueden permanecer más de tres o cuatro días en un lugar porque ya está sobre ellas el operativo militar. Siempre la existencia de ellas está muy ligada a su capacidad operativa de actuar.»[44]

El Ejército de Liberación Nacional empezó sus actividades combativas el 7 de enero de 1965,[45] en homenaje a otro aniversario de la creación del MOEC. Ese día una treintena de combatientes del ELN ocupó la villa de Simacota, cerca de San Vicente, y en un manifiesto convocó al pueblo, sin hacer distinción entre las gentes que estuvieran vinculadas a los liberales o las que fuesen conservadores, para derrocar a la oligarquía bipartidista gubernamental. Tras alcanzar varios triunfos armados en el departamento de Santander, el ELN obtuvo un extraordinario respaldo político debido a la incorporación a sus filas, en diciembre de ese año, de Camilo Torres. Era este un sacerdote de enormes preocupaciones sociales, decidido a organizar en algún movimiento revolucionario a las masas urbanas marginadas por el sistema burgués. Al parecer, se había concientizado durante su estancia en el Instituto Colombiano de Reforma Agraria,[46] en el que había representado al Cardenal. Luego se unió con otras personalidades en el propósito de impedir la Operación Marquetalia. Después, auspició el surgimiento del Frente Unido de Movimientos Populares, como oposición al Frente Nacional, cuya plataforma hablaba de realizar una verdadera reforma agraria, nacionalizar los bancos y el sistema hospitalario-farmacéutico e, incluso, planteaba expropiar los numerosos bienes materiales de la Iglesia católica.

En sus empeños unitarios, a mediados de 1965 Camilo Torres entró en contacto con el ELN, que estaba muy interesado en establecer vínculos con revolucionarios urbanos para romper así su aislacionismo rural. Más tarde, en el segundo semestre de ese año, este popular dirigente acometió la edición de un semanario con 50 000 ejemplares, y recorrió todo el país sacudiendo la opinión pública como nadie lo había hecho desde la muerte de Gaitán. Hasta que se convenció de la inutilidad de encauzar sus esfuerzos por el camino pacífico e, increíblemente, se incorporó, en tanto que simple combatiente, al ELN. El extraordinario cura entonces emitió una Proclama desde las Montañas, en la cual decía: «El pueblo no cree en las elecciones (...) los medios legales se han agotado (...) Me he unido al Ejército de Liberación Nacional porque he encontrado allí los mismos ideales que en el Frente Unido (...) Todos los patriotas colombianos deben estar en pie de guerra.»[47]

Menos de dos meses habían transcurrido, cuando un desgarrador comunicado anunciaba: «Con profunda tristeza y un odio amargo contra la oligarquía, el Ejército de Liberación Nacional informa al pueblo colombiano y a los revolucionarios del mundo de la muerte del gran líder revolucionario, Padre Camilo Torres Restrepo, acaecida el 15 de febrero de 1966, en un encuentro entre nuestras fuerzas y una expedición punitiva del Ejército.»[48]

En agosto de 1966, el liberal Carlos Lleras Restrepo asumió la Presidencia de Colombia, esgrimiendo un programa que él llamó de transformación nacional. Este defendía los criterios desarrollistas, que auspiciaban el crecimiento económico sin eliminar la dependencia del imperialismo ni suprimir el verdadero atraso estructural del país. La política reformista se manifestaba, para los obreros en el llamado «fondo de salarios» con un nuevo sistema remunerativo; y para el campesinado, con el propósito de restarle apoyo al movimiento guerrillero, se expresó no tanto en la moderada reforma agraria, como en el surgimiento de la Asociación Nacional de Usuarios Campesinos.

Los gérmenes del capitalismo monopolista de Estado habían empezado a brotar en Colombia durante la presidencia (1958-1962) de Alberto Lleras Camargo, al instituirse con rango ministerial el Departamento Nacional de Planeación. Entonces, la relativa saturación de la demanda solvente en el mercado interno limitaba la prosperidad de la burguesía nacional, cuyos elementos más poderosos empezaban a convertirse en monopolistas.[49] A su vez, estos comenzaron a fundirse con el área de capitalismo de Estado, tal vez bien representada por el Instituto de Fomento Industrial. Este constituía empresas, que entregaba a la burguesía cuando se convertían en unidades rentables, o adquiría onerosas materias primas que luego vendía barato a aquella e, incluso, compraba caro depreciadas acciones de compañías que afrontaban dificultades, o les entregaba préstamos y abría créditos en condiciones ventajosísimas. Gracias al completo financiamiento estatal surgieron, por ejemplo, industrias tan importantes como: Colombiana de Llantas,[50] Siderúrgica de Medellín, Pulpapel, Petroquímica Colombiana, Siderúrgica del Pacífico, Acerías Paz del Río y Compañía Nacional de Cables, que terminaron al cabo de un tiempo en las manos de los monopolios. El IFI participaba como accionista, asociado a consorcios criollos y extranjeros, en actividades tan disímiles como bancos, industrias, comunicaciones, astilleros, energía, transporte, hoteles, construcciones y agropecuarias. Una muestra de la aberrante colaboración del Estado con los monopolios estaba en el área de los hidrocarburos; las grandes empresas particulares obtenían financiamiento gubernamental para extraer el petróleo, luego lo vendían caro a aquel para que lo refinara, y después lo volvían a comprar al ente público, pero más barato, para luego comercializarlo en las gasolineras privadas, que lo vendían con altos precios a sus clientes. En la minería, el Estado se ocupaba de las investigaciones geológicas, y después entregaba la tierra a los consorcios para su explotación.

Durante el período presidencial de Lleras Restrepo (1966-1970), la agricultura cedió terreno sin cesar en el Producto Interno Bruto, mientras el crecimiento del sector industrial dentro del PIB incluyó el fortalecimiento del proceso que centralizaba y concentraba las riquezas y los capitales; el 0,1% de los accionistas eran dueños de la mitad de las empresas y el 2,5% de ellas controlaban más de las dos terceras partes de los referidos negocios. En 1968, por ejemplo, tres consorcios dominaban más de la mitad de la producción de cuarenta y dos importantes artículos industriales, cuatro controlaban la cuarta parte o más de veinticinco rubros, y otros tantos, el 25% de una veintena de productos.

Los empeños del ex general-dictador Gustavo Rojas Pinillas por formar un nuevo partido, que rompiera el monopolio gubernamental de los dos aglutinados en el Frente Nacional, pareció tener éxito en el segundo lustro de la década de los años sesenta. Con el propósito de participar en los comicios generales de 1970, el populismo «rojista» logró estructurar la Alianza Nacional Popular, cuya figura más dinámica era la hija del ex dictador. El día de las elecciones, 19 de abril, el pueblo se concentró frente a la sede nacional de la ANAPO, convencido de su victoria. Pero la oligarquía bipartidista civil con el apoyo de la cúspide militar vetó el triunfo, aunque se dispuso a pactar con la nueva fuerza política burguesa. Según la propuesta de acuerdo, los más encumbrados «anapistas»[51] recibirían jugosas posiciones en el Congreso, las asambleas departamentales y los consejos municipales, a cambio de otorgar su reconocimiento al conservador Misael Pastrana Borrero como nuevo Presidente.

Este ocupó el cargo, y desde el primer momento impulsó el capitalismo monopolista de Estado hacia una mayor dimensión; los planes económicos del Gobierno abarcaron todas las esferas de la economía nacional y fueron puestos en función tanto de los monopolios criollos como de los extranjeros. Se planeaba de esa manera consolidar a los emergentes grupos financieros, para estimularlos a llevar a cabo proyectos de «desarrollo hacia afuera» con el propósito de que emplearan las llamadas ventajas comparativas; estas correspondían al menor costo de la fuerza de trabajo, utilizada según los designios de las transnacionales para exportar con mayor beneficio hacia los países donde imperaban sus competidores. El éxito frente a la pequeña y mediana burguesía fue tan grande, que ya en 1973 los monopolios generaban dos tercios de la producción colombiana. Como era de esperar, la concentración del capital abarcó también la esfera de los bancos, desde antes favorecidos por el Estado, los cuales se vincularon con entidades foráneas similares y se robustecieron con las prácticas gubernamentales inflacionistas, así como con las operaciones en divisas, fraudulentas o no. Luego, esas instituciones se inmiscuyeron en las actividades de seguros y acometieron prácticas inversionistas en la agricultura e industria. Entre las más importantes corporaciones financieras ya figuraban: el grupo Grancolombiano, el Santodomingo, el Suramericano, el Bogotá, el Vallecaucano, el Federcafé, el Postobón-Lux, todos con predominio criollo y minoritaria participación imperialista. Sucedía lo contrario, al ser mayoritaria la intervención del capital foráneo, con los intereses generados alrededor del Banco del Comercio, absorbido por el consorcio Rockefeller, que obtuvo la hegemonía al adquirir la mayor parte de las acciones, o del Banco Nacional (Morgan and Company), y del Banco Internacional de Colombia (First National City Bank of New York). En síntesis, los diferentes núcleos financieros mencionados ya controlaban más de seiscientas empresas en Colombia, quinientas los criollos y cien las transnacionales, que se caracterizaban por su amplitud y nivel tecnológico relativamente elevado, así como por abarcar todos los tipos de actividades económicas en el país, asociados con el imperialismo; las inversiones de este en 1974 totalizaban mil cuatrocientos diecisiete millones de dólares,[52] muy importantes en la minería, el petróleo y sus derivados, así como en la industria metal-mecánica.

4. Persistencia guerrillera en Colombia

La muerte en combate de Camilo Torres fue como una señal de que se había iniciado el reflujo del movimiento guerrillero en Colombia, pues se discutía mucho acerca de la táctica a seguir ante el reformismo gubernamental y el crecimiento económico monopolista. En las FARC, por ejemplo, se produjo la disensión de Ciro Trujillo, en tanto el EPL sufría la pérdida de varios de sus dirigentes y su fuerza política orientadora, el PCC-ML, padecía ciertos desprendimientos. Pero quizá nadie haya sido tan golpeado por los acontecimientos como el ELN: su red urbana fue descubierta y deshecha en Bogotá, Bucaramanga y Barrancabermeja en abril de 1967, mientras en el segundo semestre de ese año sus guerrillas prácticamente cesaron toda actividad. Las discrepancias internas llegaron a provocar la muerte de buenos cuadros suyos e, incluso, la de algunos de sus fundadores. Así los frentes de lucha se escindieron y subdividieron, para luego reunirse y volver a dividirse, hasta quedar paralizados de forma semejante a la de las demás fuerzas insurrectas.

Al respecto, el destacado historiador colombiano Arturo Alape, escribió: «La organización cayó en desviaciones, cometió errores, hizo análisis superficiales y subjetivos, fue influenciada por el excesivo peso de algunos de sus dirigentes, desviaciones todas ellas producto del grado de insuficiente desarrollo de la organización y del movimiento revolucionario.»[53]

El clímax de la crisis del ELN tuvo lugar en 1973, cuando el Ejército gubernamental llevó a cabo la Operación Anorí, la cual contemplaba la militarización de amplias zonas campesinas en los departamentos de Antioquía, Córdoba, Bolívar, Santander, Valle del Cauca, Cundinamarca, Huila y Caquetá. Luego, unos treinta mil soldados arrasaron los campos de la Cordillera Occidental, en los cuales una columna guerrillera del ELN se esforzaba por abrir nuevos frentes de lucha. La derrota revolucionaria fue grande, y hasta los hermanos Antonio y Manuel Vázquez Castaño, destacados miembros de la Dirección Nacional, cayeron en el combate.

Al respecto, Nicolás Rodríguez Bautista, jefe de operaciones de esta organización político-militar, expresó:

> Anorí, más que consecuencia de copias extranjeras, es la consecuencia, sí, de una desviación política en el sentido de la carencia de un trabajo político-organizativo. (…) En diferentes países y en el nuestro como reflejo de una superficial asimilación de la Revolución cubana, se cayó en lo que se denomina cortoplacismo que a nosotros no nos afectó. En cambio, entre nuestras más significativas desviaciones está el militarismo y el vanguardismo. El militarismo es producto de plantear que el proceso revolucionario solamente tiene salida por medio de la lucha armada (…) esto no permite que las masas vayan aprendiendo de su lucha cotidiana. Facilita en cambio que solamente los sectores más destacados, las personas más destacadas en la lucha del pueblo tengan acceso y expresión en la organización armada. Además, desarrolla lo fundamental de esa lucha en el campo, se menosprecia la ciudad.[54]

El fraude electoral de 1970, así como el subsiguiente acuerdo del «rojismo» con la tradicional oligarquía bipartidista, conmocionaron a la Alianza Nacional Popular, que sufrió dos serios desgajamientos. Uno, encabezado por Carlos Toledo Plata, llevó a la formación de la ANAPO-socialista. El otro, dirigido por Julio César Pernia, condujo a la creación del Movimiento Amplio Colombiano. Este se incorporó a la fugaz Unión Nacional de Oposición, estructurada en septiembre de 1972 junto con el Partido Comunista y el Movimiento Obrero Independiente Revolucionario. El MOIR había surgido tres años antes en un gran encuentro nacional en Medellín, que representó la culminación del proceso de metamorfosis iniciado en 1965 durante el segundo congreso del MOEC; en el cónclave permanecieron en esta organización quienes abrazaron el pensamiento de Mao, en tanto los demás se empeñaban en forjar una fuerza nueva que orientara sus empeños hacia la realización de un proceso nacional-liberador, con transformaciones iniciales de carácter democrático-burgués, pero enrumbadas hacia el socialismo, por medio de una amplia política de alianzas bajo la égida del proletariado y su ideología científica.

La ANAPO-socialista, por su lado, pronto recibió la afluencia de muchos que abandonaban el PCC o las FARC exigiendo incisivas actividades guerrilleras en las ciudades; revolucionarios como Jaime Bateman, Iván Moreno Ospina, Felipe Álvaro Fayad, argumentaban con certeza que en veinticinco años la demografía colombiana había pasado, de ser rural en sus tres cuartas partes a urbana en un 75%. Estas incorporaciones, así como otras provenientes del EPL o del ELN en breve tiempo convirtieron a la organización existente en el Movimiento político-militar 19 de Abril, o simplemente M-19, que se dio a conocer el 17 de enero de 1974. Ese día, quince personas armadas ocuparon la casa de Bolívar en Bogotá, tomaron su espada y emitieron un comunicado que decía: «Bolívar no está con ellos sino con nosotros y los oprimidos. Por eso su espada pasa a nuestras manos, a las manos del pueblo en armas. Y unido a la lucha de nuestro pueblo no descansará hasta lograr la segunda independencia; esta vez total y definitiva.»[55]

Desde entonces el M-19 definió como enemigo al imperialismo, la oligarquía, los encumbrados mandos militares y al alto clero, mientras consideraba aliados suyos a los obreros, campesinos, indígenas, estudiantes, sacerdotes, soldados, oficiales nacionalistas y a los pequeños y medianos propietarios. Y en su propaganda siempre evocaba a Bolívar y a las figuras de Galán, Gaitán, Martí, el Che, Camilo Torres, Salvador Allende.

Las reaccionarias medidas del presidente Misael Pastrana ayudaron el Ejército Popular de Liberación a salir de su crisis, ya que en 1972 su Gobierno logró que liberales y conservadores firmaran el Acuerdo de Chicoral, mediante el cual se desmontaba la tímida reforma agraria y se disolvía la ANUC. Esta asociación, sin embargo, siguió existiendo en la ilegalidad y orientó que sus bases campesinas realizaran invasiones de tierras. Esto fue bien aprovechado por el EPL, que había comenzado un muy autocrítico proceso de análisis de sus experiencias. El Sexto Pleno del PCC-ML había decidido: «Señalar claramente que no se puede seguir trabajando sobre la concentración de fuerza en una sola zona (…) planteándose el desarrollo de un movimiento guerrillero policéntrico, es decir el impulso y la creación de nuevas zonas y frentes guerrilleros en todo el país.»[56]

Acorde con esos nuevos criterios, el EPL estableció en El Meta y Caquetá las columnas guerrilleras Guadalupe Salcedo y Ernesto Che Guevara. Además, en 1974 hizo formal renuncia al maoísmo y al año inauguró el frente urbano Pedro León Arboleda, en homenaje a su principal dirigente, recién caído en combate.

El liberal Alfonso López Michelsen ocupó la Presidencia de Colombia para el período de 1974-1978, con la promesa de implantar un plan de emergencia económica. Pero este no logró disminuir la inflación ni detener el encarecimiento de la vida, por lo cual se incrementó el malestar popular en todo el país. La ascendente movilización de las masas fue enfrentada con medidas de fuerza como el decreto 1 533 del año 1975, el cual suprimía el derecho de reunión, o el 2 195 del año siguiente, que establecía penas de cárcel para actividades de propaganda política consideradas por el Gobierno inapropiadas. Nada de esto, sin embargo, detuvo la creciente actividad oposicionista, que llegó a celebrar un Paro Cívico Nacional el 14 de septiembre de 1977 convocado por las proletarias Confederación del Trabajo y Unión de Trabajadores, en progresivo entendimiento entre sí. La respuesta gubernamental fue inaudita. Bajo la dirección del ministro Rafael Pardo Buelvas, ese día los cuerpos represivos asesinaron a más de cien personas, con el inútil propósito de evitar la generalizada suspensión de actividades.

A partir de entonces, comenzó a manifestarse otra organización político-militar, surgida un par de años antes. Se trataba de Autodefensa Obrera (ADO), creada por Juan Manuel González, Armando López Suárez, Adelaida Abadía y Mario Amaya, para quienes «la vía legal se ha ido agotando hasta hacerse prácticamente imposible conquistar [ni] siquiera una reivindicación por estos medios. Es en este momento cuando la lucha armada deja de ser una teoría para convertirse en una opción real e inaplazable».[57]

La ADO se definía como una fuerza guerrillera urbana, en cuya primera etapa confiscó el dinero de bancos, desarmó policías y soldados, y ocupó emisoras de radio, en una campaña de intensa propaganda armada. Hasta que ajusticiaron en 1978 a Pardo Buelvas en una acción que sacudió al país. Después, esta organización revolucionaria extendió sus operaciones al campo con el propósito de estructurar allí las Fuerzas de Autodefensa Populares.

El liberal Julio César Turbay Ayala ocupó la Presidencia de la República en 1978, con un programa que decía:

> Uno de los pilares fundamentales de mi política económica será continuar dando decidido apoyo a todo el sector exportador. (…) Insisto en que le otorgo señalada importancia a la diversificación de exportaciones y que aspiro a aprovechar al máximo, tanto como se pueda, las ventajas comparativas en la competencia exterior.[58]

Entregado por completo a los dictados del capital financiero, este Gobierno multiplicó la represión contra el movimiento obrero y desató la furia de las fuerzas armadas contra las organizaciones guerrilleras. Así, el 6 de septiembre de ese año, Turbay emitió un Estatuto de Seguridad que se caracterizaba por incrementar la militarización del país hasta el punto de sustituir en muchos casos los habituales tribunales civiles por otros del Ejército.

En ese contexto el ELN terminó su período de reorganización y autoanálisis crítico, tras lo cual impulsó el surgimiento de bases urbanas de apoyo, así como la creación de los frentes rurales José Antonio Galán, Camilo Torres y Domingo Laín.

También las FARC, luego de su quinta y sobre todo de la sexta conferencia guerrillera, volvieron a disponer de una considerable capacidad de combate hasta el grado de que en este último cónclave se planteó constituir un verdadero ejército revolucionario. A tal fin, se formó un Secretariado del Estado Mayor Central, encargado de trazar lineamientos generales de carácter nacional, que más tarde se desagregaban a nivel de cada uno de los frentes de lucha de esta organización. De ellos, las FARC tenían más de una veintena, no solo ya en su tradicional teatro de operaciones sureño, sino también en las zonas aledañas al curso del río Magdalena, en Caquetá, El Meta, Ubara, áreas meridionales de Córdoba (18º frente), Arauco (10º frente), norte de Antioquía (4º frente), Vichada (16º frente), sur de Huila (13º frente), así como en las partes montañosas de Bolívar.

Pero tal vez la evolución más espectacular haya sido la del M-19, que había comenzado sus acciones por la toma de supermercados cuyos productos luego distribuía en los barrios marginales, hasta que, a finales de 1978, realizó una brillante y audaz operación: desde una casa residencial, militantes del M-19 cavaron un túnel de ochenta metros que llevaba al arsenal militar de Cantón Norte, en Bogotá, y en él se apoderaron de cinco mil armas, lo cual asombró al país. Luego, en febrero de 1980, un comando del M-19 dirigido por Rosemberg Pabón Pabón, *Comandante Uno*, ocupó durante diez semanas la embajada de República Dominicana, para exigir un proceso de diálogo nacional y una amnistía general. Al cabo de ocho meses, el Gobierno la promulgó mediante el Decreto 474, pero condicionando en realidad su puesta en práctica a la rendición de las fuerzas guerrilleras, por lo cual nadie la aceptó ni conversó con el oficialismo. Hasta un destacadísimo militar, el general José Joaquín Matallanes,[59] al respecto debió admitir:

> La amnistía de Turbay fracasó, a mi juicio, por el carácter excesivamente represivo que caracterizó a esa administración y por cuanto la amnistía fue tan reglamentada que despertó en los grupos armados la razonable sospecha de que antes de perdonarlos y olvidar sus delitos, lo que se buscaba era identificarlos plenamente, localizarlos y luego eliminarlos sistemáticamente.[60]

Fracasado el intento negociador, las organizaciones político-militares impulsaron la lucha armada con nuevas acciones, entre las cuales se destacó el importante desembarco guerrillero del M-19 realizado en marzo de 1981 por la costa del Pacífico, cuyos integrantes avanzaron por la selva hasta llegar a Caquetá y Putumayo, donde establecieron nuevos frentes de guerra que después se ramificaron hacia Huila y Nariño. Desde entonces, los distintos grupos revolucionarios robustecieron su control sobre las vías fluviales y terrestres, multiplicaron la toma de poblaciones y los ataques a cuarteles, así como los combates con las columnas del Ejército. De esta forma, a pesar de la propaganda gubernamental, se evidenciaba el avance de los insurrectos, en cuyas vastas zonas de dominio rural se engrosaban sin cesar sus contingentes guerrilleros. Pero en contraste, en las ciudades el combate y movilización popular estaban retrasados.

La campaña electoral del conservador Belisario Betancur para los comicios presidenciales de 1982, giró alrededor de un posible acuerdo de paz con el movimiento guerrillero. Y al ocupar la Primera Magistratura, de inmediato prometió desarticular las bandas paramilitares que aterrorizaban a los civiles, así como enfrentar a los narcotraficantes, muy vinculados con ellas. Las perspectivas pacificadoras se concretaron, al estructurar el Presidente una Comisión encargada de dialogar con los insurgentes y preparar un verdadero decreto de amnistía. En ese contexto, el M-19 celebró su VIII Conferencia Nacional, en la cual se decidió:

> Aceptar el diálogo con el Gobierno para avanzar hacia un gran diálogo nacional con todas las fuerzas vivas del país.
> Construir el ejército del pueblo, única garantía del triunfo de la democracia, ello implica también la unidad de las organizaciones armadas que hoy combaten en diversos rincones.
> Llamar a las FARC, ELN, ADO a unir sus fuerzas, sus armas y experiencias para golpear con mayor dureza al enemigo.[61]

Aunque Betancur decretó una amnistía política el 20 de noviembre de ese mismo año, las ofensivas del Ejército contra las zonas bajo control insurgente continuaron. Y a pesar de que, en febrero de 1983, la Procuraduría reconoció la frecuente participación de militares —en retiro y en servicio activo— en las bandas asesinas, el Gobierno nada pudo hacer al respecto, pues era obvia su incapacidad para entrometerse en la muy independiente vida de las tradicionales fuerzas armadas colombianas.

La nueva coyuntura política, en gestación, incluía también cambios en las relaciones entre las diferentes organizaciones guerrilleras. Así, por ejemplo, el 25 de abril de 1983, luego de una reunión con el Estado Mayor de las FARC, el Comando Superior del M-19 emitió un comunicado que anunciaba: «Por fin hemos dado serios pasos de unidad con nuestros hermanos de las FARC. El M-19 buscará sobre todo lo que nos une. Además trataremos de llegar a la unidad con otros sectores de la patria por encima de los intereses de grupo o de partido.»[62]

Al mismo tiempo las contradicciones sociales se agudizaban en el país, no solo entre las clases antagónicas sino también las de la pequeña y mediana burguesías con los grupos monopolistas, cada vez más poderosos. Eso trascendió a la política al formar aquellas el Comando por la Producción Nacional, cuyas exigencias de protección fueron pronto recogidas por el M-19. De esta manera, se acentuaba el proceso de aislar al Gobierno, a los reaccionarios mandos militares y a la oligarquía. Una buena muestra de ello fue la proliferación de los paros cívicos en municipios y departamentos, en los cuales toda actividad cesaba en protesta por la detestable situación vivida. Para romper la amenaza de su progresivo confinamiento, el hábil Betancur demandó públicamente la renuncia del detestado ministro de Defensa, general Landazábal,[63] y, entre marzo y julio de 1984, firmó los acuerdos de La Uribe con las organizaciones guerrilleras, que incluían el cese del fuego, la celebración de un gran diálogo nacional, así como la puesta en práctica de reformas económicas, sociales y políticas. Estas, sin embargo, no se llevaron a cabo, en tanto las pretendidas negociaciones se convertían, por deseo gubernamental, en mero palique. Solo quedó vigente, así, la tregua militar, aprovechada por los insurgentes para estimular la lucha de masas en las ciudades, donde las plazas se empezaban a llenar de pueblo ante las convocatorias crecientemente movilizadoras de las fuerzas político-militares, en incipiente actividad legal. Tal vez, el mejor ejemplo haya sido el multitudinario acto celebrado en la plaza Bolívar, de Bogotá, por el M-19, al cual asistieron más de cien mil personas. Pero la cúspide elitista de la sociedad no podía aceptar semejante proceso democrático, por lo cual decidió romper el pacto al atacar con diez mil soldados en diciembre del propio año, un campamento del M-19 en Yanumala. Entonces, las organizaciones guerrilleras incentivaron fraternas discusiones entre sí con el propósito de entenderse mejor, auspiciaron un exitoso paro nacional el 20 de junio y ocuparon en noviembre

el Palacio de Justicia. Esta acción revolucionaria destinada a llamar la atención hacia el detenido cumplimiento de los Acuerdos
de La Uribe, fue respondida con suma violencia por los cuerpos
represivos. Estos ignoraron las reiteradas solicitudes del comando
urbano —compuesto por militantes del M-19 y del Frente Ricardo
Franco, una disidencia de las FARC— para celebrar negociaciones, y masacraron a decenas de personas que se encontraban en
la máxima sede del Poder Judicial, incluyendo entre los muertos a
magistrados de la Corte Suprema.

Al mismo tiempo que se reanimaba la lucha armada en los campos, en las ciudades se producía un novedoso fenómeno unitario,
ya que las distintas centrales proletarias, a pesar de su diversa filiación ideológica, llevaban a cabo un efectivo acercamiento mutuo.
Además, con el respaldo de las FARC y otras fuerzas guerrilleras,
surgió el 26 de marzo de 1985 la Unión Patriótica,[64] tercera fuerza
política en importancia, abierta a todos por la amplitud de su programa que podía sintetizarse en tres puntos: depurar las fuerzas
armadas para frenar la guerra sucia y separarlas del narcotráfico,
con el cual ciertos sectores de ellas estaban muy comprometidos;
dialogar con las guerrillas, como incluso reclamaba la Iglesia católica; y realizar una profunda reforma de la Constitución.

El cuatrienio en el Poder Ejecutivo de Virgilio Barco se caracterizó por un cambio de estilo en la búsqueda de la paz, pues
pretendió reducir toda negociación a los temas vinculados con el
desarme y la desmovilización de los insurgentes, para que luego
se reincorporaran a la vida política electoral. Con tal propósito, el
mandatario decidió convocar a una reunión cumbre con representantes de la Iglesia, los partidos tradicionales, la UP, diversos movimientos político-militares —aglutinados desde octubre de 1987
en la Coordinadora Guerrillera Simón Bolívar—, los sindicatos y
grupos indígenas, la cual se celebró en Usaquén el 29 de julio de
1988 y terminó con la convocatoria a una Comisión de Convivencia

Democrática. En ese contexto, el M-19 se concentró en el Cauca y declaró una tregua unilateral, tras lo cual Barco anunció el inicio de conversaciones con esa organización. De estas, surgió una Declaración Conjunta que instituyó una Mesa de Trabajo, cuyo objetivo era facilitar el tránsito hacia una «democracia plena» mediante el análisis de los principales problemas del país. Luego se debían realizar propuestas conducentes a medidas o leyes que transformaran la realidad en sus ámbitos legales, socioeconómicos y políticos. La conclusión ulterior de todo, fue la firma en julio de 1989 de un Pacto Político entre el Gobierno y el M-19. A los tres meses esta organización guerrillera decidió abandonar las armas, reintegrarse a la vida civil y constituirse en partido legal, debido a la promesa gubernamental de reformar la Constitución y promover una ley de indulto en el Congreso. Pero debido a que en este, ninguno de esos dos asuntos prosperó, surgió entonces la propuesta de convocar a una Asamblea Nacional Constituyente.

Con el objetivo de crear una fuerza capaz de quebrar el tradicional bipartidismo colombiano, el M-19 inició conversaciones con la UP para acudir a las elecciones generales de mayo de 1990. Dicha estrategia se mantuvo a pesar de los asesinatos, en marzo del nuevo dirigente principal de la UP, y en abril el de Carlos Pizarro León Gómez, candidato presidencial de la novedosa Alianza Democrática M-19. Así, a fines de año, durante un acto público en el Ministerio de Gobernación, en Bogotá, se instalaron las comisiones bilaterales de negociación entre funcionarios gubernamentales y representantes de las organizaciones guerrilleras EPL, PRT y Guerrilla Quintín Lame. Luego, estos tres movimientos se reunieron con los partidos firmantes del acuerdo para la Constituyente y con individuos enviados por la Presidencia, lo cual facilitó que hacia principios de 1991 se acometiera el proceso de concentración de los rebeldes, para luego desmovilizarse. Más tarde, muchos de ellos integraron la AD-M-19, y como parte de esta acudieron a las elecciones para la nueva Ley Fundamental, en las cuales dicha agrupación obtuvo el 28% de los votos, lo que le significó que solo fuera superada, por estrecho margen, por el Partido Liberal, debido al número de delegados elegidos. Al final, no obstante, la nueva Constitución no resultó muy avanzada, y su principal logro estribó en contar con disposiciones especiales que facilitaban la reinserción en la vida civil de los ex guerrilleros. De todas formas la lucha armada no se debilitó, pues los vacíos ocasionados por los insurgentes que habían dejado las armas, con rapidez eran ocupados por las dos fuerzas rebeldes subsistentes aglutinadas en la Coordinadora Guerrillera Simón Bolívar,[65] las cuales incentivaron la guerra todavía más.

El nuevo Presidente de Colombia, César Gaviria, al principio mostró mayor flexibilidad en las negociaciones con los que persistían en la insurgencia, pues incluso hizo suyas algunas de sus reivindicaciones, al aceptar una veeduría internacional, contactos directos con los alzados y una Comisión de Notables para que elaborara una agenda de trabajo respectivamente aceptable. Pero esos preparativos no detuvieron los combates, que incluso se incrementaron, a pesar de lo cual el diálogo entre ambas partes comenzó en Caracas en junio de 1991. De inmediato, sin embargo, surgió un problema de fondo: ¿se conversaba para que la guerrilla se desmovilizara, o para encontrar soluciones a la crisis nacional? Aunque la balanza se inclinó hacia la segunda disyuntiva, los temas del cese del fuego y la delimitación del ámbito territorial para que se ubicaran los rebeldes durante la celebración de los debates, pronto se convirtieron en lo fundamental. Después, los encuentros se trasladaron en marzo de 1992 para Tlaxcala, México, pero allí el Gobierno cambió su énfasis, de la situación económica hacia los derechos humanos, lo cual impidió un entendimiento. Luego, el Presidente declaró la «guerra integral» a los insurrectos y ordenó la captura de sus representantes en las negociaciones, alegando que aquellos y estos se encontraban vinculados con los narcotraficantes. La CGSB respondió a fines de año con argumentos que legitimaban su lucha, al subrayar el carácter político de la misma y negar cualquier rasgo delincuencial a sus integrantes.

La unidad de los revolucionarios, sin embargo, se deterioraba, pues tanto en el seno del ELN como de las FARC se iban desarrollando estrategias de lucha que divergían. Así la CGSB dejó de existir, lo cual fue tomado por el Gobierno como índice de que podría darle una solución militar al conflicto. Esto ocasionó que la AD-M-19 se distanciara del oficialismo, mientras las FARC convocaban a su Octava Conferencia Guerrillera. En ella, se propuso la formación de un gobierno de reconciliación, que debería alcanzar la paz y llevar a cabo las reformas necesitadas por el país. El ELN por su parte anunció que jamás se rendiría y reiteraba sus reclamos de paz y justicia social. En respuesta, Gaviria emitió un Plan de Conmoción que se proponía derrotar a la insurgencia en dieciocho meses.[66]

Ernesto Samper asumió la Presidencia en 1994 con una posición muy debilitada, pues había sido acusado de recibir fondos del narcotráfico para su campaña electoral. Poco después las FARC dejaron saber que reiniciarían las negociaciones de paz, si el Gobierno retiraba sus tropas del municipio de La Uribe, en El Meta, y desarmaba a los grupos paramilitares. El Presidente accedió parcialmente a lo primero y negó que la guerrilla fuese una banda de traficantes, a la vez que aceptaba lo establecido en el Convenio de Ginebra para humanizar la guerra. Pero el Ejército rehusó replegarse ni siquiera de las áreas rurales, como Samper prometiera. Entonces los combates se reanudaron con más crudeza que nunca, los cuales en la mayoría de los casos concluyeron con victorias rebeldes; en año y medio las FARC capturaron nueve bases gubernamentales y extendieron sus acciones a todo el territorio colombiano. Hasta el Ejército debió aceptar retirarse del Caguán, a cambio de que los insurrectos liberaran a los numerosos militares capturados en sus grandes y fracasadas ofensivas. En cambio, a principios de 1998, el ELN buscó presionar al débil Presidente para que se convocara a una Convención Nacional con una participación activa y directa de la sociedad civil.

En la siguiente campaña electoral, a pesar de la furiosa oposición de la derecha y de las fuerzas armadas, los candidatos presidenciales comenzaron a tender puentes hacia los insurgentes, en especial, el conservador Andrés Pastrana, quien prometió retirar el Ejército de cinco municipios y entrevistarse directamente con Manuel Marulanda, líder histórico de las FARC. Tras su victoria electoral el Presidente cumplió con la palabra empeñada, y de esa forma sentó las bases para acometer otra vez las negociaciones. El diálogo se reanudó en enero de 1999 y cobró mayor impulso después de un par de reuniones entre Pastrana y Marulanda. En consecuencia, ambas partes acordaron dialogar sobre un cese de las hostilidades, la política económica, el desempleo, los derechos humanos, las cosechas ilegales y sus alternativas, así como acerca de las reformas: agraria, militar y política. En contraste, al mismo tiempo, el recién electo Presidente viajó a los Estados Unidos en demanda de «ayuda para la paz, la prosperidad y el fortalecimiento del Estado». Surgió entonces el Plan Colombia, que implicaba un mayor involucramiento estadounidense contra las guerrillas,[67] crecientemente acusadas de ser terroristas y agentes del narcotráfico internacional, lo cual empeoraba el sombrío panorama existente en ese desgarrado país.

Epílogo

El movimiento guerrillero contemporáneo, en América Latina surgió con Augusto César Sandino, y en lo fundamental pasó por cuatro etapas de desarrollo.

Los mejores representantes de la primera (1926-1935) fueron el propio héroe de las Segovias y Farabundo Martí, pero no se puede excluir a Carlos Aponte, Antonio Guiteras y hasta Julio Antonio Mella, quien no llegó a realizar su proyecto guerrillero debido a su temprano asesinato. La mayoría de ellos fueron altos exponentes del internacionalismo y todos creyeron que el combate armado era la única vía para tomar el poder con el objetivo de iniciar las transformaciones revolucionarias de la sociedad. Y por ello entregaron sus vidas. Tenían, sin embargo, no solo matices ideológicos diversos, sino sobre todo concepciones de lucha distintas, aunque compartieran la misma formación filosófica. Sandino, Guiteras y Aponte enarbolaban una visión del mundo no muy divergente, que tal vez alguien aglutine bajo la denominación de demócratas-revolucionarios; fueron creyentes en la necesidad de forjar un amplio frente que agrupara, en torno a un programa nacional liberador, a todas las fuerzas o tendencias revolucionarias y antiimperialistas, como la única opción política susceptible de alcanzar la emancipación y promover las condiciones del ulterior desarrollo hacia una sociedad mejor. Sandino, no obstante, priorizaba el combate rural, en tanto Guiteras daba preferencia al urbano y Aponte participaba en ambos. El comunista Mella tenía criterios muy parecidos en lo relacionado a la política de alianzas a llevar a cabo entre todos los partidarios del progreso, y estimaba que el proletariado debía esforzarse por conquistar la hegemonía en el transcurso de la lucha, en vez de exigirla como un prerrequisito para la unidad. El disciplinado Farabundo, en cambio, no pudo compartir ya semejantes concepciones, pues el Sexto Congreso de la Tercera Internacional varió la línea trazada por Lenin a esa organización, que el Congreso Antiimperialista de Bruselas había hecho suya, al orientar a su militancia el enfrentamiento entre clases y la creación de «sóviets» dirigidos por proletarios como nuevos órganos de poder, en detrimento de gobiernos nacional-revolucionarios encabezados por figuras ajenas a la militancia obrera.

La siguiente fase del movimiento guerrillero latinoamericano empezó al terminar la Segunda Guerra Mundial y se extendió hasta el triunfo de la Revolución cubana. Su comienzo está vinculado con el inicio de la autodefensa campesina en Colombia y con el surgimiento de la Legión del Caribe. Fidel Castro participó en esta y se encontraba en la capital de aquella al tener lugar el asesinato de Gaitán, que originó el «bogotazo» y multiplicó la violencia en el país al generalizar la lucha guerrillera. Pero esta avalancha rebelde, carente de una dirigencia decidida a impulsar un proceso revolucionario, degeneró en feroces choques por simples cuestiones de rótulo —liberal o conservador—, sin poner en verdadero peligro la esencia de los intereses de los explotadores. Solo el Partido Comunista con su política de autodefensa de masas se esforzaba porque las guerrillas elevaran su lucha a niveles cualitativos superiores, hasta que en 1958 se logró una pacificación temporal, la cual no llevó al desarme de los alzados, pues las experiencias de Sandino en 1934 y de los liberales colombianos cinco años atrás, enseñaban que la entrega de armas por los insurrectos solo conducía a su ulterior masacre.

En contraste con la práctica autodefensiva colombiana, Fidel Castro se dispuso a tomar el poder guiado por tres preceptos: lograr la unidad de los revolucionarios, vincularse estrechamente con las masas y poseer las armas bajo la forma de un movimiento insurreccional que derrotara al viejo Ejército y se constituyese no solo en Gobierno, sino en poder real. Y a pesar de que el énfasis armado se hizo en el campo, no se olvidó la importancia de las ciudades, como lo demostraron los alzamientos de Santiago y Cienfuegos. Hasta llegar al desplome de la tiranía pro imperialista, que dio paso al triunfo de la revolución.

El impactante éxito de los insurrectos en Cuba influyó muchísimo en la conciencia de los más audaces, que desde 1959 se lanzaron a la lucha armada con el propósito de reproducir la victoria antillana, dando así inicio a la tercera etapa del movimiento guerrillero latinoamericano. Entonces empezó la resistencia activa frente al Gobierno oligárquico en Argentina, renació el combate guerrillero en Colombia, patriotas desembarcaron en Panamá, exiliados invadieron Paraguay, revolucionarios se introdujeron por las costas dominicanas, sandinistas dirigidos por Carlos Fonseca Amador atacaron al somocismo.

En 1960, militares progresistas se sumaron al batallar de los oprimidos: oficiales encabezados por Luis Augusto Turcios Lima y Marco Antonio Yon Sosa se alzaron en Guatemala; en Venezuela se sublevó la base de La Guaira. Al otro año, el marxista Jacques Stephan Alexis dirigió un intento de penetrar en Haití por su litoral. En 1962, hubo un fugaz esfuerzo insurrecto en Ecuador, mientras que en Venezuela el Movimiento de Izquierda Revolucionaria, escindido de Acción Democrática, abrazaba el marxismo e iniciaba la lucha guerrillera acompañado de los comunistas. Entre sus jefes se destacaban Argimiro Gabaldón y Douglas Bravo. A ellos, pronto se unió Fabricio Ojeda, prestigioso periodista que había sido dirigente de la Unión Republicana Democrática, así como numerosos ex militares que participaran en las fallidas sublevaciones. En 1963, se alzaron los trotskistas peruanos dirigidos por Hugo Blanco, en tanto en Argentina aparecía el grupo guerrillero de Jorge Ricardo Masetti. Al año, hubo nuevos desembarcos en Haití, a la vez que los revolucionarios venezolanos multiplicaban los frentes guerrilleros. En

1965, el Ejército de Liberación Nacional colombiano, al que se sumó el padre Camilo Torres, empezó sus operaciones combativas, y casi al mismo tiempo en Uruguay surgió la organización armada urbana Tupamaros. También en ese año resurgió la actividad guerrillera en Perú, pues el Movimiento de Izquierda Revolucionaria, escisión marxista del APRA, empezó el combate armado bajo el mando de Luis de la Puente Uceda. Pronto, esos efectivos se vieron acompañados por el Ejército de Liberación Nacional estructurado por Héctor Béjar. En 1966, los comunistas crearon las vigorosas Fuerzas Armadas Revolucionarias de Colombia. Y a finales de ese año el internacionalista Ernesto Guevara comenzó a entrenar en Bolivia su Ejército de Liberación en cuyas filas se destacaban hombres como los hermanos Peredo y el peruano Juan Pablo Chang. Unos meses más tarde el esplendor guerrillero pareció llegar a su cúspide al celebrarse, en agosto de 1967, la Conferencia de Solidaridad de América Latina, en respaldo de quienes combatían por la revolución con las armas en la mano, a cuya trinchera se añadió en esos instantes el maoísta Ejército Popular de Liberación de Colombia. Pero en ese propio año, las muertes de Camilo Torres y el Che, parecieron anunciar el fin del ascenso de esta fase guerrillera.

Muchos revolucionarios se habían empeñado en reproducir la trascendental experiencia de la Revolución cubana. Unos se apresuraron entusiastas y desorganizados. Otros abrazaban con esperanza el marxismo, separándose de sus partidos burgueses de origen, para crear las organizaciones conocidas como MIR. Algunos admiradores de la Revolución cubana y su ideología, con frecuencia sin militancia precisa, impulsaron el surgimiento de los llamados Ejércitos de Liberación. Los comunistas a menudo estructuraron o se incorporaron a las denominadas Fuerzas Armadas, cuyo apellido podía ser de Liberación Nacional, Rebeldes o Revolucionarias. No transcurrió gran lapso, sin embargo, antes de que los convencidos de la concepción científica del mundo entraran en aguda polémica entre sí. Una tendencia defendía la práctica del «foco guerrillero» para iniciar la revolución. Los maoístas esgrimían la guerra popular prolongada del campo a la ciudad. Los trotskistas creían en la autodefensa campesina. Los vanguardistas opinaban que era privilegio de unos pocos integrantes de una elite revolucionaria urbana derribar el régimen burgués. Los militaristas rechazaban la lucha política. Y los oportunistas solo deseaban presionar a la burguesía para arrancarles concesiones. Pocos, en realidad, pensaban en desarrollar una hábil política de alianzas que buscara unificar a las amplias masas así como a las organizaciones democráticas y progresistas o antiimperialistas; la mayoría exigía para cada una de sus organizaciones el papel hegemónico de manera apriorística, sin plantearse lograr ese objetivo a lo largo de una lucha convergente. Así, las pugnas, divergencias, escisiones, trifulcas y desprendimientos se hicieron frecuentes entre una parte de esos revolucionarios, hasta que fueron quedando paralizados, a la vez que sufrían los golpes de las fuerzas represivas.

La cuarta etapa del movimiento guerrillero contemporáneo en América Latina se inició a principios de la década de los años setenta, caracterizada al comienzo por el ascenso de las guerrillas urbanas en Argentina. Pero luego se evidenció que esas acciones no representaban la avanzada de insurrecciones populares, al lograr la militarización fascista de la sociedad, aislar y después aniquilar los esforzados empeños de los revolucionarios. Entonces se constató que el verdadero auge guerrillero tenía lugar en Nicaragua. En esta república centroamericana las actividades de los grupos armados alcanzaban una creciente importancia, no solo en las zonas montañosas del país sino también en las ciudades, bajo la égida del FSLN, que reclamaba la formación de un amplio Gobierno democrático y antiimperialista capaz de reconstruir la nación. Hasta que las masas protagonizaron un espontáneo alzamiento, el cual alertó a la dirigencia sandinista acerca de la verdadera disposición popular. A partir de ese momento, la vanguardia revolucionaria preparó las condiciones para realizar levantamientos urbanos múltiples, que debilitaron muchísimo a la tiranía nepotista. Se llegó de esa forma a confeccionar un Plan General Insurreccional, que abrió el camino para el triunfo de la revolución.

La victoria sandinista en julio de 1979 acicateó mucho la lucha guerrillera en América Latina. En El Salvador, por ejemplo, los revolucionarios acometieron un complejo y ascendente proceso unificador, que terminó con la creación del FMLN en alianza con el FDR. Esta fuerza armada lanzó a principios de 1981 una ofensiva con el objetivo de sublevar a la población rural; luego, los guerrilleros pasaron de acciones bélicas aisladas a operaciones planificadas a escala nacional, gracias a su dominio de vastos territorios en diversos departamentos del país. Pero cuando desde el campo pretendieron ocupar las ciudades, descubrieron que en estas sus habitantes aún no se incorporaban al proceso insurreccional; todavía la movilización de masas citadinas no había alcanzado el dinamismo característico de una situación revolucionaria. Debido a esta coyuntura, el movimiento guerrillero entonces enarboló la bandera de negociar con el Gobierno, como una forma de incentivar la lucha política alrededor de reivindicaciones de toda la sociedad, tales como humanizar la guerra e incorporar a todas las clases y sectores en la búsqueda de una integración nacional, que pudiese encontrar la paz. Al ser rechazada la propuesta por el Gobierno, los revolucionarios lanzaron poderosas ofensivas que pusieron en crisis el dominio militar burgués, el cual solo se restableció gracias a la muy incrementada ayuda imperialista. Si esta no hubiera existido, la victoria habría estado cerca. Pero la realidad demostraba que para triunfar se debía tener muy en cuenta la presencia del imperialismo, cuya gran influencia requería elaborar un proyecto revolucionario que previamente contemplara la liberación nacional. Esto conducía al problema de la política de alianzas, relacionado con lo cual se desarrollaban agudas pugnas; una minoría sectaria y dogmática, adepta a posiciones de militarismo vanguardista, rechazaba forjar vínculos adecuados con sectores sociales más amplios, no incorporados al combate revolucionario todavía. Hasta que derrotada políticamente esa línea en el FMLN, su principal defensor recurrió al crimen, que lo condujo al suicidio luego de ser descubierto.

El creciente poderío político-militar del FMLN le permitió derrotar nuevas y gigantescas ofensivas del régimen, tras lo cual los revolucionarios lograron reanimar el actuar de las masas en las ciudades. Así, en 1986, los asalariados urbanos se manifestaron contra el imperialismo, y poco después en las ciudades hubo foros por la paz y la supervivencia; hasta los empresarios y la ultraderecha criticaron con vigor los nuevos «impuestos de guerra». Y el 22 de enero del año siguiente se produjo una huelga nacional, la cual evidenció al Gobierno que empezaba a quedar aislado en el escenario político salvadoreño. Desde entonces los revolucionarios golpearon con creciente fuerza las principales instalaciones militares del régimen, hasta en la capital, mientras que, a la vez, esgrimían el reclamo de conversaciones con este y los partidos políticos del país.

En Guatemala, tras casi una década de receso, el combate guerrillero se reinició en 1979. Y a los tres años, las cuatro organizaciones que participaban de la lucha armada se asociaron en la Unidad Revolucionaria Nacional (URNG), con un ambiguo programa de lucha. También este actuar insurreccional se caracterizaba, a diferencia del de los años sesenta, por la creciente incorporación del campesinado indígena, compuesto mayoritariamente aún por decenas de tribus mayas con pronunciadas rivalidades entre sí. Para enfrentar el nuevo reto revolucionario, el régimen militar acometió la táctica de tierra arrasada en el Altiplano, a cuya población se le reconcentraba en las llamadas aldeas estratégicas. Al mismo tiempo, se crearon «patrullas civiles» de campesinos, encabezadas por enriquecidos caciques y otros elementos conservadores, que estaban destinadas a combatir en el plano local a las multiplicadas guerrillas. Sin embargo, esto para el régimen entrañaba a largo plazo un peligro, ya que más de una vez en la historia esos confundidos elementos populares han llegado a dar un giro contrario a su proyección inicial, para después enfrentarse al que de manera oportunista los había prohijado.

La burguesía guatemalteca, dividida políticamente en militares y civiles, mantenía todavía una férrea unidad de clase. Eso fue evidente a partir de 1983, cuando los oficiales más avezados dieron un golpe de Estado con el propósito de dificultar la creciente y adversa polarización de las fuerzas sociales en el país. Tras casi veinte años en el poder, preferían devolverlo a civiles y retomar su carácter profesional, antes que correr el riesgo de ver a los más audaces políticos delinear algún novedoso proyecto de reconstrucción nacional, de acuerdo con la URNG. Se facilitó así que a principios de 1986 se estableciera un Gobierno democristiano, que disfrutaba del prestigio de haber perdido buenos militantes suyos a manos del preterido régimen militar. La URNG, sin embargo, no cayó en la trampa como veinte años atrás hicieran los primeros forjadores de la guerrilla guatemalteca; el experimentado movimiento armado hizo saber con rapidez que sin desarmarse adoptaría tácticas defensivas para no dificultar el resurgimiento del poder civil, si este cumplía sus promesas de hacer progresar en paz la sociedad, con esclarecimiento de los crímenes y depuración de las fuerzas armadas de todo tipo de esbirros o asesinos. El Ejército enseguida brindó su respuesta bajo la forma de grandes ofensivas antiguerrilleras; nunca en el país habían tenido lugar operaciones contrainsurgentes de tanta envergadura ni tan prolongadas. Aunque la URNG derrotó los ataques, no alteró su postura. El Gobierno democristiano, en contraste, no dio paso alguno hacia el cumplimiento de lo prometido ni siquiera en lo concerniente al diálogo con el movimiento guerrillero. Entonces este decidió incrementar sus actividades militares, haciendo énfasis en la ofensiva.

En Perú, luego de casi tres lustros sin lucha guerrillera, el combate armado resurgió en 1980 al iniciarlo el maoísta Partido Comunista Sendero Luminoso. Este llevaba una década de clandestino trabajo preparatorio, sobre todo entre el campesinado indígena, cuando efectuó su primer ataque a un cuartel. Y desde entonces la violencia marchó en ascenso, fruto de la desesperación de los humildes, que no encontraban respuesta a sus crecientes reclamos de justicia. En 1982, el PC-SL tuvo ya la capacidad de ocupar una capital provincial, y el respaldo que disfrutaba se hizo patente en el entierro de una dirigente suya, en el cual participaron más de quince mil personas. La militarización de las zonas de operaciones guerrilleras fue acompañada de la creación por el Ejército de Rondas Campesinas —semejantes a las patrullas civiles guatemaltecas—, cuya existencia se vio facilitada por los excesos permitidos o auspiciados por la guerrilla maoísta. El crecimiento de esta, no obstante, no se detuvo, y en 1984 sus efectivos armados contaban ya con más de doscientas bases de apoyo. Esto permitió que se formara el Ejército Guerrillero Popular, parte de las Fuerzas Armadas Revolucionarias, integradas también por milicias constituidas con habitantes de las áreas liberadas, extensas sobre todo en las sierras Central y Sur. Pero el dogmatismo sectario de Sendero Luminoso dificultaba hasta las alianzas combativas; cuando miembros del Movimiento Revolucionario Tupac Amaru —dado a conocer en 1983— propusieron realizar acciones conjuntas, la dirigencia senderista lo rechazó. A pesar de ello el MRTA insistió en su postura, para actuar como contradicción flexible que obligara al PC-SL a evolucionar, pero nada de esto se logró.

En Colombia, el resurgimiento del combate guerrillero tal vez pueda simbolizarse con la aparición del M-19 en 1974, pues las FARC y el EPL existían ya en la tercera etapa de lucha armada. La nueva organización político-militar definía como enemigos a derrotar: al imperialismo, la oligarquía, los encumbrados mandos militares y el alto clero; consideraba aliados a los obreros, campesinos, indígenas, estudiantes, sacerdotes, soldados, oficiales nacionalistas, así como pequeños y medianos propietarios. El ascenso del movimiento guerrillero tuvo al mismo tiempo otras manifestaciones; las FARC engrosaron sus filas y multiplicaron sus ya numerosos frentes, el ELN reorganizó sus efectivos, el EPL abandonó el maoísmo, surgió Autodefensa Obrera, y muchos indígenas se incorporaron a la recién creada columna insurgente Guerrilla Quintín Lame. Los experimentados revolucionarios colombianos, asimismo, se preocuparon en esta cuarta fase por fortalecer la lucha citadina en un país cuya demografía ya era crecientemente urbana. Este hecho, así como la proliferación de los combates en gran parte del territorio nacional, preocupó mucho al régimen, por lo cual sus diferentes gobiernos —liberales o conservadores— tuvieron desde entonces que prestar atención a los reclamos guerrilleros de efectuar un diálogo nacional. Un tímido primer intento se dio en 1980, acompañado de la tradicional exigencia gubernamental de desarme rebelde, que nadie aceptó. Pero al tener lugar nuevos avances insurrectos, la política nacional empezó a girar alrededor de un posible acuerdo de paz con la insurgencia guerrillera. Se llegó así a 1983, cuando se proyectaba aplicar una verdadera amnistía política, y la Procuraduría reconocía la frecuente participación de militares en bandas asesinas aliadas al narcotráfico. Así, al año se firmaron los acuerdos de La Uribe con los revolucionarios en armas, que incluían junto al diálogo nacional y la tregua, la puesta en práctica de reformas económicas, sociales y políticas. Las guerrillas supieron utilizar muy bien la tregua para incentivar la lucha política en las ciudades, y al mismo tiempo plantearse la tarea de buscar la anhelada unidad revolucionaria. Esto, en un contexto en el cual los gobiernos empezaban a quedar aislados, como evidenciaba la proliferación de paros cívicos en municipios y departamentos, en diversas regiones del país. Pero la cúspide oligárquica de la sociedad no podía aceptar semejante proceso democrático, y promovió que el Ejército rompiera el pacto al atacar con diez mil soldados un campamento guerrillero. Entonces los revolucionarios auspiciaron un paro nacional y ocuparon el Palacio de Justicia, sangrientamente retomado por las fuerzas represivas. La reanimación de la lucha armada fue acompañada en esta oportunidad por un novedoso fenómeno de fusión de centrales proletarias, y sobre todo por el surgimiento en 1985 de una tercera fuerza política, la Unidad Popular, que disfrutaba del respaldo de las poderosas FARC y otros movimientos guerrilleros. Estos, a los dos años se estructuraron en la Coordinadora Guerrillera Simón Bolívar, que apoyó el reclamo sindical y de la UP sintetizado en tres puntos: depurar las fuerzas armadas para frenar la guerra sucia y separarlas del narcotráfico, dialogar con los insurrectos y reformar la Constitución, para de esa manera reivindicar a favor del progreso los intereses generales de la sociedad.[1]

El movimiento guerrillero en América Latina, en lo fundamental, llegó a su final en la década de los años noventa del siglo xx, debido a circunstancias diversas en los distintos países tras el desarrollo de su cuarta y máxima etapa de esplendor.

En Perú, el dogmatismo sectario de Sendero Luminoso provocó su creciente aislamiento de las masas, lo cual facilitó que el Presidente de la República centralizara en sus manos todos los elementos del aparato estatal, y desatase contra los alzados —incluyendo al MRTA— una guerra ilimitada. Así, el Gobierno se anotó una serie de sistemáticos triunfos, entre los cuales estuvo la captura de los principales dirigentes guerrilleros, luego de lo cual la insurgencia periclitó.

En El Salvador, el Gobierno y el FMLN, de mutuo acuerdo, solicitaron la mediación del Secretario General de la ONU, que aceptó la tarea. Entonces, comenzaron complejas y dilatadas negociaciones, que saltaron de uno a otro país, hasta que un frustrado intento de golpe de Estado impulsado por los elementos más reaccionarios del Ejército, fortaleció el diálogo. Entonces, se logró firmar un acta con acuerdos definitivos, los cuales establecían la depuración de los efectivos armados gubernamentales, precisaban cuestiones económicas y sociales —como la reforma agraria—, y daban garantías para que el FMLN se transformara en partido político legal y participase en todos los aspectos de la vida del país. Además, establecían que el fin de la guerra comenzaría el primero de febrero de 1992.

En Guatemala, una primera reunión entre el Gobierno y la URNG ocasionó una fisura en el Ejército, al oponerse los llamados «Oficiales de Montaña» al proceso negociador. Entonces, por el momento, se suspendieron las pláticas, que fueron retomadas un par de años después con la mediación del Obispo de la capital de la República como «conciliador», así como con la presencia de un «observador» enviado por el Secretario General de la ONU. Hasta que de mutuo acuerdo se decidió reformar las instituciones estatales e incluso la propia Constitución, pues se tomarían medidas para incorporar a dicho texto importantes acápites sobre «derechos indígenas». Asimismo, se obraría para que la URNG tuviese facilidades de participar en todas las actividades. De esta manera, en marzo de 1996 se proclamó el cese del fuego y concluyeron las operaciones bélicas. Pero dado que el «Acuerdo de Paz Firme y Duradera» establecía que el Congreso del país debía sancionar lo estipulado por ambas partes, al cabo de un tiempo con inquietud se empezó a percibir que en dicha instancia nada avanzaba. En esas circunstancias, se recurrió a un referendo para aprobar la transformación de la sociedad, pero los resultados de este fueron adversos para el cambio, y el Tribunal Supremo Electoral los validó a pesar de que en los mismos solo había participado el dieciocho por ciento de los ciudadanos con derecho al sufragio. En definitiva, desde el punto de vista legal, tras la guerra nada cambió, aunque en el futuro no se podría ignorar que la decisiva participación de las variadas tribus mayas en la vida del país había comenzado.

En Colombia, el M-19 se concentró en Cauca y declaró un cese del fuego unilateral, tras lo cual en julio de 1989 firmó con el Gobierno un Pacto Político que indujo a esa fuerza guerrillera a entregar las armas y transformarse en partido legal, con el propósito de participar en una Asamblea Nacional Constituyente. Con el objetivo de quebrar el tradicional bipartidismo colombiano, el M-19 inició conversaciones con la UP y facilitó que el EPL, PRT y la Guerrilla Quintín Lame se desmovilizaran para que sus efectivos pudieran integrarse en la novedosa fuerza electoral denominada Alianza Democrática M-19, que en los referidos comicios quedó en segundo lugar, apenas superada en votos por el Partido Liberal. Pero la nueva Constitución no resultó muy avanzada, por lo cual la lucha armada no se debilitó, pues los vacíos dejados por los antiguos insurgentes con rapidez fueron ocupados por quienes se aglutinaban en la Coordinadora Guerrillera Simón Bolívar. La unidad de los revolucionarios, sin embargo, se deterioraba; al interior de ambas organizaciones armadas subsistentes —ELN y FARC— se desarrollaban estrategias de lucha que divergían, hasta que la CGSB dejó de existir, lo cual fue tomado por el Gobierno como símbolo de debilidad. Entonces, el Ejército arreció como nunca sus ataques contra los rebeldes, quienes no obstante lograron derrotarlos y pasar a la contraofensiva. Esto condujo, en las siguientes elecciones presidenciales, a que todos los candidatos hablaran de nuevos posibles acuerdos de paz futuros, lo cual fue acometido por el nuevo detentador del Poder

Ejecutivo durante enero de 1999, cuando desmilitarizó cinco municipios y se entrevistó personalmente con el legendario Manuel Marulanda. Pero al mismo tiempo, el recién electo Presidente conservador acudió en busca de ayuda a Estados Unidos, los cuales concibieron el llamado Plan Colombia, que implicaba un mayor involucramiento imperialista contra las guerrillas, acusadas de ser terroristas y agentes del narcotráfico internacional.

En ese contexto, los combatientes del Ejército de Liberación Nacional y de las Fuerzas Armadas Revolucionarias de Colombia, continuaron esgrimiendo las armas que podrían forzar a cualquier gobierno de turno a entablar verdaderos diálogos nacionales, en búsqueda de la paz, así como de reformas socioeconómicas y políticas. De lograrse esos propósitos se podrá avanzar hacia la etapa nacional liberadora, para enrumbarse después —tan pronto sea posible— hacia una sociedad mejor mediante la revolución.

Notas

Introducción

1. Léase al respecto, del propio autor, *Las Civilizaciones Precolombinas y su Conquista,* Editorial Gente Nueva, La Habana, 1985.

2. Léase al respecto, del propio autor, *Bolívar y la Revolución en su Época,* Editorial Pueblo y Educación, La Habana, 1990.

3. Léase al respecto, del propio autor, *La Época de Juárez,* Editorial Gente Nueva, La Habana, 1985.

4. Léase al respecto, del propio autor, *Héroes Latinoamericanos,* Editorial Gente Nueva, La Habana, 1988, pp. 42 y ss.

5. Léase al respecto, del propio autor, *El Movimiento de Liberación Contemporáneo en América Latina,* Editorial Ciencias Sociales, La Habana, 1985, pp. 132 y ss.

Parte I: De Sandino a Fidel

1. Sandino, Augusto César: *El Pensamiento Vivo de Sandino,* La Habana, Editorial Casa de las Américas, 1980, p. 44.

2. Ibíd, p. 75.

3. Ibíd, p. 125.

4. Roa, Raúl: *El Fuego de la Semilla en el Surco,* Editorial Letras Cubanas, La Habana, 1982, pp. 272 y 289.

5. Periódico *El Machete,* 14 de julio de 1928, Ápud Roa, Raúl: *El Fuego de la Semilla en el Surco,* ob. cit, p. 279.

6. Sandino, Augusto César: *El Pensamiento Vivo de Sandino,* ob. cit., p. 186.

7. Ibíd, p. 204.

8. Fonseca, Carlos: *Sandino, Guerrillero Proletario,* San José, Editorial EDUCA, 1974, p. 24.

9. Ortega, Humberto: *50 Años de Lucha Sandinista,* Editorial Ciencias Sociales, La Habana, 1980, pp. 115.

10. Selser, Gregorio: «Sandino el Guerrillero», en Revista *Casa de las Américas,* La Habana, 1968, número 49, p. 24.

11. Ver al respecto, Prieto, Alberto: *Centroamérica en Revolución,* Editorial Ciencias Sociales, La Habana, 1987, p. 125 y ss.

12. Véase al respecto el excelente análisis que sobre ese tipo de experiencia realiza el historiador cubano Leonel Soto: *La Revolución del 33,* Editorial Ciencias Sociales, La Habana, 1977.

13. Juárez, Benedicto: *Debilidades del Movimiento Revolucionario de 1932 en El Salvador,* Folleto mimeografiado, p. 2.

14. Dalton, Roque: *Las Historias Prohibidas de Pulgarcito,* Melbourne, Ocean Sur, 2007.

15. Cabrera, Olga: *Guiteras, la Época, el Hombre,* Editorial Arte y Literatura, La Habana, 1974, pp. 137-138.

16. Soto, Leonel: ob. cit, pp. 164 y 169.

17. Lenin, Vladimir Ilich: «La Bancarrota de la II Internacional», en: *Obras Escogidas, en doce tomos, Moscú,* Editorial Progreso, 1976, tomo V, p. 226.

18. Cabrera, Olga, ob. cit., pp. 382 y 426.

19. Ibíd, p. 429.

20. De Carlos Aponte, Pablo de la Torriente Brau dijo: Nadie ha sido nunca más americano que Carlos Aponte. Odió y amó con la turbulencia de una juventud frenética. Tenía la vitalidad salvaje de la selva y el esplendor páni-co de los «llanos interminables de Venezuela». Fue un protagonista de *La Vorágine.* Fue un turbión, fue un hombre de la Revolución, no tuvo nada perfecto. Ápud Cabrera, Olga, ob. cit., p. 450.

21. Estos preceptos luego fueron refrendados por el Séptimo Congreso de la III Internacional, que se reunió en julio de 1935 en Moscú.

22. Gaitán, Antonio: *Gaitán y el Camino de la Revolución Colombiana: Responsabi-lidad de las Clases, las Generaciones y los Partidos,* Ediciones Camilo, Bogotá, 1974.

23. Montaña Cuellar, Diego: *Colombia País Formal y País Real,* Ediciones Pueblo Unido, Bogotá, p. 158.

24. Vieira, Gilberto: *9 de Abril: Experiencia del Pueblo,* Edición Sudamérica, Bogotá, 1973.

25. Guzmán Campos, Germán: *La Violencia en Colombia,* Ed. Progreso, Cali, 1968.

26. Franco Iraza, Eduardo: *Las Guerrillas del Llano; Testimonio de una Lucha de Cuatro Años por la Libertad,* Bogotá D.E., (S.E.), 1959.

27. Este batallón había participado al lado del Ejército de Estados Unidos en la guerra contra la República Democrática de Corea.

28. Castro, Fidel: «Respuestas a Arturo Alape», en: *El bogotazo, memorias del olvido,* Editorial Casa de las Américas, La Habana, 1984, pp. 639-646.

29. Ibíd, pp. 653-654 y 670-673.

30. Castro, Fidel: «Entrevista Concedida a A.V. Daruchenkov», en: Revista *Kommunist,* número 15, Ápud Revista *Estrategia,* número 31, México, D.F., enero-febrero de 1981.

31. Partido Comunista de Cuba: *Plataforma Programática,* Departamento de Orientación Revolucionaria del Comité Central, La Habana, 1976, p. 18.

32. Ibíd, p. 19.

33. Castro, Fidel: «Carta a Melba Hernández y Haydée Santamaría», en: *La Estrategia Política de Fidel,* de Martha Harnecker, Editorial Nuestro Tiempo, México, D.F., 1986, p. 60.

34. El Che se encontraba en México procedente de Guatemala, donde había presenciado la debacle del régimen de Jacobo Árbenz. Allí obtuvo muchas experiencias acerca de la conducción de un proceso revolucionario, a partir de los errores cometidos en ese país centroamericano.

35. Castro, Fidel: «Comparecencia del Primero de Diciembre», en: *Obra Revolucionaria,* La Habana, 1961, pp. 27-28.

36. Castro, Fidel: «Entrevista Concedida a A. V. Daruchenkov», en: Revista *Kommunist,* número 15, Ápud Revista *Estrategia,* número 31, México, D.F., enero-febrero de 1981.

37. Castro, Fidel: «Conversación con los Estudiantes de la Universidad de Concepción, Chile el 18/XI/1971», en: *Cuba-Chile: Encuentro de Dos Procesos,* La Habana, Ediciones Políticas, 1972, p. 268.

Parte II: Influjo de la Revolución cubana

1. Para conocer el proceso de surgimiento, desarrollo y agotamiento del nacionalismo burgués en nuestro subcontinente, léase del propio autor, *La Burguesía Contemporánea en América Latina,* Editorial Ciencias Sociales, La Habana, 1983.

2. Castro, Fidel: «Discurso Pronunciado en la Sesión Solemne de la Asamblea Nacional del Poder Popular, por el XX Aniversario de la Victoria de la revolución», en: *Granma,* La Habana, enero 2 de 1979.

3. Al respecto Robert Kennedy, en *La Alianza para el Progreso: Símbolo y Sustancia,* dijo:

   Una revolución está en marcha, una revolución que será pacífica si somos lo suficientemente inteligentes, compasiva si somos lo bastante cuidadosos, fructífera si somos suficientemente afortunados, pero la revolución viene, querámoslo o no. Podemos afectar su carácter, pero no podemos alterar su condición inevitable.

   Según él, la ALPRO se proponía:

   «-Diversificación de las estructuras económicas nacionales, con el fin de reducir la dependencia en un número determinado de productos primarios.

«-Aceleración de la industrialización especialmente para los bienes de capital a fin de aumentar la productividad, almacenamiento, transformación y distribución.

«-Una distribución más equitativa de los ingresos nacionales elevando con mayor rapidez el ingreso y el nivel de vida.

«-Una amplia reforma agraria con miras a sustituir latifundios y minifundios por un sistema equitativo de tenencia de la tierra.

«-Eliminación del analfabetismo y un ciclo educativo de seis años para todos los niños en edad escolar.

«-Mejoramiento de la salubridad incluyendo nuevos servicios de agua potable y alcantarillado para el 70 % de la población urbana y el 50 % de la población rural.

«-Más extensos servicios de vivienda y servicios públicos en los centros de la población urbana y rural.

«-Precios estables, pero sin perder de vista la necesidad de mantener un ritmo adecuado de crecimiento económico.

«-Programas competitivos con el fin de prevenir los nocivos efectos causados por las fluctuaciones (…) de las ganancias en divisas extranjeras derivadas de las exportaciones».

4. Castro, Fidel: «Entrevista con la periodista norteamericana María Shriver, de la cadena de televisión NBC», en: *Suplemento Especial de Granma,* febrero 29 de 1988, p. 11.

5. Segunda Declaración de la Habana, periódico *Revolución,* febrero 4 de 1962.

6. Al respecto leer el trabajo de Diploma de Licenciatura en Historia, tutorado por el autor, de la estudiante Minerva Hernández Phan, «El Movimiento Guerrillero en América Latina: 1960-1967». Biblioteca de la Facultad de Historia y Filosofía de la Universidad de La Habana.

7. Guevara, Ernesto: «Discurso en la ONU el 11 de diciembre de 1964», en: *Escritos y Discursos,* tomo IX, p. 310.

8. Hernández Phan, Minerva, ob. cit, Ibíd.

9. La primera «Reconstrucción Nacional» fue la que se acometió en el Paraguay luego de la trágica Guerra de la Triple Alianza (1865-1870), animada por el incipiente imperialismo inglés, y la cual costó la vida a las tres cuartas partes de la población, de la que solo sobrevivió un décimo de los hombres, casi todos menores de doce años o mayores de sesenta.

10. El tirano Trujillo autodenominó los años de su régimen como la «Era del Benefactor».

11. Bosch, Juan: *De Cristóbal Colón a Fidel Castro. El Caribe, Frontera Imperial,* Ed. Alfaguara, Madrid, 1970.

12. Franco, Franklin J.: *República Dominicana, Clases, Crisis, Comandos,* Editorial Casa de las Américas, La Habana, 1966.

13. Bosch, Juan: «Conversación Inédita», en: Grimaldi, Víctor: *Entrevistas, Análisis, Reportajes,* (Santo Domingo), (1977), p. 25. Ápud Instituto Cubano de Radio y Televisión; Centro de Documentación: «Breves Apuntes sobre la Vida de Francisco Alberto Caamaño», Folleto mimeografiado, p. 5.

14. Ibíd, p. 7.

15. Hernández Phan, Minerva, ob. cit., Ibíd.

16. Moleiro, Moisés, en: *Las Guerrillas en América Latina,* de Richard Gott, Editorial Universitaria, Santiago de Chile, 1971, p. 131.

17. La Ley de Reforma Agraria, aprobada el 22 de febrero de 1960, creó un Instituto Agrario Nacional, el cual llevó a cabo: «Una afectación de 4 495 754 hectáreas de las cuales 2 695 711 eran públicas y 1 779 982 privadas, para un beneficio de 162 141 familias entre 1960-1968.

«Realización de obras de infraestructura a nivel regional, asentamientos campesinos y predios agrícolas sin afectar la promoción de planes de colonización.

«La puesta en producción de territorios baldíos mediante la promoción de planes de colonización.

«Una relativa diversificación de la producción agrícola».

Ver al respecto: Dreyer, Armando: *Reforma Agraria y Desarrollo Económico,* Editor Monte Ávila, Caracas, 1971, p. 115.

18. Bravo, Douglas, en: Gott, Richard, ob. cit., p. 147.

19. Petkoff, Luben, en: Gott, Richard, ob. cit., p. 191.

20. Cabieses Donoso, Manuel: *Venezuela Okey,* Santiago de Chile, Ediciones El Litoral, 1963, p. 287.

21. Gott, Richard: *Las Guerrillas en América Latina,* Editorial Universitaria, Santiago de Chile, 1971, p. 162.

22. Douglas Bravo al respecto comentó:

Al plan enemigo no supimos responder adecuadamente con un planteamiento integral para la lucha contra Betancur. Podemos decir que arribamos al primero de diciembre de 1963 con las principales unidades militares desgastadas. En eso consistió el grave error: antes del momento coyuntural (…) habíamos lanzado las principales fuerzas, habíamos cansado al movimiento universitario, al movimiento juvenil, a los cerros, a la propia guerrilla.

Léase «Entrevista a Douglas Bravo», en: Prólogo del libro *Hacia el Poder Revolucionario* de Fabricio Ojeda.

23. Partido Comunista de Venezuela: Ápud Gott, Richard, ob.cit., p. 197.

24. Bravo, Douglas, en: Gott, Richard, ob. cit., p. 185.

25. Al respecto de esos acontecimientos resulta imprescindible leer el trascendental discurso del Comandante Fidel Castro, pronunciado el 13 de marzo del año 1967.

26. Petkoff, Teodoro: «Entrevista», en: *World Marxist Review,* New York, enero de 1968, p. 63.

27. Ver al respecto: *Cronología del Movimiento Obrero y de las Luchas por la Revolución Socialista en América Latina y el Caribe (1917-1938),* de Sergio Guerra y Alberto Prieto, Editorial Casa de las Américas, La Habana, 1980.

28. NACLA, Volumen XXI, número 1, enero-febrero de 1987, p. 23.

29. Castro, Fidel: «Discurso de Clausura de la Conferencia de Solidaridad de América Latina», en: Periódico *Granma,* La Habana, agosto 11 de 1967, p. 2.

30. «Declaración de la Conferencia de los Partidos Comunistas de América Latina y del Caribe», en: Periódico *Granma,* La Habana, junio 16 de 1976.

31. El fenómeno de los procesos de reforma agraria que endilgan al campesinado un carácter moderado, y a veces hasta conservador, fue analizado por Carlos Marx en *El Dieciocho Brumario de Luis Bonaparte,* Ediciones en Lenguas Extranjeras, Moscú, 1941, pp. 13-14 y 89-91.

32. Ver al respecto: *Breve Historia del Brasil,* Editorial Pueblo y Educación, La Habana, 1987, pp. 301-316, de los historiadores cubanos Sergio Guerra y Alberto Prieto.

33. Blanco, Hugo: Ápud Malpica, M: *Biografía de la revolución,* Editorial Ensayos Sociales, Lima, 1967, p. 468.

34. Editorial del periódico *Revolución Peruana,* Órgano del FIR, Lima, septiembre 25 de 1962, p. 3. Este se dirigía a las siguientes organizaciones: Partido Comunista, MIR, Partido Socialista, fracciones Trotskistas Voz Obrera y Obrero y Campesino, así como a los movimientos Social Progresista y al Tupac Amaru.

35. Béjar, Héctor: *Perú; 1965. Apuntes sobre una Experiencia Guerrillera,* Editorial Casa de las Américas, La Habana, 1969, p. 35.

36. Putchismo: Intento aventurero de un grupo de conspiradores de llevar a cabo un golpe de Estado.

37. Blanco, Hugo: Ápud Villanueva, V: *Hugo Blanco y la Revolución Campesina,* Editora Juan Mejías Bacá, Lima, 1967, p. 45.

38. Debray, Régis: *Revolución en la Revolución,* Editorial Casa de las Américas, La Habana, 1970.

39. Ibíd, p. 85.

40. Ibíd, p. 71.

41. Ibíd, p. 21.

42. Ibíd, p. 17.

43. Tal vez una de las más evidentes manifestaciones de esos fracasos haya sido la ocurrida en Panamá, durante el Gobierno nacionalista revolucionario del general Omar Torrijos; allí el Movimiento de Unidad Revolucionaria, así como el Vanguardia de Acción Nacional, se unieron en el Movimiento de Liberación Nacional 29 de Noviembre-Cimarrones, que organizó un foco rural. Este sufrió una derrota en su primera acción, en agosto de 1969, en Cerro Azul, tras lo cual algunos sobrevivientes se desplazaron hacia la Sierra de Chiriquí, mientras otros pretendieron actuar como guerrilla urbana en Ciudad Panamá. Pero en 1970, quienes no habían muerto en combate, aceptaron marchar al exilio político en el extranjero.

    Al respecto del proceso «torrijista» ver en el acápite dedicado al Nacionalismo revolucionario del libro *El Movimiento de Liberación Contemporáneo en América Latina*, la parte en que se aborda la experiencia panameña. Página 272 y subsiguientes.

    Un origen distinto, sin embargo, parecen haber tenido las insurgencias en México de Lucio Cabañas, líder sindical de la enseñanza, y Genaro Vázquez, maestro rural, quienes de forma separada en 1967 se alzaron en las Sierras del estado de Guerrero, luego de una matanza perpetrada por las fuerzas represivas; esas gestas tenían más bien un carácter de autodefensa armada, que representar un verdadero empeño para tomar el poder. Cabañas organizó el movimiento que indistintamente se llamó Frente de Liberación Emiliano Zapata y Brigadas Campesinas de Ajusticiamiento del Partido de los Pobres. En uno de los múltiples comunicados que el grupo emitió durante sus siete años de lucha, puede leerse como aspectos programáticos para un futuro gobierno popular, el enunciado de que «la cultura burguesa, por ser contrarrevolucionaria e incompatible con intereses de los trabajadores, será destruida». Lucio Cabañas murió el 2 de diciembre de 1974, en un enfrentamiento con el Ejército en un sitio conocido como Ocotal, perteneciente al municipio Tecpán de Galeana.

    Ver al respecto: *Lucio Cabañas, el Guerrillero sin Esperanzas*, Editorial Roca, México, D.F., 1976, del autor Luis Suárez.

44. Debray, Régis: «Entrevista con Ernesto González», quien escribió «Régis Debray, de la Revolución a la Literatura», en: Revista *Alternativa*, Bogotá, número 79, abril 20 de 1976, p. 8.

45. Guevara, Ernesto: *Obras 1957-1967*, Editorial Casa de las Américas, La Habana, 1970, tomo I, p. 32.

46. Ibíd, tomo II. p. 495.

47. Ibíd, tomo II. p. 414.

    La trascendencia del análisis del Che sobre la toma de la superestructura burguesa del poder mediante la vía electoral, y el ulterior conflicto entre el Ejército y el Gobierno constitucional, se debe a que fue realizado muchos años antes del proceso de la Unidad Popular encabezado por presidente

Salvador Allende, en Chile. Allí se formó un gabinete que luego con facilidad fue liquidado por el golpe de Estado fascista dirigido por el general-traidor Augusto Pinochet.

Ver al respecto, dentro del acápite «Regímenes Militares-fascistas» del libro *La Burguesía Contemporánea en América Latina,* la parte dedicada a esa experiencia en las páginas 190-201.

48. Ibíd, tomo II, p. 410.

49. Ibíd, tomo I, p. 31.

50. Ibíd, tomo II, p. 416.

51. Ibíd, tomo I, p. 162.

52. Ibíd, tomo II, p. 505.

53. Ibíd, tomo II, p. 504.

54. Ibíd, tomo II, p. 593.

55. Ibídem.

56. Ibíd, tomo II, p. 590.

57. Ibíd, tomo II, pp. 697 y 698.

58. Aunque en menor medida, Tania había desarrollado también contactos con la oposición burguesa e, incluso, en el interior de la Junta Militar con el propósito de estructurar el aparato urbano de apoyo a la guerrilla. Debido a que en la izquierda se habían priorizado los vínculos con el PCB, las relaciones con el Partido Revolucionario de Izquierda Nacional y el Partido Obrero Revolucionario estaban menos desarrolladas.

59. Ese pacto firmado en Ucareña establecía, entre otras cosas, el compromiso de no permitir el ingreso de dirigentes comunistas al agro, y postulaba la defensa de valores tradicionales bolivianos para desarrollar sentimientos conservadores. Esta situación es muy similar a la analizada por Marx en *El Dieciocho Brumario de Luis Bonaparte,* como se constata en la siguiente cita, en la cual basta sustituir el apellido de Napoleón III por el de Barrientos y el nombre de Francia por el de Bolivia, para obtener el resultado deseado. «Bonaparte representa a una clase que es, además, la clase más numerosa de la sociedad francesa: los campesinos parcelarios (…) los Bonaparte son la dinastía de los campesinos, es decir, de la masa del pueblo francés (…) la influencia política de los campesinos parcelarios encuentra su última expresión en el hecho de que el Poder ejecutivo someta bajo su mando a la sociedad (…) Pero entiéndase bien. La dinastía de Bonaparte no representa al campesino revolucionario, sino al campesino conservador; no representa al campesino que pugna por salir de su condición social de vida, la parcela, sino al que, por el contrario, quiere consolidarla; no a la población campesina, que, con su propia energía y unida a las ciudades, quiere derribar el viejo orden, sino a la que por el

contrario, sombríamente retraída en este viejo orden, quiere verse salvada y preferida, en unión de su parcela (…) No representa la ilustración, sino la superstición del campesino, no su juicio, sino su prejuicio, no su porvenir, sino su pasado». Ver la citada obra de Marx en las páginas 89-91. Este fenómeno explica las causas por las cuales en países como Bolivia y México se han formado organizaciones revolucionarias de orientación «anticampesina». Léase al respecto el interesante ensayo de Alexandr Jarlámenko «El Radicalismo de Izquierda y la Revolución», en: *América Latina*, Academia de Ciencias de la URSS, Moscú, número 1 de 1989, p. 61.

60. Las primeras actividades de estos internacionalistas cubanos previamente habían sido en ayuda del grupo guerrillero peruano del que participaba Javier Heraud. También establecieron una base logística en Tarija para apoyar al Ejército Guerrillero del Pueblo, que al mando de Jorge Ricardo Massetti deseaba operar en el territorio argentino de Salta.

61. Debray, Régis: *La Guerrilla del Che*, Siglo XXI, México, D.F. 1979, p. 75.

62. Castro, Fidel: «Una Introducción Necesaria», en: *El Diario del Che en Bolivia*, p. XIX.

63. Victorio Codovila, primer secretario del Partido Comunista Argentino. Nació en Italia en 1894, y murió en 1970.

64. Guevara, Ernesto: *El Diario del Che en Bolivia*, ob. cit., pp. 46-47.

65. Castro, Fidel en «*Cien Horas con Fidel*, de Ignacio Ramonet», suplemento del periódico *Granma*, La Habana, año 2006, Capítulo 14, p.14.

66. Moisés Guevara se unió sin vacilación al Che, como le había ofrecido desde hacía mucho tiempo antes de que este llegara a Bolivia; le brindó su apoyo y entregó su vida heroicamente a la causa revolucionaria.

67. A pesar de que vivió una odisea en las garras de los cuerpos represivos, Debray mantuvo ante sus captores y torturadores una actitud firme y valerosa. Fue condenado a 30 años. En la cárcel escribió lo que más tarde publicó bajo el nombre de *Escritos de la Prisión*, en los cuales inició su renuncia a los principios expuestos en *Revolución en la Revolución*, que luego culminó con en su obra *La Crítica de las Armas*, aparecida en 1974. Liberado por el Gobierno del general Juan José Torres, Debray marchó a Francia, donde se convirtió en Asesor para los Asuntos Latinoamericanos de Francois Mitterrand, quien fue electo más tarde Presidente de la República como candidato del Partido Socialista francés.

68. Guevara, Ernesto: *El Diario del Che en Bolivia*, ob. cit., p. 275

69. Ibíd., p. 244.

70. Debray, Régis: *La Guerrilla del Che*, Siglo XXI, México, D.F. 1979, p. 78.

71. Guevara, Ernesto: *El Diario del Che en Bolivia*, ob. cit., p. 297.

72. Ibíd, p.298.

73. Este criterio el Che lo reitera en los resúmenes mensuales de abril, mayo, junio, julio, agosto y septiembre. Ver las páginas 195, 234, 268, 303, 327 y 383 de su *Diario*.

74. En su resumen de septiembre el Che escribió: «la masa campesina no nos ayuda en nada y se convierten en delatores». Ver página 335 de su *Diario*.

75. Castro, Fidel: «Una Introducción Necesaria», en: *El Diario del Che en Bolivia*, ob. cit., p. XXI.

76. Ibíd, p. XXVII.

77. Ibíd, p. XXVIII.

78. Guevara, Ernesto: *Obras 1957-1967*, ob. cit., 1970, tomo II, p. 598. Luego de la muerte del Che, tres cubanos sobrevivientes de la guerrilla lograron cruzar la frontera y refugiarse en Chile. En tanto, los bolivianos Inti y Darío se dedicaban en su país a reorganizar la guerrilla. Con ese propósito, aquel publicó su *Volveremos a las Montañas*, en 1968, tras lo cual cayó en combate el 9 de septiembre de 1969. Al cabo de un año, otro grupo perteneciente al ELN, dirigido por el *Chato* Peredo, estableció un foco guerrillero en Teoponte, pero tampoco tuvo éxito pues fue aniquilado en dos meses. Al asumir el poder en Bolivia el general Juan José Torres, en 1970, los remanentes del ELN se sumaron a sus empeños nacionalistas revolucionarios, truncados al poco tiempo debido al golpe de Estado reaccionario del general Hugo Bánzer.

79. Acerca del agotamiento del nacionalismo burgués populista en Argentina, ver «El Régimen Peronista y su Final», en: *La Burguesía Contemporánea en América Latina*, Editorial Ciencias Sociales, La Habana, 1983, p. 112.

80. Hernández Phan, Minerva, ob. cit. Ibíd.

81. En la periferia de las principales ciudades de los países capitalistas latinoamericanos, una enorme masa humana, casi siempre oriunda del campo, establece poblados sin la menor infraestructura; carentes de recursos y sin ayuda gubernamental, estas poblaciones reciben —según los países— el nombre de favelas, villas miserias, el eufemismo de «pueblos jóvenes», «bidonvilles», «llega y pon», así como otros más.

82. «Entrevista a Dirigente del ERP», en: *Chile Hoy*, Santiago de Chile, número 48, mayo de 1973, p. 20.

83. Ibíd, p. 21.

84. «El Partido Montonero», en: *Ediciones de la Revista Tarea*, Panamá, 1977, p. 17.

85. Schafik Handal, Jorge: «*El Fascismo en América Latina*», en: *América Latina*, Academia de Ciencias de la URSS, Moscú, 1976, número 4, p. 121.

86. Prieto, Alberto: en *Crisis Burguesa e Imperialista en América Latina*, Editorial Ciencias Sociales, La Habana, 1988, p. 218 y ss.

87. Fernández, Eleuterio: *Historia de los Tupamaros,* Ediciones TAE, Montevideo, 1986, tomo I, p. 61.

88. Ver al respecto de Oscar Dueñas Ruiz: *Tupamaros: Libertad o Muerte,* Ediciones Mundo Andino, Bogotá, 1971.

89. Madruga, Leopoldo: «Entrevista a un Dirigente Tupamaro», en: *Granma,* octubre 8 de 1970.

90. Movimiento de Liberación Nacional-Tupamaro: «Documento», en: Dueñas Ruiz, Oscar: *Tupamaros: Libertad o Muerte,* ob. cit., p. 76.

91. Ver al respecto *Breve Historia del Brasil,* de los historiadores cubanos Sergio Guerra y Alberto Prieto, Editorial Pueblo y Educación, La Habana, 1987.

92. Prestes, Luis Carlos: «América Latina: Tareas Actuales de la Lucha contra el Fascismo», en: *América Latina,* Academia de Ciencias de la URSS, Instituto de América Latina, Moscú, 1978, número 3, p. 8.

93. Ibíd, p. 10.

94. Ver al respecto de Carlos Marighela: *Acción Libertadora,* Ediciones Maspero, París, 1970.

Parte III: Los sandinistas al poder

1. Ver al respecto, del propio autor, *Centroamérica en Revolución,* Editorial Ciencias Sociales, La Habana, 1987.

2. Ibíd, p. 196.

3. Ibídem.

4. Fonseca Amador, Carlos: *Bajo la Bandera del Sandinismo,* Editorial Nueva Nicaragua, Managua, 1982, tomo I, p. 398.

5. Prieto, Alberto: *Centroamérica en Revolución,* ob. cit., p. 208.

6. Ruiz, Henry: «Carlos y el Sandinismo», en: *Carlos, Forjador de la Victoria,* (s.l.), Editorial del Departamento de Propaganda y Educación Política del FSLN, 1981, p. l.

7. Borges, Tomás: *Apuntes Iniciales sobre el FSLN,* Managua, Ediciones Dirección Política del MINT, 1983, pp. 19-21.

8. Fonseca Amador, Carlos: «Nicaragua Hora Cero», en: *Bajo la Bandera del Sandinismo»,* Editorial Nueva Nicaragua, Managua, 1982, tomo I, pp. 93-94.

9. Ortega, Humberto: «Entrevista con Fernando Carmona» en: *Nicaragua, la Estrategia de la Victoria,* Ediciones Nuestro Tiempo, México, D.F., 1980, p. 19.

10. Ortega, Humberto: *50 Años de Lucha Sandinista,* Editorial Ciencias Sociales, La Habana, 1986, p. 31.

11. Ver Lenin, Vladimir Ilich: «La Bancarrota de la II Internacional», en: *Obras Escogidas, en doce tomos, Moscú,* Editorial Progreso, 1976, tomo V, p. 226.

12. Debray, Régis: «Nicaragua Hora Cero», en *Revista Casa de las Américas,* La Habana, noviembre de 1979, número 117, p. 84.

13. Castro, Fidel: «Discurso Pronunciado en el Acto Conmemorativo del XXVII Aniversario del Asalto al Cuartel Moncada», en: *Granma,* La Habana, julio 28 de 1980, p. 2.

Parte IV: Crisis en Centroamérica

1. Ver al respecto, del propio autor, *Centroamérica en Revolución,* Editorial Ciencias Sociales, La Habana, 1987, pp. 233-249.

2. Gott, Richard: *Las Guerrillas en América Latina,* Editorial Universitaria, Santiago de Chile, 1971, p. 73.

3. Monsanto, Pablo: «De las Armas a las Masas para ganar la Guerra», en: *Punto Final,* Santiago de Chile, número 199, enero de 1982, p. 26.

4. Ibíd, p. 29.

5. Ibídem.

6. Aguilera, Gabriel: *Dialéctica del Terror en Guatemala,* Editora Universitaria Centroamericana, San José, 1981, p. 36.

7. Morán, Rolando: «Un Trabajo de Masas para la Guerra», en: *Punto Final,* Santia-go de Chile, número 200, abril-mayo de 1982, p. 26.

8. El Partido Guatemalteco del Trabajo se incorporó a la Unidad Revolucionaria Nacional Guatemalteca a finales de febrero de 1989. Ver el periódico *Granma* de marzo 3 del año 1989, p. 4.

9. Sánchez, Mario: «Entrevista», en: *Pueblo en Armas,* de Marta Harnecker, México, D.F., Serie Popular de las Ediciones ERA, 1984, p. 273.

10. Ibíd, p. 275.

11. Unidad Revolucionaria Nacional Guatemalteca (URNG): «*Proclama Unitaria de las Organizaciones Revolucionarias EGP, FAR, ORPA, y PGT al Pueblo de Guatemala*», en: *Documentos,* La Habana, Editora del Centro de Estudios sobre América, 1981, número 8, p. 12.

12. «Un Conflicto Armado Interno», en: *Hechos y Política en Guatemala*, enero de 1987, (s.l.); p. 41.

13. Ibíd, p. 52.

14. Prieto, Alberto: *Ideología, Economía y Política en América Latina, Siglos XIX y XX,* Editorial Ciencias Sociales, La Habana, 2005, p. 151 y ss.

15. Ver al respecto, *Centroamérica en Revolución,* Editorial Ciencias Sociales, La Habana, 1987, pp. 221-233.

16. El conflicto bélico recibió el nombre de Guerra del Fútbol, porque los militares salvadoreños aprovecharon una trifulca entre sus conciudadanos y

aficionados hondureños, en un estadio donde se celebraba uno de dichos juegos, para desatar la referida conflagración.

17. Carpio, Cayetano: «Carter prepara la Intervención», en: *Alternativa*, Bogotá, número 257 de febrero 20 del año 1980, p. 35.

18. Romero, Arnulfo: «Epitafios y Homilías», en: *Monseñor Oscar Arnulfo Romero. Su Pensamiento*, San Salvador, Publicaciones Pastorales del Arzobispado, 1980, p. 17.

19. Borges, Tomás: «Entrevista», en: *El Caimán Barbudo*, La Habana, año 19, Edición 210, mayo de 1985, p. 8 de la separata.

20. Castro, Fidel en «*Cien Horas con Fidel*, de Ignacio Ramonet», suplemento del periódico *Granma*, La Habana, año 2006, Capítulo 14, p. 13.

21. Villalobos, Joaquín: «De la Insurrección a la Guerra», en: *Punto Final*, Santiago de Chile, número 204, noviembre-diciembre de 1982, p. 11.

22. Prieto, Alberto: *Ideología, Economía y Política en América Latina, Siglos XIX y XX*, Editorial Ciencias Sociales, La Habana, 2005, p. 144 y ss.

Parte V: La lucha en Sudamérica

1. Ver al respecto, del propio autor, *El Movimiento de Liberación Contemporáneo en América Latina*, ob. cit., pp. 259-279.

2. Aní, Gonzalo: *Historia Secreta de las Guerrillas*, Editora Más Allá, Lima, 1967, p. 121.

3. Gadea, Ricardo: «Luis de la Puente. A la Medida del Perú», en: *Tricontinental*, La Habana, número 4-5, enero-abril de 1968, p. 52.

4. A los militantes de las organizaciones denominadas Movimiento de Izquierda Revolucionaria (MIR) se les denominaba «miristas».

5. Puente Uceda, Luis de la: «Nuestra Posición», en: *Voz Rebelde*, Lima, julio de 1964, p. 3.

6. Béjar, Héctor: *Perú, 1965: Apuntes de una Experiencia Guerrillera*, Editorial Casa de las Américas, La Habana, 1969, p. 15.

7. Velasco Alvarado, Juan: *Perú, un ejemplo para América Latina*, Perú Graph Editores, S.A., Lima, 1969, p. 8.

8. Castro, Fidel: «Discurso Pronunciado con Motivo del Primero de Mayo de 1980», en: *Granma*, La Habana, 2 de mayo de 1980, p. 3.

9. Con la escisión de 1969, el PC-BR de Paredes quedó muy debilitado.

10. «Izquierda Unida y Sendero Luminoso», en: *Sociedad y Política*, Lima, número 13, agosto de 1983, p. 35.

11. Grupo que ocupó el poder a la muerte de Mao, compuesto por cuatro personas y encabezado por la última esposa del fallecido dirigente chino.

12. Víctor Raúl Haya de la Torre murió ese mismo año.

13. Al cabo de cierto tiempo, la UDP se transformó en Partido Unificado Mariateguista.

14. Partido Comunista del Perú (Sendero Luminoso): *Desarrollar la guerra popular sirviendo a la Revolución Mundial*, Editora Bandera Roja, Lima, agosto de 1980, p. 17.

15. González, Raúl: «El Sendero de Sendero Luminoso», en: *Debate*, Lima, número 22 de septiembre del año 1983, p. 24.

16. Partido Comunista Peruano: «Discurso de Jorge del Prado ante el VIII Congreso Nacional Extraordinario del PCP» en: *Hacia un Gobierno Popular, por el Camino de la Izquierda Unida y de la Acción de Masas*, Lima (s.e.), 1982, p. 48.

17. Sendero Luminoso: «Desarrollar la Guerra de Guerrillas», en: *Debate*, Lima, número 22 de septiembre del año 1983, p. 28.

18. Cisneros Bizqueras, Luis: «Declaraciones del General Cisneros —alias el Gaucho— para el artículo «Insurgencia y Contrainsurgencia en el Perú», en: *Le Monde Diplomatique*, París, enero de 1984, p. 32.

19. Las Rondas Campesinas son, como en Guatemala, agrupaciones paramilitares organizadas por el Ejército, en las cuales los pobladores locales deben ingresar so pena de recibir el mote de «senderistas», así como el tratamiento reservado a estos.

20. Los Comités Populares, integrados por cinco miembros, sustituyen a las viejas autoridades por nuevas, revolucionarias.

21. Sendero Luminoso: «Documento sobre las elecciones», en: *Equis X*, Lima, número 430 de abril 22 del año 1985, p. 13.

22. Del Prado, Jorge: «Entrevista», ob. cit., p. 13.

23. Se denomina «aprista» a quien milita en el partido conocido como APRA, que son las siglas de la Alianza Popular Revolucionaria Americana.

24. García, Alan: «El Futuro Diferente, la Tarea Histórica del APRA», Ápud Villanueva, Armando: «El APRA, la Historia y Tres Horas con Fidel», en: *Qué Hacer*, Lima, febrero de 1984, número 27, p. 69.

25. García, Alan: ob. cit, p. 71.

26. Ibíd, p. 73.

27. Ibídem.

28. García, Alan: «Entrevista» en: *Qué Hacer*, Editorial DESCO, Lima, abril-mayo de 1987, número 46, p. 34.

29. González, Raúl: «Sendero vs MRTA», en: *Qué Hacer*, Editorial DESCO, Lima, abril-mayo de 1987, número 46, pp. 51 y ss.

30. Partido Comunista del Perú (Sendero Luminoso): *Desarrollar la guerra popular sirviendo a la Revolución Mundial*, Editora Bandera Roja, Lima, agosto de 1980, p. 83.

31. Héctor Béjar, dirigente de Izquierda Unida, al respecto declaró: «El MRTA nos pone frente a un fenómeno que puede influir en sectores amplios de una clase media que aun repudiando el camino de la legalidad burguesa, no estaba dispuesta a seguir los métodos poco escrupulosos y el dogmatismo de Sendero Luminoso. Es una nueva puerta que se entreabre hacia la insurrección para quienes sienten la mala conciencia de su silencio ante las clamorosas injusticias del sistema imperante.»

    Ver las declaraciones de Béjar, Héctor: «La Guerra Sucia del Perú», en *Le Monde Diplomatique*, París, octubre de 1984, p. 30.

32. Movimiento Revolucionario Tupac Amaru: *Venceremos*, Órgano Oficial del MRTA, número 005, suplemento, agosto de 1985, p. 10.

33. Amauta quiere decir sabio, en quechua.

34. Cable de Prensa Latina, diciembre 7 de 1984. Esa información también decía que, sobre el PC-SL, el MRTA asimismo había expresado: «Sobre Sendero se ha dicho y se dicen muchas cosas, desgraciadamente los compañeros no han tenido una política de esclarecer esos hechos; estamos seguros que en la mayoría de los casos o en su totalidad, son calumnias que pretenden presentar a los guerrilleros como asesinos.»

35. Movimiento Revolucionario Tupac Amaru: *El MRTA y la Revolución Peruana*, Folleto mimeografiado, Lima, mayo de 1985, p. 3.

36. Movimiento Revolucionario Tupac Amaru: *Venceremos*, Órgano Oficial del MRTA, número 001, 1985, p. 2.

37. La práctica del MRTA de divulgar sus acciones y propósitos condujo ya a Sendero Luminoso a abandonar su costumbre de no reivindicar sus operaciones ni esclarecer sus objetivos. Por ello el PC-SL comenzó a emplear los periódicos *El Diario* y el *Nuevo Diario* para explicar sus actividades; al mismo tiempo, esa organización política inició transmisiones en quechua y español por medio de una estación de radio clandestina. Y en diciembre de 1988, Abimael Guzmán brindó a la prensa una amplia entrevista sobre las proyecciones del PC-SL.

38. El Batallón América, de gran movilidad operativa, comenzó sus actividades combativas por la cordillera occidental de Colombia.

39. Prieto, Alberto: *Ideología, Economía y Política en América Latina, Siglos XIX y XX*, Editorial Ciencias Sociales, La Habana, 2005, p. 176 y ss.

40. Galán fue un destacado héroe popular en las luchas protoindependentistas del siglo XVIII en el actual territorio de Colombia.

41. Vergara, R: *Notas sobre el Movimiento Popular en Colombia*, Editora de la Universidad Autónoma de Guerrero, México, D.F., 1983, p. 98.

42. Shelton, Ralph: «Informe sobre la Guerra en Colombia», en: *Causa Marxista-Leninista*, Santiago de Chile, número 4, noviembre-diciembre de 1968, p. 72.

43. Ver de Armas, Jacobo: *Diario de la Resistencia de Marquetalia*, Ediciones Abejón Mono, Bogotá, 1972.

44. Alape, Arturo: *La Paz y la Violencia*, Bogotá, Editorial Oveja Negra, 1987, p. 278.

45. Léase de Arenas, Jaime: *La Guerrilla por Dentro: Análisis del ELN Colombiano*, Ediciones Tercer Mundo, Bogotá, 1971.

46. El INCORA, financiado con 600 millones de dólares entregados por la Alianza para el Progreso hacia mediados de 1966, había adquirido 1 850 317 hectáreas de tierra sin utilizar o mal empleada, mediante la compra a sus propietarios. En esos predios se instaló a 36 389 familias, de las cuales solo la tercera parte recibió créditos —también financiados por la ALPRO— que apenas ascendieron a 158 millones de dólares.

   Ver al respecto, de Patz, Hans: *El Desarrollo Socioeconómico en Colombia*, Ediciones DEUSTO, Bilbao, 1968, pp. 91-93.

47. Guzmán, G.C.: *La Violencia en Colombia*, Editorial Propeso, Cali, 1980, p. 444.

48. Lara, P.: *Siembra Vientos y Recogerás Tempestades*, Ediciones Fontanamara, Barcelona, 1982, p. 77.

49. Ver del propio autor, *Apuntes para la Historia Económica de América Latina*, Editorial Pueblo y Educación, La Habana, 1986, pp. 141-143.

50. Colombiana de Llantas fue después traspasada a la U. S. Goodrich.

51. Les decían «anapistas» a quienes militaban en el movimiento conocido como ANAPO, que son las siglas de la Alianza Nacional Popular.

52. En 1959 las inversiones extranjeras en Colombia no llegaban a trescientos millones de dólares.

53. Alape, Arturo: *La Paz y la Violencia*, Bogotá, Editorial Oveja Negra, 1987, p. 283.

54. Rodríguez Bautista, Nicolás: *Tribuna Internacional*, (s.l.) diciembre 2 de 1985, separata, p. 10.

55. *Colombia*. Tirada especial del 9 de agosto de 1983, p. 24.

56. Ejército Popular de Liberación: «Se Destaca la División Política sobre las Fuerzas Armadas», Ápud Alape, Arturo: *La Paz y la Violencia*, Bogotá, Editorial Oveja Negra, 1987, p. 309.

57. Autodefensa Obrera: «A Pardo Buelvas le Hicimos un Juicio Popular», Ápud Alape, Arturo: *La Paz y la Violencia*, Bogotá, Editorial Oveja Negra, 1987, p. 333.

58. Turbay Ayala, Julio César: Ápud Prieto, Alberto: *Apuntes para la Historia Económica de América Latina*, Editorial Pueblo y Educación, La Habana, 1986, p. 142.

59. Matallanes fue Jefe del Batallón Colombia, participó en la toma de Marquetalia y llegó a Jefe del Estado Mayor Conjunto en las fuerzas armadas gubernamentales. En su libro *Paz o Guerra*, página 14, se afirma que el Ejército no puede ya vencer a la guerrilla en el monte; pues se dice en la página 75 que estos «grupos armados revolucionarios que operan en Colombia tienen ya una estrategia orgánica, un régimen disciplinario fuerte y una mística que, en líneas generales, garantizan el ejercicio del mando y de la autoridad por (...) sus jefes». Y se concluye en la página 26: «A diferencia del objetivo que motivaba a las guerrillas liberales y conservadoras que ensangrentaron a Colombia desde 1940 hasta 1958, que no era otro que el cambio de un régimen político partidista, o el sostenimiento del que gobernaba, en la actual lucha se tiene como objetivo la toma del poder para instaurar un régimen socialista o comunista.»

60. Matallanes, José Joaquín: *Paz o Guerra*, Bogotá, Edición Antares, 1984, p. 44.

61. *Colombia*, ob. cit., número 6, septiembre-octubre de 1982, p. 8.

62. Almarales, Andrés: «El M-19 Depone pero No Entrega las Armas», en: *Cuadernos del tercer Mundo*, México, D.F., diciembre de 1983, p. 64.

63. Poco antes el general Landazábal había calculado los efectivos guerrilleros en 16 670 combatientes, pertenecientes de manera principal a las FARC. Ver de Matallanes: *Paz o Guerra*, ob. cit., p. 38.

64. Diario *Trabajadores*, La Habana, mayo 25 de 1988, p. 6.

65. La primera declaración de la CGSB fue difundida por Prensa Latina el 30 de octubre de 1987.

66. Prieto, Alberto: *Ideología, Economía y Política en América Latina, Siglos XIX y XX*, Editorial Ciencias Sociales, La Habana, 2005, p. 160 y ss.

67. Sobre la guerrilla, el diario cubano *Granma* del 25 de diciembre del 2006 escribió: «Según cable de ANSA, dos suboficiales y 13 soldados murieron en combate con guerrilleros de las Fuerzas Armadas Revolucionarias de Colombia. Los combates ocurrieron cerca de la población de La Julia, departamento (provincia) de Meta, en el centro del país. Según información del Ejército, la guerrilla planeaba atacar La Julia este domingo, por lo que dispuso un operativo para frustrar el ataque, pero no dice cómo ocurrieron las bajas.»

Epílogo

1. Este aserto se inspira en la afirmación de Carlos Marx: «Solo en nombre de los derechos generales de la sociedad, una clase puede reivindicar la supremacía general.»

Ver Marx, Carlos: *Contribución a la Crítica de la Filosofía del Derecho de Hegel*, (s.l.), Ediciones Costes, 1927, tomo I, p. 102.

Índice onomástico

Glosario de siglas por países

ARGENTINA
CGT: Confederación General del Trabajo
EGP: Ejército Guerrillero del Pueblo
ERP: Ejército Revolucionario del Pueblo
FAL: Fuerzas Argentinas de Liberación
FAP: Fuerzas Armadas Peronistas
FAR: Fuerzas Armadas Rebeldes
FREJULI: Frente Justicialista de Liberación
MPM: Movimiento Peronista Montonero
PAP: Partido Peronista Auténtico
PRT: Partido Revolucionario de los Trabajadores

BOLIVIA
ELN: Ejército de Liberación Nacional
MNR: Movimiento Nacionalista Revolucionario
PCB: Partido Comunista de Bolivia

BRASIL
ALN: Alianza de Liberación Nacional
MNR: Movimiento Nacional Revolucionario
MR-8: Movimiento Revolucionario Ocho de Octubre
PCB: Partido Comunista Brasileño
PCBR: Partido Comunista Brasileño Revolucionario
POLOP: Política Operaria (Obrera en portugués), grupo que se
escindió del PCB

VAR-P: Vanguardia Armada Revolucionaria-Palmares
VPR: Vanguardia Popular Revolucionaria

COLOMBIA
ADO: Autodefensa Obrera
ANAPO: Alianza Nacional Popular
ANUC: Asociación Nacional de Usuarios Campesinos
CGSB: Coordinadora Guerrillera Simón Bolívar
CUT: Central Unitaria de Trabajadores
ELN: Ejército de Liberación Nacional
EPL: Ejército Popular Liberación
FARC: Fuerzas Armadas Revolucionarias de Colombia
FUAR: Frente Unido de Acción Revolucionaria
IFI: Instituto de Fomento Industrial
JMRL: Juventud del Movimiento Revolucionario Liberal
M-19: Movimiento Diecinueve de Abril
MOEC: Movimiento Obrero Estudiantil Campesino
MOIR: Movimiento Obrero Independiente Revolucionario
MRL: Movimiento Revolucionario Liberal
PCC: Partido Comunista de Colombia
PCC-ML: Partido Comunista de Colombia Marxista-Leninista
UP: Unión Patriótica

CUBA
DR-13-M: Directorio Revolucionario 13 de Marzo
M-26-7: Movimiento 26 de Julio
PSP: Partido Socialista Popular

EL SALVADOR
ARENA: Acción Republicana Nacionalista
CRM: Coordinadora Revolucionaria de Masas
DRU: Dirección Revolucionaria Unificada

ERP: Ejército Revolucionario del Pueblo

FAPU: Frente de Acción Popular Unificado

FARN: Fuerzas Armadas de Resistencia Nacional

FDR: Frente Democrático Revolucionario

FDS: Frente Democrático Salvadoreño

FMLN: Frente Farabundo Martí para la Liberación Nacional

FPL: Fuerzas Populares de Liberación «Farabundo Martí»

MNR: Movimiento Nacional Revolucionario

MPL: Movimiento Popular de Liberación

MPSC: Movimiento Popular Social Cristiano

PAR: Partido de Renovación

PCN: Partido de Conciliación Nacional

PDC: Partido Demócrata-Cristiano

PRTC: Partido Revolucionario de los Trabajadores
Centroamericanos

PRUD: Partido Revolucionario de Unificación Democrática

UNO: Unión Nacional Opositora

GRANADA

NUEVA JOYA: Traducción del inglés de New Jewel; esta última
sigla estaba conformada por las iniciales de Joint Effort for
Welfare, Education and Liberation (Esfuerzo Común por el
Bienestar, la Educación y la Liberación).

GUATEMALA

EGP: Ejército Guerrillero de los Pobres

FAR: Fuerzas Armadas Rebeldes

FGEI: Frente Guerrillero Edgar Ibarra

M-12-IV: Movimiento Doce de Abril

MR-13-N: Movimiento Revolucionario Trece de Noviembre

ORPA: Organización del Pueblo en Armas

PGT: Partido Guatemalteco del Trabajo

URNG: Unidad Revolucionaria Nacional de Guatemala

HAITÍ
MOP: Mouvement Ouvrier Paysan (Movimiento Obrero Campesino)
PEP: Parti Entente Populaire (Partido Alianza Popular)

NICARAGUA
Banamérica: Banco de América
Banic: Banco de Nicaragua
FAO: Frente Amplio Opositor
FSLN: Frente Sandinista de Liberación Nacional
UDEL: Unión Democrática de Liberación

PARAGUAY
FULNA: Frente Unido de Liberación Nacional

PERÚ
APRA: Alianza Popular Revolucionaria Americana
APUIR: Asociación para Unificar la Izquierda Revolucionaria
CRP: Comandos Revolucionarios del Pueblo
CTP: Confederación de Trabajadores del Perú
EGP: Ejército Guerrillero Popular
ELN: Ejército de Liberación Nacional
FAR: Fuerzas Armadas Revolucionarias
FIR: Frente de Izquierda Revolucionaria
FOCEP: Frente Obrero Campesino Estudiantil del Perú
IU: Izquierda Unida
MIR: Movimiento de Izquierda Revolucionaria (escisión del APRA)
MRTA: Movimiento Revolucionario Tupac Amaru
PC-BR: Partido Comunista-Bandera Roja
PCP: Partido Comunista del Perú
PC-PR: Partido Comunista-Patria Roja

PC-SL: Partido Comunista por el Sendero Luminoso de José Carlos Mariátegui

POR: Partido Obrero Revolucionario

PSR: Partido Socialista Revolucionario

UDP: Unión Democrático Popular

REPÚBLICA DOMINICANA

MR-14-J: Movimiento Revolucionario Catorce de Junio

PRD: Partido Revolucionario Dominicano

URUGUAY

MAC: Movimiento de Apoyo al Campesinado

MIR: Movimiento de Izquierda Revolucionaria (escisión del PCU)

MLN (T): Movimiento de Liberación Nacional (Tupamaro)

PCU: Partido Comunista de Uruguay

UTAA: Unión de Trabajadores Azucareros de Artigas

VENEZUELA

ADECO: Partido Acción Democrática

COPEI: Comité Organizador Pro Elecciones Independientes

FALN: Fuerzas Armadas de Liberación Nacional

FLN: Frente de Liberación Nacional

MIR: Movimiento de Izquierda Revolucionaria (escisión de ADECO)

PCV: Partido Comunista de Venezuela

URD: Unión Republicana Democrática

VARIOS

ALPRO: Alianza para el Progreso

BID: Banco Interamericano de Desarrollo

CIA: Agencia Central de Inteligencia (Siglas en inglés de Central Intelligence Agency)

FMI: Fondo Monetario Internacional

IRCA: Internacional Railways of Central America

KOMINTERN: Acrónimo de Komunisticheski International (Nombre ruso de la Internacional Comunista)

OEA: Organización de Estados Americanos

PCUS: Partido Comunista de la Unión Soviética

SLATO: Secretariado Latinoamericano del Trotskismo Ortodoxo

UFCO: United Fruit Company

TÍTULOS DE ERNESTO CHE GUEVARA

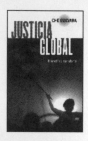

JUSTICIA GLOBAL
Liberación y socialismo
Estos trabajos escritos por Ernesto Che Guevara, que constituyen verdaderos clásicos, nos presentan una visión revolucionaria de un mundo diferente en el cual la solidaridad humana, la ética y el entendimiento reemplazan a la explotación y agresión imperialista.
78 páginas, ISBN 978-1-876175-46-7

AMÉRICA LATINA
Despertar de un continente
La presente antología lleva al lector de la mano, a través de un ordenamiento cronológico y de diversos estilos, por tres etapas que conforman la mayor parte del ideario y el pensamiento de Che sobre América Latina.
495 páginas, ISBN 978-1-876175-71-9

EL SOCIALISMO Y EL HOMBRE EN CUBA
Edición clásica
Edición especial por el 40 aniversario de su publicación, obra imprescindible en el pensamiento de Che. El lector encontrará una razón más para admirar a un hombre que nos legara por siempre su ejemplo sin límites.
62 páginas, ISBN 978-1-921235-17-7

CHE DESDE LA MEMORIA
Los dejo ahora conmigo mismo: el que fui
Una visión intimista y humana del hombre más allá del icono; es una extraordinaria fuente histórica que conjuga fotografías y textos de Che Guevara convertidos en testimonio y memoria de su reflexiva mirada sobre la vida y el mundo. Cartas, poemas, narraciones, páginas de sus diarios, artículos de prensa y fotos tomadas por él mismo, nos permitirán conocer su vida, sus proyectos y sus sueños.
305 páginas, ISBN 978-1-876175-89-4

TÍTULOS DE ERNESTO CHE GUEVARA

NOTAS DE VIAJE
Diario en motocicleta
Prólogo por Aleida Guevara

Vívido y entretenido diario de viaje del joven Che. Esta edición incluye fotografías inéditas tomadas por Ernesto a los 23 años, durante su travesía por el continente, y está presentada con un tierno prólogo de Aleida Guevara.
168 páginas, ISBN 978-1-920888-12-1

PASAJES DE LA GUERRA REVOLUCIONARIA
Edición autorizada
Prefacio por Aleida Guevara

Un escrito clásico que recuenta la guerra de revolución en Cuba, que transformó a un pueblo entero, y transformó al mismo Che, desde médico de las tropas, a revolucionario reconocido a través del mundo. Nueva edición que incluye las correcciones propias del autor.
320 páginas, ISBN 978-1-920888-36-7

EL DIARIO DEL CHE EN BOLIVIA
Edición autorizada
Prólogo por Camilo Guevara, Introducción por Fidel Castro

El último de los diarios del Che, encontrado en su mochila en octubre de 1967, se convirtió de forma instantánea en uno de sus libros más célebres. Esta edición ha sido revisada e incluye un prefacio de su hijo, Camilo Guevara, así como fotos inéditas.
291 páginas, ISBN 978-1-920888-30-5

LA GUERRA DE GUERRILLAS
Edición autorizada
Prólogo por Harry Villegas, "Pombo"

Uno de los libros clásicos del Che Guevara, que se ha convertido en objeto de estudio por admiradores y adversarios. Estaba destinado a ser ampliado por un "maestro de la guerra de guerrillas", Camilo Cienfuegos, quien murió antes de poder hacerlo. Años después, Che sometía a revisión el texto, y tampoco pudo concluir dicha tarea, al ir a combatir por sus ideales libertarios en Bolivia.
165 páginas, ISBN 978-1-920888-29-9

FIDEL Y LA RELIGIÓN
Conversaciones con Frei Betto sobre el marxismo y la teología de la liberación
Por Fidel Castro y Frei Betto
En un íntimo diálogo de 23 horas con el teólogo de la liberación brasileño Frei Betto, Fidel Castro ofrece revelaciones sobre su formación personal y discute con sinceridad su visión sobre la religión.
330 páginas, ISBN 978-1-920888-77-0

FIDEL EN LA MEMORIA DEL JOVEN QUE ES
Por Fidel Castro
Este libro recoge, por primera vez en un solo volumen, los excepcionales testimonios que en contadas ocasiones el propio Fidel ha dado sobre su niñez y juventud.
183 páginas, ISBN 978-1-920888-19-0

GUERRA FRÍA
Advertencias para un mundo unipolar
Por Fidel Castro
¿Quién ganó la Guerra Fría? En una entrevista de una asombrosa franqueza, Fidel Castro revela unos hechos increíbles acerca del conflicto que llevó el mundo al borde de aniquilación.
96 páginas, ISBN 978-1-876175-91-7

VENEZUELA Y CHÁVEZ
Por Fidel Castro
Este libro compila, en un solo volumen, las palabras pronunciadas por Fidel en diversas ocasiones en discursos, cartas y actos públicos, entre 1959 y 2006, dedicado al pueblo venezolano, reforzando los lazos históricos y de solidaridad que existen entre ambas naciones desde su misma formación. Es precisamente a la unidad, soñada por Bolívar y Martí, a que se refiere este libro, en las reflexiones, advertencias y premoniciones de Fidel.
336 páginas, ISBN 978-1-921235-04-7

CHÁVEZ: UN HOMBRE QUE ANDA POR AHÍ
Una entrevista con Hugo Chávez por Aleida Guevara

Aleida Guevara, médico pediatra e hija mayor del Che Guevara, entrevistó al Presidente Hugo Chávez en febrero del 2004. La entrevista lleva al lector a descubrir la Revolución bolivariana y a la vez toda la falsedad que esgrimen sus enemigos.

145 páginas, ISBN 978-1-920888-22-0

CUBA Y VENEZUELA
Reflexiones y debates
Por Germán Sánchez

Este libro es un resumen analítico sobre la Revolución cubana, y a la vez una comparación histórica entre la misma y el proceso de cambios que hoy acontece en Venezuela con la Revolución bolivariana.

324 páginas, ISBN 978-1-920888-34-3

LA UNIDAD LATINOAMERICANA
Por Hugo Chávez

La unidad latinoamericana reúne los discursos más demostrativos que Hugo Chávez ha dado entre 1999 y 2006 en varios países de América Latina y los Estados Unidos, como promotor y luchador incansable por la transformación de la historia contemporánea de América Latina.

368 páginas, ISBN 978-1-921235-05-4

¿POR QUÉ SOY CHAVISTA?
Razones de una revolución
Por Farruco Sesto

Escrito por el Ministro de Cultura de la República Bolivariana de Venezuela, Farruco Sesto, ofrece una sencilla y personal visión del proceso bolivariano en Venezuela. Como un activo participante, Farruco nos narra con gran franqueza por qué cree en el chavismo, las razones de los cambios en su país, las transformaciones de la sociedad venezolana que se viven a diario y, particularmente, la importancia de la cultura en su desarrollo.

96 páginas, ISBN 978-1-921235-16-0

REBELIÓN TRICONTINENTAL
Las voces de los condenados de la tierra de África, Asia y América Latina
Por Ulises Estrada y Luis Suárez
Una amplia selección de trabajos publicados en la revista *Tricontinental* que agrupa por primera vez lo mejor del pensamiento radical sobre las luchas y problemas más significativos del movimiento revolucionario del Tercer Mundo de los años 60 hasta el presente.
500 páginas, ISBN 978-1-920888-58-9

MARX, ENGELS Y LA CONDICIÓN HUMANA
Una visión desde Latinoamérica
Por Armando Hart
Los materiales que integran la presente recopilación, constituyen una muestra de la recepción y actualización que hizo el autor de las ideas de Marx y Engels a partir de la tradición revolucionaria cubana, tras los difíciles momentos del derrumbe del campo socialista en Europa Oriental y la Unión Soviética, hasta la actualidad.
240 páginas, ISBN 978-1-920888-20-6

AMÉRICA LATINA ENTRE SIGLOS
Dominación, crisis, lucha social y alternativas políticas de la izquierda
Por Roberto Regalado
Este libro sintetiza las vivencias y reflexiones acumuladas por un testigo privilegiado, activo participante durante más de 30 años en los debates de la izquierda latinoamericana y caribeña.
277 páginas, ISBN 978-1-921235-00-9

MANIFIESTO
Tres textos clásicos para cambiar el mundo
Ernesto Che Guevara, Rosa Luxemburgo, Carlos Marx y Federico Engels
Prefacio por Adrienne Rich, Introducción por Armando Hart
"Si es curioso y sensible a la vida que existe a su alrededor, si le preocupa por qué, cómo y por quiénes se tiene y se utiliza el poder político, si siente que tienen que haber buenas razones intelectuales para su intranquilidad, si su curiosidad y sensibilidad lo llevan a un deseo de actuar con otros, para 'hacer algo', ya tiene mucho en común con los autores de los tres ensayos que contiene este libro".
—Adrienne Rich, Prefacio a *Manifiesto*
186 páginas, ISBN 978-1-920888-13-8

ALBERT EINSTEIN

Editado por Jim Green

Una "subversiva" visión sobre el hombre al que la revista *Time* considera "La Persona del Siglo", cuya apasionada oposición a la guerra y el racismo, así como su lucha en defensa de los derechos humanos, hizo que el FBI lo incluyera en sus archivos como un socialista enemigo del Estado.

128 páginas, ISBN 978-1-920888-61-9

SACCO Y VANZETTI

Editado por John Davis

Un ejemplo vigente de cómo los inmigrantes, anarquistas y comunistas eran los "terroristas" de ayer. Nicola Sacco y Bartolomeo Vanzetti fueron condenados en un juicio lleno de prejuicios ideológicos y raciales. Su caso suscitó una unánime repulsa internacional y una campaña de defensa que se convirtió en símbolo de una lucha internacional por la justicia, la igualdad y la libertad.

144 páginas, ISBN 978-1-921235-06-1

ROSA LUXEMBURGO

Editado por Néstor Kohan

El nombre de Rosa, amada y admirada por los jóvenes más radicales y combativos de rodas partes del mundo, sigue siendo en el siglo XXI sinónimo de rebelión y revolución. Su espíritu insumiso se asoma en cada manifestación juvenil contra la globalización y la dominación capitalista.

132 páginas, ISBN 978-1-920888-60-2

ANTONIO GRAMSCI

Editado por Néstor Kohan

Los escritos de Gramsci son leídos, consultados, estudiados e interpretados con pasión por miles de jóvenes en todos los continentes del mundo y en todos los idiomas. Las nuevas generaciones que actualmente se manifiestan por "otro mundo posible" y contra la globalización capitalista tienen en Gramsci a un compañero y a un guía inspirador.

132 páginas, ISBN 978-1-920888-59-6

¿GUERRA O PAZ EN COLOMBIA?
Cincuenta años de un conflicto sin solución
Por Carlos A. Lozano

Constituye un significativo aporte a la discusión sobre el largo conflicto interno, político y armado que ha azotado Colombia durante los últimos cincuenta años, y la constante búsqueda del pueblo colombiano y la insurgencia por conseguir una solución política al conflicto que lleve a la paz con justicia social.

208 páginas, ISBN 978-1-921235-14-6

TANIA LA GUERRILLERA
Y la epopeya suramericana del Che
Por Ulises Estrada

Tania, la mujer que luchó y murió por sus ideales junto al Che Guevara en Bolivia, deviene en paradigma de rebeldía y combate por la justicia social. Su compañero en Cuba, Ulises Estrada, es testigo excepcional para ofrecernos una apasionada biografía de la mujer que dedicó su vida en los años 1960 a la liberación de América Latina.

350 páginas, ISBN 978-1-920888-21-3

UNA GUERRA PARA CONSTRUIR LA PAZ
Por Schafik Handal

Esta es una breve reseña del proceso histórico de la revolución en El Salvador. Contiene un documento escrito por Schafik Handal a cerca de la historia política de El Salvador a lo largo del siglo XX, que explica las causas de los doce años de guerra en el país y la finalización de la misma por medio de la negociación de acuerdos políticos.

160 páginas, ISBN 978-1-921235-13-9

UN SIGLO DE TERROR EN AMÉRICA LATINA
Crónica de crímenes de Estados Unidos contra la humanidad
Por Luis Suárez

Una visión panorámica de la historia de las intervenciones y crímenes de guerra de los Estados Unidos en América Latina durante los últimos 100 años.

596 páginas, ISBN 978-1-920888-49-7

EN EL BORDE DE TODO
El hoy y el mañana de la Revolución en Cuba
Por Julio César Guanche

En su discurso pronunciado el 17 de noviembre de 2005, Fidel Castro reflexionó sobre la posible reversión de la revolución a causa de los errores de los propios revolucionarios. Partiendo de razonamiento sobre aquel autocrítico discurso, este libro discute, a través de análisis y entrevistas a personas de diversas edades y variadas áreas de estudio, la actual situación política cubana y las perspectivas que se plantean para su futuro.

350 páginas, ISBN 978-1-921235-50-4

INTRODUCCIÓN AL PENSAMIENTO SOCIALISTA
El socialismo como ética revolucionaria y teoría de la rebelión
Por Néstor Kohan

Una clara y accesible síntesis de la historia del pensamiento socialista mundial, vista desde una perspectiva latinoamericana que contribuye y enriquece la constante batalla de las ideas. Incluye amplios apéndices con textos claves de la obra de Carlos Marx, Che Guevara, Fidel Castro, Rosa Luxemburgo, José Carlos Mariátegui, Flora Tristán, V.I. Lenin, Julio Antonio Mella, entre varios otros.

263 páginas, ISBN 978-1-921235-52-8

MIGUEL MÁRMOL
Los sucesos de 1932 en El Salvador
Por Roque Dalton

Roque Dalton reconstruye en la voz del militante Miguel Mármol la heroica insurrección dirigida por el Partido Comunista de El Salvador en 1930. En esta obra testimonial, fundamental de la literatura latinoamericana por su valor histórico y literario, Mármol transmite a Roque y, por su intermedio, a nosotros, la experiencia revolucionaria de aquellos años ahogada en la sangre de 30,000 compañeros asesinados por la oligarquía de su país.

430 páginas, ISBN 978-1-921235-57-3

ocean sur

una nueva editorial latinoamericana

Ocean Sur, casa editorial hermana de Ocean Press, es una nueva, extraordinaria e independiente aventura editorial latinoamericana. Ocean Sur ofrece a sus lectores las voces del pensamiento revolucionario del pasado, presente y futuro de América Latina: desde Bolívar y Martí, a Haydée Santamaría, Che Guevara, Fidel Castro, Roque Dalton, Hugo Chávez y muchos otros más. Inspirada en la diversidad, la fuerza revolucionaria y las luchas sociales en América Latina, Ocean Sur desarrolla múltiples e importantes líneas editoriales que reflejan las voces de los protagonistas del renacer de Nuestra América.

Editamos los antecedentes y el debate político actual, lo mejor del pensamiento de la izquierda y de los movimientos sociales, las voces indígenas y de las mujeres del continente, teoría política y filosófica de la vanguardia de la intelectualidad latinoamericana, asi como los aportes fundamentales de artistas, poetas y activistas revolucionarios. Nuestras colecciones Fidel Castro, Biblioteca Marxista, Proyecto Editorial Che Guevara, Vidas Rebeldes, Roque Dalton, entre otras, promueven la discusión, el debate y la difusión de ideas. Ocean Sur es un lugar de encuentro.

www.oceansur.com ▪ info@oceansur.com